유니티 기초부터 콘텐츠 제작까지

유니티를 이용한
VR 앱 개발

YoungJin.com **Y.**
영진닷컴

유니티를 이용한 VR 앱 개발

TSUKUTTE MANABERU Unity VR APULI KAIHATSU NYUMON
by Takenao Oshima, Hiroki Matsushima, Nobuhiro Kono
Copyright ©2018 Takenao Oshima, Hiroki Matsushima, Nobuhiro Kono
All rights reserved
Original Japanese edition published by Gijutsu-Hyoron Co., Ltd., Tokyo

This Korean language edition published by arrangement with Gijutsu-Hyoron Co., Ltd., Tokyo in care of Tuttle-Mori Agency, Inc., Tokyo through Shinwon Agency Co., Seoul.

ISBN 978-89-314-6185-5

독자님의 의견을 받습니다

이 책을 구입한 독자님은 영진닷컴의 가장 중요한 비평가이자 조언가입니다.

저희 책의 장점과 문제점이 무엇인지, 어떤 책이 출판되기를 바라는지, 책을 더욱 알차게 꾸밀 수 있는 아이디어가 있으면 팩스나 이메일, 또는 우편으로 연락주시기 바랍니다. 의견을 주실 때에는 책 제목 및 독자님의 성함과 연락처(전화번호나 이메일)를 꼭 남겨 주시기 바랍니다.

독자님의 의견에 대해 바로 답변을 드리고, 또 독자님의 의견을 다음 책에 충분히 반영하도록 늘 노력하겠습니다.

이메일 support@youngjin.com
주 소 (우)08507 서울시 금천구 가산디지털1로 128 STX-V타워 4층 401호
(주) 영진닷컴 기획1팀

※파본이나 잘못된 도서는 구입하신 곳에서 교환해 드립니다.

저자 코노 노부히로, 마츠시마 히로키, 오오시마 타케나오 | **번역** 김은철, 유세라 | **총괄** 김태경 | **진행** 최윤정
표지디자인 이주은 | **본문디자인** 이경숙
영업 박준용, 임용수, 김도현 | **마케팅** 이승희, 김근주, 조민영, 김예진, 이은정 | **제작** 황상헙 | **인쇄** 제이엠

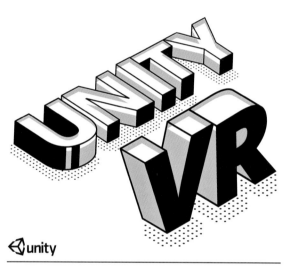

유니티를 이용한 VR 앱 개발

시작하며

이 책을 구입해 주셔서 감사합니다.

최근, VR(Virtual Reality, 가상현실)이라는 말을 자주 듣습니다. 게임, 엔터테인먼트에서는 물론, 그 밖에 의료나 관광, 건축 등 여러 분야에서 사용되기 시작해 주목 받는 기술입니다.

이 책은 게임 엔진 유니티를 이용해서 스마트폰용 VR 게임이나 앱 개발에 대해 배울 수 있는 입문서입니다. 실제로 게임, 앱을 만들면서 유니티 사용법이나 게임 만드는 방법 등을 배우고 동시에 VR에도 적용해 보고자 욕심을 낸 내용입니다.

이 책에서는 유니티의 기초나 사용법에 대해 먼저 설명하고, 실제로 개발하면서 나오는 용어나 지식, 알아 둬야 할 개념 등에 대해서 설명합니다. 그리고 개발한 것을 VR로 적용하기 위한 방법에 대해서도 소개합니다.

유니티나 게임 개발에 대해 배우고 싶은 분, VR에 흥미가 있는 분이 꼭 읽길 바랍니다.

감사의 말

이 책의 출간에 있어서 「Unreal Engine & Unity 엔지니어 양성 해설서」에 이어 집필 기회를 주신 기술 평론사의 하라다씨, 이 책의 일러스트를 도와주신 치카씨, 그리고 도움을 받은 주식회사 ITAKO의 멤버, 정말 고맙습니다.

이 자리를 빌려 감사의 말씀을 드립니다.

2018년 8월
오오시마 타케나오

가상현실!

가상현실은 말 그대로 실제는 아니지만 현실처럼 느낄 수 있다는 것입니다.

가상현실은 오큘러스 리프트(Oculus Rift)의 출시와 함께 많은 사람들이 주목하기 시작했습니다. 오큘러스 리프트는 나오자마자 페이스북에 2조 3000억 원 정도에 인수되어 또 한번 세상을 깜짝 놀라게 했습니다. 또한, 미국의 골드만 삭스에서는 2025년 127조 원의 시장 규모를 전망했으며, 중국은 2020년 10조 원의 시장 규모가 전망되어 VR의 미래는 아주 밝습니다.

우리 정부에서도 "콘텐츠가 한국 미래 먹거리"라며 1조 원 이상의 자금을 실감형 콘텐츠인 VR·AR에 추가로 공급하기로 했습니다. 이것은 기존에 개발 사업을 영위하는 회사들이 정부 지원금을 활용할 수 있는 좋은 기회가 될 것입니다.

책에서는 VR과 게임 엔진 유니티에 대해 자세하게 설명합니다. VR의 원리와 오큘러스 리프트, 갤럭시 기어 VR, 구글 카드보드 등 다양한 VR 고글(HMD, Head Mounted Display)과 게임, 부동산, 쇼핑, 체험관 등의 VR의 활용 사례에 대해서도 설명합니다.

또한, VR을 개발할 수 있는 유니티의 설치 및 기초 문법과 안드로이드와 iOS 개발 방법에 대해서도 각각 설명합니다. 유니티 설치에서는 유니티 허브(Unity Hub)를 사용해 쉽게 유니티를 설치하고 다양한 버전을 관리할 수 있는 방법을 설명합니다. 참고로 유니티 버전은 수시로 업데이트되므로 책의 버전과 다를 수 있습니다. 이때는 최신 버전으로 해보고 혹시 안 된다면 책에서 사용한 배포 버전으로 설치하는 방법도 설명해 두었습니다.

유니티 제작에 있어서는 유니티의 프로젝트 창을 비롯해 씬 뷰, 인스펙터 창 등을 그림과 함께 자세하게 설명하였으며, 유니티를 처음 하는 분들도 할 수 있도록 기본적인 내용을 충분히 설명하고 있습니다.

또한, 유니티의 기본 개념에 이어 고급 개념인 충돌 관련 컴포넌트 Rigidbody와 Collider 등을 학습하며, 간단한 VR을 제작해 스마트폰에 설치해 봅니다. 이렇게 기본적인 유니티에 대한 학습이 끝나면 실전 VR 제작에 활용할 수 있는 VR 슈팅 게임을 6장~9장까지 만듭니다. VR 게임을 처음부터 끝까지 완성해 봄으로써 VR 게임에 대한 감각을 익히고 다양한 VR을 제작할 수 있는 실력을 기를 수 있습니다.

끝으로 책이 나올 수 있도록 도움을 주신 영진닷컴 관계자 분들께 감사드립니다.

2020년 1월
김은철, 유세라

CONTENTS

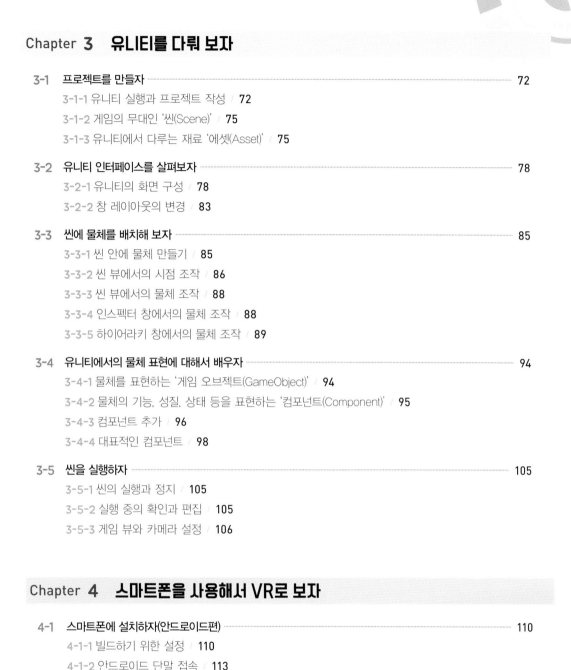

Chapter 3 유니티를 다뤄 보자

Chapter 4 스마트폰을 사용해서 VR로 보자

CONTENTS

Chapter 7 게임의 규칙을 만들자

CONTENTS

Chapter 10 360도 플라네타륨을 만들자

CONTENTS

Chapter 11 360도 동영상을 재생하자

VR(가상현실)과
게임 엔진 유니티(Unity)

이 장에서는 가상현실이라는 기술에 대해 간단히 설명합니다. 그리고 VR 기기의 종류와 이를 활용한 예를 소개하며, 이 책에서 사용하는 유니티에 대해서 설명합니다.

이 장에서 배우는 것

- 가상현실 시스템
- VR 활용 사례
- 유니티란 무엇인가
- 유니티의 기능

1-1 VR(가상현실)이란

이번 절에서는 여러분이 만들 스마트폰용 VR 앱이 어떤 기술로 구현되는지를 살펴보겠습니다.

1-1-1 VR의 구조

VR은 영어로는 'Virtual Reality', 한국어로는 '가상현실' 또는 '인공 현실감'으로, 컴퓨터 그래픽 (CG)이나 실사 영상으로 만든 인공적인 환경에 몰입감을 느끼게 해서 현실인 것처럼 사람에게 지각시키는 기술을 말합니다. 비슷한 기술로 AR, MR이란 것도 있는데, 현실 세계의 대상물에 어떤 정보를 추가해 보여 주는 것을 증강현실(AR: Augmented Reality) 또는 혼합현실(MR: Mixed Reality)이라 합니다.

말로 설명하니 어렵지만, SF 소설, 영화, 만화, 애니메이션에서는 자주 사용되어 친근하게 느껴질 것입니다. 영화 '매트릭스'의 네오와 소설·애니메이션 '소드 아트 온라인'의 키리토와 아스나와 같은 체험을 할 수 있는 날이 올지도 모르겠네요. 거기까지는 여전히 기술적으로 해결해야 할 문제들이 많겠지만 그 과정에서의 기술을 여러분이 체험해 보길 바랍니다.

● 사람은 어떻게 물체를 입체적으로 볼 수 있는가?

먼저, 자신의 눈이 어디 있는지 생각해 보세요. 일반적으로 사람의 눈은 얼굴을 정면에서 봤을 때 중심선을 두고 좌우로 약 3cm 정도 떨어진 곳에 있습니다(그림 1.1). 이 좌우 위치의 차이는 중요합니다. 평소에는 신경 쓰지 않지만, 왼쪽 눈과 오른쪽 눈은 미묘하게 다른 각도의 영상을 보고 있습니다.

그림 1.1 ▶ 사람 눈의 위치

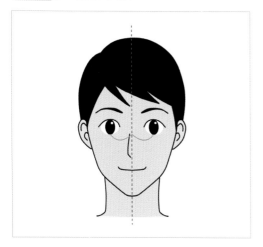

여기서 약간의 실험을 해 봅시다. 양쪽 눈을 뜬 채, 검지로 어딘가 먼 곳에 있는 물체를 가리키세요. 왼쪽 눈을 감고 오른쪽 눈으로만 그 물체를 보세요. 이번에는 반대로 오른쪽 눈을 감고 왼쪽 눈으로만 물체를 보세요. 어떨까요? 왼쪽 눈으로만 본 영상과 오른쪽 눈으로만 본 영상이 다르겠죠? 앞의 이야기처럼 왼쪽 눈과 오른쪽 눈이 보고 있는 영상이 다르다는 걸 실제 실험해 봄으로써 알 수 있습니다(그림 1.2).

그림 1.2 ▶ 왼쪽 눈과 오른쪽 눈의 영상 차이

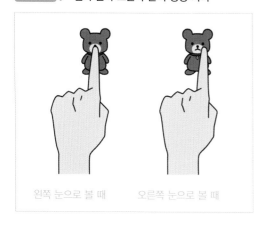

왼쪽 눈으로 볼 때   오른쪽 눈으로 볼 때

다음으로 코 앞에 검지를 세우고 양쪽 눈으로 검지를 보세요. 그리고 검지를 서서히 멀리 떼세요(그림 1.3). 손가락이 코에 가까운 경우는 양쪽 눈의 눈동자가 안쪽으로, 먼 경우는 정면을 향하게 됩니다(그림 1.4).

이처럼 물체를 볼 때의 시점 위치에 따라 눈의 각도가 바뀌는 것을 알 수 있습니다.

그림 1.3 ▶ 검지의 위치 관계

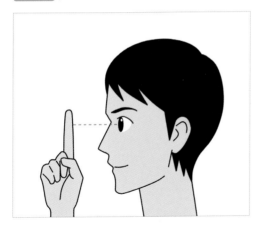

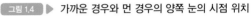
그림 1.4 ▶ 가까운 경우와 먼 경우의 양쪽 눈의 시점 위치

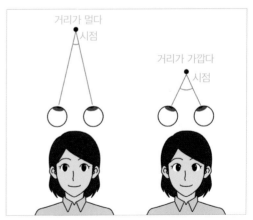

마지막으로, 자동차나 전철 등 교통수단을 탔을 때의 밖의 경치를 상상해 보세요. 자동차가 도로를 달리고 있을 때 창밖의 경치를 보면 자동차의 바로 근처에 있는 간판이나 가드레일은 빨리 움직이는 것처럼 보이는데, 먼 곳의 산이나 건물은 천천히 움직이고 있는 것처럼 보입니다(그림 1.5). 또한 시선을 이동시켰을 때, 가까이 있는 표지판이나 가드레일은 보이는 방향이 크게 변하는데 먼 곳에 있는 산이나 건물 등은 보이는 방향이 그 정도로 변하지 않습니다.

이처럼 가까운 것과 멀리 있는 것의 움직이는 속도나 시선 이동에 따라 대상 물체가 보이는 방향으로 원근을 판단할 수 있습니다.

그림 1.5 ▶ 이동하고 있을 때 물체가 보이는 방향

이 세 가지는 전문 용어로 '양안시차(兩眼視差; 양쪽 눈의 망막에 맺히는 상의 차이)', '폭주(輻輳; 두 눈의 주시선이 눈앞의 한 점으로 집중하는 일)', '운동 시차'라 하며, 영상이 입체적으로 보이는 구조와 크게 관련되어 있습니다. 그리고 사람의 눈으로부터 입력되는 위의 세 가지 정보와 함께, 다음과 같은 정보를 바탕으로 뇌가 이를 처리함으로써 입체를 인식합니다.

- 초점 조절: 물체를 볼 때 눈의 렌즈를 조정해서 초점을 맞춤
- 겹침: 두 개의 물체가 겹쳐 있을 때, 안쪽에 있는 물체가 바로 앞에 있는 물체에 가려져 있다고 인식함
- 크기: 크기를 알고 있는 물체가 가까운 경우에는 크게, 먼 경우에는 작게 보임
- 기타: 음영, 높낮이, 원근 등 일상적인 경험치에 근거한 정보

1-1-2 VR의 영상 처리

여러분은 그림 1.6과 같은 이미지를 본 적이 있나요? 이 이미지는 VR을 입체적으로 보기 위해서 필요한 처리를 한 이미지입니다. 이미지를 잘 살펴보세요. 두 이미지는 작은 선의 위치나 방향이 어긋나 있고, 전체적으로 일그러져 있습니다. 이 일그러진 이미지는 VR 영상 표현에서 중요한 의미를 가집니다.

이는 렌즈가 달린 고글 형태의 장치를 씌워서 사람이 정상적으로 볼 수 있게 처리를 한 이미지입니다. '렌즈가 달린 고글 형태의 장치'는 VR 고글이라 하며, VR 콘텐츠를 즐기기 위해 필요한 장비입니다.

그림 1.6 ▶ VR 렌더링 이미지

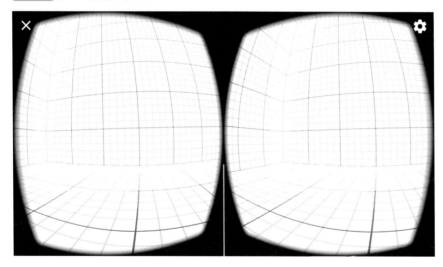

그럼 먼저 VR 고글이 어떤 것인지 살펴볼까요? 일반적인 VR 고글은 그림 1.7과 같은 형태로 되어 있습니다. 크게 렌즈, 헤드 밴드, 스마트폰을 고정하는 부분으로 나뉩니다. 갖고 있는 스마트폰을 고정하는 부분에 설치하고, 고글을 쓰고 머리를 움직여도 고글이 어긋나지 않게 헤드 밴드를 조절합니다. 또한, 자신에게 맞는 렌즈의 초점 거리나 동공 간 거리를 조절할 수 있습니다. 이 VR 고글을 사용해서 위의 이미지를 보면 입체적인 화면을 볼 수 있습니다.

그림 1.7 ▶ VR 고글 구성도

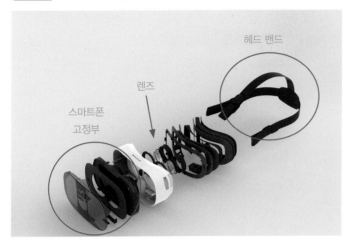

헤드 밴드

렌즈

스마트폰
고정부

다시 그림 1.6을 살펴봅시다. 눈치가 빠른 분은 알아챘을 수도 있는데, 두 개의 이미지가 조금 다른 것은 각각 왼쪽 눈으로 보는 이미지와 오른쪽 눈으로 보는 이미지이기 때문입니다. 앞에서 말했듯이 입체적으로 물체를 보기 위해 필요한 정보인 '양안시차'의 정보를 주기 위해서 각각의 눈이 보는 이미지를 준비했으며, 이로 인해 VR 콘텐츠를 입체적으로 볼 수 있는 것입니다.

일그러진 이미지를 사용한 것은 VR 고글 렌즈를 통해 이미지를 확대해서 보는 걸 전제로 하기 때문인데, 여기서 사용되는 렌즈는 일반적인 렌즈와 달리 광학적으로 왜곡이 적은 성질을 가진 비구면 렌즈입니다(그림 1.8). 비구면 렌즈를 통해 그림 1.6의 일그러진 이미지를 보면 왜곡 없는 이미지로 보정되어 보이게 됩니다.

이처럼 렌즈를 통해 이미지를 확대하고 시야에 가득 이미지를 표시함으로써 더욱 현장감이 높아집니다. 이미지를 이런 식으로 보정하는 이유는 VR 고글의 제작 비용과 크게 관련이 있습니다. 다음 항에서 소개하는 VR 고글은 싸게는 약 10,000~30,000원에 구할 수 있습니다. 그러나 이 보정을 넣어서 이미지를 보여 주기 전 '렌즈만으로 확대 표시하는 VR 고글'로는 몇 장의 렌즈를 사용하여 광학적으로 왜곡이 적도록 확대해서 보여 줘야 합니다. 그러한 기기는 렌즈에 드는 비용이 비싸지기 때문에 일반적으로 보급하기가 어렵습니다. 한편, VR 고글은 비싼 몇 장의 렌즈로 이미지를 확대 보정하는 방식이 아닌, 원본 이미지를 보정함으로써 한 장의 렌즈로 확대 표시하는 방법이므로 일반적으로 쉽게 구할 수 있는 가격이 형성되었습니다.

그림 1.8 ▶ 비구면 렌즈와 구면 렌즈

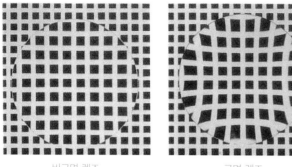

비구면 렌즈 　　　　　　　　　　　 구면 렌즈

그림 1.9 ▶ 이미지 보정

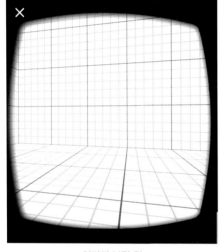
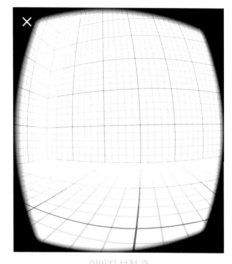

이미지 보정 전 　　　　　　　　　　　 이미지 보정 후

　현장감과 몰입감을 느끼게 하기 위한 또 하나 중요한 점이 있는데, 3D 텔레비전처럼 고정된 화면만을 보는 것이 아니라 자신의 머리 움직임에 따라 보이는 이미지가 바뀌어 마치 그 세계에 들어가 있는 듯한 공간감을 느낄 수 있어야 합니다. 이는 스마트폰의 자기 센서, 자이로 센서, 가속도 센서를 통해 스마트폰이 어디를 향하고 있는지를 알아내고, 그 방향에 맞는 이미지를 표시해서 실현하고 있습니다(그림 1.10).

그림 1.10 ▶ 보고 있는 방향에 따라 표시되는 물체가 바뀐다

이제까지의 설명이 어려웠을 수도 있는데 VR 앱을 만들기 전에 이러한 기술로 VR 앱을 만든다는 것을 기억하세요.

1-1-3 VR 고글의 소개

스마트폰용 VR은 헤드 마운트 디스플레이(HMD: Head Mounted Display)로, 스마트폰을 이용하여 VR을 즐길 수 있습니다. 이때, 보조적으로 머리에 장착할 수 있는 장치인 VR 고글(또는 VR 헤드셋)을 사용해 VR을 체험합니다. VR 고글은 여러 회사에서 다양한 종류가 출시되어 있어 가격이나 기능을 비교한 후 구입하기를 바랍니다. 그 중 VR 전용 하드웨어로 시판되고 있는 고글형 헤드셋을 몇 가지 소개해 보겠습니다.

● 갤럭시 기어 VR

삼성과 오큘러스사가 제휴하여 개발, 삼성의 스마트폰에서 사용할 수 있는 헤드셋입니다(그림 1.11). 2014년 9월 국제 가전 박람회(Internationale Funkausstellung)에서 대응 단말인 갤럭시 노트 4와 함께 발표되었고, 2014년 12월에 개발자용으로 판매되었습니다. 그 후, 대응 단말이 추가되고 본체와 헤드셋을 접속할 수 있는 기능이 늘어나는 등 기능이 개선되면서 몇 가지 모델이 출시되었습니다. 판매 가격은 약 150,000원 전후입니다. VR 환경으로 갤럭시 S8/S10 등 삼성 대응 단말기가 필요하며, 아이폰이나 기타 단말에서는 동작하지 않습니다.

● Vox+Z3

PPLM사가 개발 및 제조하여 많은 스마트폰에서 사용할 수 있는 헤드셋입니다(그림 1.12). 앞에서 소개한 '갤럭시 기어 VR'처럼 대응하는 특정 스마트폰을 준비할 필요 없이, 고글에 들어가는 크기의 아이폰이나 안드로이드폰이면 어떤 스마트폰도 사용할 수 있습니다. 이어폰을 장착한 모델도 있어 현장감을 높이며, 가격도 약 30,000원(25달러)으로 비교적 저렴해서 손쉽게 시험해 볼 수 있습니다.

그림 1.12 ▶ Vox+ Z3(http://www.vox-vr.com/vox-z3-vr-virtual-reality-headset-vr-glasses.html)

● 구글 카드보드(Google Cardboard)

구글이 만든 스마트폰과 골판지로 만든 본체를 조합해서 사용하는 헤드셋입니다(그림 1.13). 2014년 6월 Google I/O에서 발표하고, 참가한 사람에게 선물로 배부했습니다. 만드는 방법은 웹페이지에 공개했으며, 누구나 만들 수 있습니다. 또한, 조립해서 만들 수 있는 키트도 판매하고 있습니다. VR 환경으로는 안드로이드 4.4 이상의 스마트폰 또는 iOS 9.0 이상의 아이폰이 필수입니다. 이번에 소개하는 것 중 가장 저렴한 VR 고글이므로 VR을 가볍게 즐기고 싶은 분에게 추천합니다.

그림 1.13 ▶ 구글 카드보드(https://vr.google.com/intl/ko_kr/cardboard/)

● 오큘러스 리프트(Oculus Rift)

오큘러스사가 개발하여 판매하고 있는 HMD형 VR 장치입니다(그림 1.14). 2012년 6월 Electronic Entertainment Expo(E3)에서 개발 버전이 발표되어 큰 주목을 받았으며, 몇 가지 개발 키트를 공개한 후, 사용자로부터 피드백을 받아 2016년 3월에 정식 제품으로 출시되었습니다. 2020년 2월 기준 한국에서 구입할 수 없어 해외에서 구입해야 합니다. 또한, VR 환경으로 외부 접속하는 PC가 필수이며, 동작 조건으로 상당히 높은 성능의 PC가 요구됩니다. 그 외에 독립적으로 VR을 체험할 수 있는 '오큘러스 고(Oculus Go)'도 판매되고 있습니다.

그림 1.14 ▶ 오큘러스 리프트(https://www.oculus.com/rift/)

● HTC Vive

HTC사와 Valve사가 공동 개발해 HTC가 판매하고 있는 HMD형 VR 장치입니다(그림 1.15). 2014년 1월에 Steam Dev Days에서 VR 데모를 공개하고, 2015년 2월에 Games Developers Conference에서 발표했습니다. 2016년 1월 Consumer Electronics Show에서 제품 버전에 가까운 HTC Vive Pre라는 프로토타입을 공개하고, 2016년 4월에 정식 제품을 판매하기 시작했습니다.

또한, VR 환경으로는 오큘러스 리프트와 같이 외부 접속하는 PC가 필수이며, 동작 조건은 상당히 높은 성능의 PC가 요구됩니다. 이 외에도 독립적으로 VR을 체험할 수 있는 'Vive Focus'나 디스플레이 해상도 및 헤드폰을 표준으로 갖춘 'Vive Pro'도 판매되고 있습니다. 2020년 2월 기준 Vive가 약 86만 원에 판매되고 있습니다.

그림 1.15 ▶ HTC Vive(https://www.vive.com/kr/product/#)

● 플레이스테이션 VR(PlayStation VR)

소니 인터랙티브 엔터테인먼트사가 개발 및 판매하는 플레이스테이션4용의 HMD형 VR 장치입니다(그림 1.16). 2014년 3월 Games Developers Conference에서 'Project Morpheus(프로젝트 · 모피어스)'로 발표하며 프로토타입을 선보였습니다. 2016년 10월 정식 제품이 출시되었는데 순식간에 매진되었고, 2020년 2월 기준 카메라를 포함해 약 40만 원에 판매하고 있습니다. VR 환경으로는 플레이스테이션4가 필수지만 이미 플레이스테이션4를 갖고 있는 사람은 오큘러스 리프트나 HTC Vive 보다 저렴한 가격으로 VR 환경을 갖출 수 있습니다.

그림 1.16 ▶ 플레이스테이션 VR(https://asia.playstation.com/ko−kr/psvr/)

1-1-4 VR을 활용하고 있는 사례

여기서는 VR을 활용하고 있는 몇 가지 사례를 소개합니다. VR은 게임이나 동영상 등의 엔터테인먼트뿐만 아니라 많은 분야에서 활용되고 있습니다. 전부 다 소개할 수는 없지만 주변에서 체험할 수 있는 활용 사례를 소개하고자 합니다. 여기서 따로 소개하지 않지만 의료, 교육, 건축 등 많은 분야에서도 VR 기술이 활용되고 있습니다.

● 게임

VR을 가장 많이 활용하는 분야는 역시 게임입니다. 플레이해 본 적이 없는 분들도 어디선가 들어본 적이 있는 게임 제목이 있을 거라 생각합니다(그림 1.17). 플레이스테이션 VR에 대응하는 '바이오하자드 7 레지던트 이블'(캡콤)과 '서머 레슨'(반다이남코 엔터테인먼트), HTC Vive 및 오큘러스 리프트에 대응하는 '배트맨: 아캄VR'(Warner Bros. Interactive Entertainment)이나 '레즈인피니티(Rez Infinite)'(Enhance Games) 등의 게임이 이미 판매되고 있으며, 향후 더 많은 게임이 개발될 예정입니다.

그림 1.17 ▶ VR을 활용한 게임

BIOHAZARD 7   Batman   Rez Infinite

● VR 체험관

VR을 쉽게 체험해 보고 싶으면 VR 액티비티가 설치되어 있는 체험관에 가 보세요. VR 체험관에는 대형 케이스나 특수한 장치 등을 사용하는 액티비티가 많고, 가정에서 VR을 체험하는 것 이상의 현장감과 현실감을 맛볼 수 있으므로 기회가 된다면 꼭 체험해 보길 바랍니다. 국내의 VR 체험관으로는 2018년 여름에 개관한 서울 강남구의 VR Station, 서울 용산구에 있는 인터파크 VR, 서울 마포구의 상암 VR 파크, 인천 송도의 몬스터 VR 등이 있습니다.

● 동영상

2015년에 YouTube가 360도의 동영상 지원을 시작하면서, Cardboard 등의 VR 고글을 사용해 VR 체험을 할 수 있게 되었습니다. 스카이다이빙이나 고층 빌딩 위를 걷고 있는 동영상을 보고 있는 것뿐인데 360도의 깊이가 있는 영상을 통해 마치 자신이 그 장소에 있는 듯한 현장감을 느낄 수 있습니다.

VR 동영상을 보려면 스마트폰에 YouTube 공식 앱을 다운로드하고, '360 동영상', 'VR 동영상' 등을 검색해 동영상을 재생합니다. 동영상 재생 중에 메뉴를 표시하면 그림 1.18과 같은 VR 고글 아이콘이 나오는데, 이 아이콘을 누르고 Cardboard 등의 VR 고글에 스마트폰을 부착해서 시청할 수 있습니다.

그림 1.18 ▶ YouTube의 VR 고글 아이콘

● 부동산

신축 맨션을 구입하거나 건물을 임대할 때 여러 곳을 돌아본 경험이 있을 것입니다. 그러나 앞으로는 매장에 방문하는 것만으로 집 상태를 볼 수 있을지도 모르겠네요. 부동산 · 주택 정보 사이트 LIFULL Home'S나 SUUMO* 등은 신축 맨션이나 임대 맨션을 VR로 확인할 수 있는 서비스를 제공하고 있습니다. 직접 가지 않고도 건물 환경이나 방 배치 등을 확인함으로써 단기간에 많은 건물을 볼 수 있습니다.

또한, 아직 완공되지 않은 건물은 모델 하우스에 가서 일부 방만 확인할 수 있고 공용부나 외관은 볼 수 없었습니다. 하지만 이제 VR을 이용하게 되면 주변 환경이나 방에서의 전망을 자유롭게 확인할 수 있으며, 다른 건물과 차별화를 도모할 수 있으리라 기대할 수 있습니다. 이처럼 부동산 분야에서도 VR을 광고의 일환으로 활용하기 시작했습니다.

● 쇼핑

머지않은 미래에는 가게에 직접 가서 상품을 보는 것이 아니라 VR로 상품을 보고 구입할 수 있게 될 것입니다. 가구 할인점 'IKEA'는 2016년 Steam에 'IKEA VR Experience**'를 출시했습니다. 이 소프트웨어는 VR상의 주방을 걸어 다닐 수 있고, 주방 색상이나 재질을 변경하여 자기가 원하는 대로 주방을 만들 수 있습니다.

그 외에, 이세탄***이나 eBay 등에서도 기간이나 지역을 한정하여 시험적으로 VR을 도입하고 있습니다. 아직은 소프트웨어가 시험 단계이며 상당한 제한이 있지만, 앞으로 EC 사이트에서의 쇼핑 형태가 바뀔 수 있습니다.

---

* [역주] 일본 부동산 업체

** http://store.steampowered.com/app/447270/IKEA_VR_Experience/

*** [역주] 일본 백화점

그림 1.19 ▶ IKEA VR Experience

1-1-5 VR 사용 시 주의 사항

VR을 즐기기에 앞서 몇 가지 주의 사항이 있습니다.

● 시야에 대해서

VR 고글은 현장감이나 몰입감을 위해 기본적으로 고글을 쓰면 영상에 집중할 수 있도록 외부 상태를 완전히 차단합니다. 이는 VR을 즐기기 위해서는 매우 중요하지만, 실제 상황을 알 수 없기 때문에 팔이나 다리가 어딘가에 부딪히거나, 부딪혀 넘어지면서 부상이나 사고로 이어질 수 있습니다. 그러므로 VR을 할 때는 넓은 공간을 확보하거나 앉은 상태로 실시하는 등 충분히 안전을 확보한 상태에서 즐겨야 합니다.

그림 1.20 ▶ VR 플레이 상태

● 어지러움에 대해서

자동차나 배 등의 교통수단을 탈 때 일어나는 '어지러움'이 VR에서도 생길 수 있습니다. 이는 멀미처럼 일어나는 사람도 있고 아예 일어나지 않는 사람도 있으며, 그 증상의 정도에도 개인차가 있습니다. 또한 콘텐츠에 따라서 쉽게 어지러운 것과 어지럽지 않은 것 등 천차만별이어서, 어떤 상황이 어지러움으로 이어지는지는 아직 정확하게 알 수 없습니다. 그러나 여러 가지 연구, 조사에 의해 어지러움이 잘 발생하지 않는 콘텐츠 제작 기술이 점차 제안되고 있습니다. 예를 들어 Google이나 Oculus에서도 개발자용 VR 개발의 모범 사례를 제안하고 있으며, 콘텐츠 제작에 있어서 참고할 수 있을 것 같습니다.

- Daydream Elements(Google)

  https://developers.google.com/vr/elements/overview

- VR Best Practices(Oculus)

  https://developer.oculus.com/design/latest/concepts/book-bp/

일반적으로 다음과 같은 조건에서 제작된 콘텐츠에서 어지러움이 덜 발생한다고 합니다.

- 이동 속도는 일정 속도를 유지한다. 또는 순간 이동을 한다.
- 이동할 때는 시야를 좁힌다.
- 회전할 때는 부드럽게 회전시키는 것보다 어느 정도의 각도(약 10~20도)씩 회전시킨다.
- 머리의 움직임과 카메라의 움직임을 맞춘다.
- 권장 프레임 속도를 유지한다.
- 영상의 감각과 현실의 감각을 맞춘다.

VR 콘텐츠를 만들 때 이러한 점을 고려하면 어지러움이 덜 발생하도록 만들 수 있을 것입니다. 또한, VR 콘텐츠를 플레이할 때 적당히 휴식을 취하고, 만약 속이 안 좋아지면 바로 플레이를 중지합시다.

● 나이 제한에 대해서

대부분의 VR 헤드셋에는 11세 또는 12세 이하 어린이는 사용 금지라는 강력한 주의 사항이 쓰여 있습니다. 나이 제한이 있는 것은 의학적인 이유 때문입니다.

첫 번째 이유로, '대상물을 볼 때 한쪽 눈은 올바른 방향을 향하여 있으나 다른 한쪽 눈은 상하 또는 안팎 등 다른 방향을 향하고 있는 상태'인 사시가 될 위험이 있기 때문입니다. 어른이라면 문제가 될 일이 적지만 성장 중인 어린이는 물체를 입체적으로 파악하는 힘이 떨어지거나 최악의 경우 수술이 필요할 수도 있으므로 주의해야 합니다. VR 헤드셋만이 아니라 3D TV나 닌텐도 3DS 등 입체로 보이는 기술을 사용하는 기기에는 나이 제한이 있습니다.

두 번째 이유는 공간인지 발달에 영향을 끼칠 위험이 있기 때문입니다. 앞서 VR 구조에서도 설명했듯이 왼쪽 눈과 오른쪽 눈은 서로 다른 영상을 보는데, 이는 왼쪽·오른쪽의 검은 눈동자의 거리가 중요한 것으로 이 거리가 떨어져 있음으로써 서로 다른 영상을 볼 수 있습니다. 또한, 물체를 볼 때 물체와 눈의 위치 관계로써 눈의 각도를 조정합니다. 사람의 공간 지각에서는 이 '양안시차'나 '폭주' 등의 시각으로부터의 정보를 뇌에 전달하고, 시각 이외의 기타 정보를 뇌가 합침으로써 공간을 인식할 수 있습니다. 이는 어린이가 성장하는 과정에서 서서히 변화, 발달하며 검은 눈동자의 거리는 10세 정도까지, 눈의 각도를 조정하는 기능은 12세까지 발달한다고 합니다. 이러한 이유로 대부분의 VR 헤드셋은 11세 또는 12세 이하의 어린이에 대해서 사용을 금지하고 있는 것입니다.

다만, 이 나이 제한은 복안렌즈식 VR 헤드셋의 경우이며, 렌즈가 없거나 단안식 등 어린이의 안전을 고려한 VR도 있으므로 각 VR 헤드셋의 사용상의 주의사항을 잘 읽고 VR을 즐기도록 하세요.

1-2 유니티(Unity)란

시로네코 프로젝트나 슈퍼 마리오 런, 사회 현상이 되기도 한 포켓몬 GO 등은 이 책을 읽고 있는 여러분도 한 번은 플레이해 본 게임 아닌가요? 이러한 게임들은 유니티를 사용해 만들어졌습니다.

1-2-1 유니티의 역사

유니티는 2005년에 미국 Unity Technologies사에서 '게임 제작의 대중화'를 목표로 하는 게임 통합 환경(게임 엔진)으로서 등장했습니다. 이제까지의 게임 개발은 기기나 툴 등의 개발 환경 구축, 프로그램이나 그래픽 등 게임을 만드는 데 있어 많은 지식이나 기술을 필요로 하여 누구나 쉽게 개발할 수 있는 환경은 아니었습니다. 그런 가운데 누구나, 쉽게, 무료(일부 유료 라이선스 있음)로 사용할 수 있는 게임 엔진 유니티가 등장하면서 게임 개발의 문턱이 낮아졌으며, 기존 게임 개발자도 품질과 개발 속도 향상이라는 혜택을 누리게 되었습니다.

1-2-2 게임 제작에 필요한 것

'게임 제작에 필요한 것'에는 무엇이 있을까요? 우선, 개발하려면 프로그래밍 지식이 필요합니다. 그러나 프로그래밍 언어에는 C++이나 C# 등 여러 가지가 있고, 환경에 맞게 구분해 사용해야 할 때도 있습니다. 그리고 프로그램만 할 줄 안다고 바로 게임을 만들 수 있는 것도 아닙니다.

게임에서 캐릭터나 무기, 아이템 등의 그림을 표시하기 위해서는 그래픽 지식이나 행렬 계산 등 수학 지식이 필요합니다. 게임 중 효과음이나 배경 음악을 재생하는 방법이나 폭발, 불꽃 등의 효과 표시, 메뉴 화면 등 UI(사용자 인터페이스) 구축, 게임 패드/스마트폰으로부터의 입력 제어, 최근에는 다른 사용자와 대전 및 협력하는 멀티 플레이어도 증가해 네트워크나 서버 지식도 필요합니다. 자신이 만들고 싶은 게임을 만들기 위해서 이런 지식을 처음부터 배우려면 학습 시간도 오래 걸리고 비용도 많이 들어 바로 게임을 만들고 싶은 분들은 어려움이 있을 것입니다.

그런 게임 개발의 어려운 부분을 알기 쉽게, 사용하기 쉽게 통합한 것이 유니티 게임 엔진입니다. 복잡한 것은 게임 엔진이 지원해 줌으로써 개발자는 자신이 만들고 싶은 게임 부분만을 중점으로 생각할 수 있게 되었습니다.

과연 유니티의 어떤 부분이 좋은 걸까요? 유니티로 무엇을 할 수 있을까요? 여기서는 유니티가 제공하는 많은 기능과 서비스를 소개합니다.

1-2-3 유니티의 특징 1 – 많은 기능

유니티 에디터에는 매우 많은 기능이 있어, 개발자들은 이런 기능을 이용해 더욱 빠르게 높은 품질의 작품을 만들 수 있습니다. 여러 기능 중 자주 사용하는 몇 가지를 소개해 보겠습니다.

● 스크립트

유니티에서는 C#, JavaScript(UnityScript)를 이용해 스크립트를 작성할 수 있고, 자체 셰이더도 만들 수 있어 폭넓은 표현을 할 수 있습니다(그림 1.21).

그림 1.21 ▶ 스크립트

```
using UnityEngine;
using System.Collections;

public class PlayerControl : MonoBehaviour
{
    [HideInInspector]
    public bool facingRight = true;        // For determining which way the player is currently facing.
    [HideInInspector]
    public bool jump = false;              // Condition for whether the player should jump.


    public float moveForce = 365f;         // Amount of force added to move the player left and right.
    public float maxSpeed = 5f;            // The fastest the player can travel in the x axis.
    public AudioClip[] jumpClips;          // Array of clips for when the player jumps.
    public float jumpForce = 1000f;        // Amount of force added when the player jumps.
    public AudioClip[] taunts;             // Array of clips for when the player taunts.
    public float tauntProbability = 50f;   // Chance of a taunt happening.
    public float tauntDelay = 1f;          // Delay for when the taunt should happen.


    private int tauntIndex;                // The index of the taunts array indicating the most recent taunt.
    private Transform groundCheck;         // A position marking where to check if the player is grounded.
    private bool grounded = false;         // Whether or not the player is grounded.
    private Animator anim;                 // Reference to the player's animator component.


    void Awake()
    {
        // Setting up references.
        groundCheck = transform.Find("groundCheck");
        anim = GetComponent<Animator>();
    }


    void Update()
    {
        // The player is grounded if a linecast to the groundcheck position hits anything on the ground layer.
        grounded = Physics2D.Linecast(transform.position, groundCheck.position, 1 << LayerMask.NameToLayer("Ground"));

        // If the jump button is pressed and the player is grounded then the p
        if(Input.GetButtonDown("Jump") && grounded)
            jump = true;
    }
```

● 애니메이션 시스템(메카님, Mecanim)

휴먼/논휴먼 3D 캐릭터 애니메이션을 제어하는 시스템입니다(그림 1.22). 리타겟 기능이나 상태를 제어하는 브랜드 트리와 스테이트 머신 기능, IK로 벽이나 지면에 자연스럽게 손이나 발을 놓는 등더욱 정교하게 움직임을 제어할 수 있습니다.

그림 1.22 ▶ 애니메이션 시스템

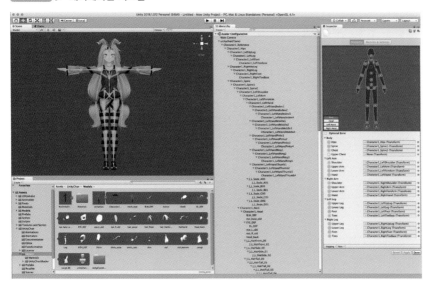

2D 그리기 시스템(Unity 2D)

유니티는 원래 3D용 게임 엔진으로 개발되었으나 유니티 4.3부터 2D 시스템도 지원을 시작해 2D 게임 개발에도 많이 이용되고 있습니다. 그림 1.23은 2D에 특화한 스프라이트 시스템입니다. 여러 개의 스프라이트로부터 애니메이션을 자동 생성할 수 있으며, 2D 전용의 물리 연산 시스템도 있습니다.

그림 1.23 ▶ 2D 시스템

● 이펙트(슈리켄, Shuriken)

불, 폭발, 회오리 바람 같은 입자(파티클)를 사용한 이펙트를 에디터에서 파라미터를 조정하는 것만으로 만들 수 있습니다(그림 1.24).

그림 1.24 ▶ 파티클 시스템

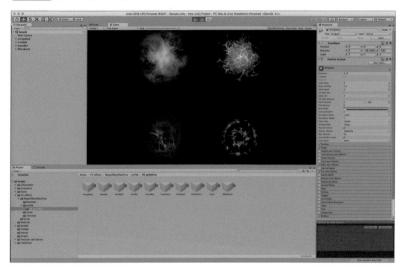

● UI(사용자 인터페이스)

메뉴 화면이나 시스템 리스트 등에서 자주 사용합니다. 버튼, 리스트, 슬라이드 바 등 UI 기능이 기본적으로 많이 준비되어 있습니다(그림 1.25).

그림 1.25 ▶ UI

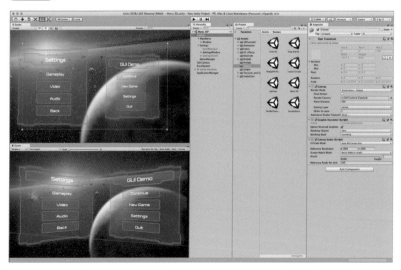

● 아름다운 그래픽

실시간 글로벌 일루미네이션과 물리 베이스 셰이더를 사용해 자연스럽고 실감나는 그래픽 표현을 할 수 있습니다(그림 1.26).

`그림 1.26` ▶ 아름다운 그래픽 표현

1-2-4 유니티의 특징 2 – 에셋 스토어

3D 모델, 애니메이션, 기능 스크립트, 머터리얼(셰이더) 등 유니티 에셋 스토어에는 몇 천 개의 유료, 무료 에셋이 배포되어 있으며, 개발자는 스토어에서 구입해 바로 자신의 게임에 이용할 수 있습니다(그림 1.27).

게임을 만들어 보고 싶은데 그림을 그릴 수 없을 때, BGM이나 효과음 등의 소리가 필요할 때, 간단한 프로토타입용으로 바로 에셋을 준비하고 싶을 때 에셋 스토어를 이용하여 게임의 품질을 높이고 개발 속도를 향상시킬 수 있습니다. 또한, 자신이 만든 에셋을 에셋 스토어에서 판매할 수도 있습니다.

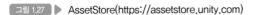

그림 1.27 ▶ AssetStore(https://assetstore.unity.com)

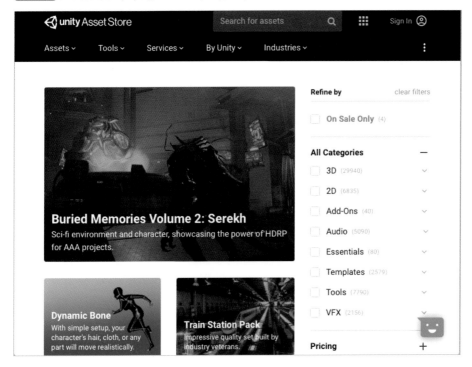

1-2-5 유니티의 특징 3 – 다양한 서비스

유니티는 게임 엔진만이 아니라 수익화나 생산성 향상 등 개발자를 지원하는 서비스도 많습니다. 예를 들어, 게임 수익화를 지원하는 광고 표시 서비스인 'Unity Ads', 앱 내의 과금 서비스를 간단하게 구현할 수 있는 'Unity IAP', 앱의 빌드를 클라우드에서 실행해 공유할 수 있는 'Unity Cloud Build' 등 풍부한 서비스를 이용함에 따라 개발 효율을 높일 수 있습니다(표 1.1).

표 1.1 ▶ 다양한 서비스

서비스	설명
Unity Ads	게임 내에 동영상 광고를 표시
Unity Analytics	지속률과 플레이어 행동을 분석
Unity Certification	유니티 인증 시험
Unity Cloud Build	클라우드에서 앱 빌드 및 공유 가능
Unity Everyplay	게임 동영상 녹화, 공유

Unity IAP	앱 내 과금
Unity Multiplayer	멀티플레이 기능
Unity Performance Reporting	애플리케이션 오류를 수집, 표시

1-2-6 유니티의 특징 4 – 멀티 플랫폼 지원

'PC 전용으로 만든 작품을 다른 게임기에서도 플레이하게 하고 싶다' 혹은 '아이폰과 안드로이드 양쪽에 출시하고 싶다' 등 만들어진 콘텐츠를 다른 플랫폼에서도 출시하고 싶을 때가 있을 것입니다. 유니티는 많은 플랫폼에 대응하고 있어서 하나를 만든 다음 설정을 조금만 바꾸어 간단하게 다른 플랫폼의 앱을 만들 수 있습니다. VR 장치나 가정용 게임기가 새로 나온 경우에도 유니티가 자체적인 지원을 추가함으로써 엔진의 버전을 업그레이드하는 것만으로 쉽게 대응할 수 있습니다(표 1.2).

표 1.2 ▶ 다수의 플랫폼을 지원(일부 소개)

카테고리	플랫폼
모바일	iOS, 안드로이드, 윈도우 폰, FireOS
VR/AR	오큘러스 리프트, 스팀 VR, 플레이스테이션 VR, 기어 VR, 마이크로소프트 홀로렌즈, 데이드림
가정용 게임기	플레이스테이션4, 플레이스테이션 비타, XBOX ONE, 닌텐도 3DS, 닌텐도 스위치

그 외에도 윈도/맥 OS 등의 PC 플랫폼도 지원합니다.

1-2-7 유니티의 특징 5 – 다수의 채용 실적

앞부분에서도 소개한 시로네코 프로젝트나 포켓몬 GO 등 유니티는 프로 게임 개발 세계에서도 많이 사용되어 유니티로 만들어진 게임이 계속 출시되고 있습니다.

유니티 공식 블로그는 유니티를 사용해 개발된 타이틀 소개나 개발자의 인터뷰 등을 게재하고 있습니다. 자신이 즐기고 있는 게임이 유니티로 만들어졌다는 사실을 여기서 발견할 수도 있겠네요.

유니티는 모바일 분야에서도 많이 사용하지만, 최근에는 플레이스테이션4 등 기능이 우수한 가정용 게임기, 오큘러스 리프트, HTC Vive 등 VR/AR 분야에서도 사용되고 있습니다.

· **유니티 공식 블로그:** https://blogs.unity3d.com/kr/

● 귀여운 유니티짱

　'유니티짱'은 Unity Technologies Japan이 제공하는 개발자를 위한 공식 오리지널 캐릭터입니다(그림 1.28). 개발자는 이용 규약에 준하는 형태로 유니티짱의 3D 모델 데이터나 2D 데이터, 여러 개의 음성 데이터 등을 무료로 이용할 수 있습니다. 유니티짱과 협업을 한 게임이나 상품도 여러 개 배포되어 있습니다. 유니티 프로젝트 데이터도 있으므로 이를 보고 학습하는 것도 좋겠죠?

- **유니티짱 공식 웹사이트:** http://unity-chan.com/

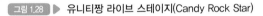 그림 1.28 ▶ 유니티짱 라이브 스테이지(Candy Rock Star)

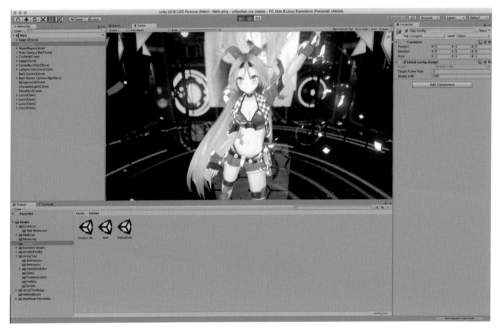

　어떤가요? 유니티는 게임 엔진 기능뿐만 아니라 에셋 스토어나 서비스 등 게임을 만드는 데 필요한 것이 많이 준비되어 있습니다.

유니티를 도입해 보자

이 장에서는 앞 장에서 소개한 유니티를 사용한 게임 개발을 준비합니다. 개발을 할 윈도/맥 OS 컴퓨터 종류별로 설치 방법을 설명합니다. 여기에서 제대로 준비하여 다음 장부터 재미있게 개발을 시작해 봅시다.

이 장에서 배우는 것
- 유니티 개발 준비(윈도/맥 OS)
- 안드로이드 개발 준비(윈도/맥 OS)
- iOS 개발 준비(맥 OS)

2-1 개발 환경을 정리하자

유니티 설치와 스마트폰에서 개발하기 위해 필요한 툴을 준비합시다. 여기서는 윈도/맥 OS 각각의 운영체제에서 필요한 것을 설명합니다.

2-1-1 유니티를 도입하기 위해서 필요한 것

유니티를 설치하기 전에 PC를 준비합니다. 사용하는 컴퓨터가 윈도인지 맥 OS인지에 따라 설치 순서가 조금 다르지만, 유니티는 양쪽 환경에서 모두 사용할 수 있어 기본적인 기능에는 차이가 없습니다. 다만, 실제 스마트폰을 사용해 개발할 경우, iOS 개발 부분에서는 차이가 있습니다. iOS 전용 개발에서는 아이폰 등의 단말에 앱을 빌드하고 설치하려면 애플이 제공하는 'Xcode' 툴이 필요합니다. 'Xcode'는 현재 맥 OS판만 제공하므로 iOS 전용 앱을 빌드하려면 필연적으로 맥 OS 컴퓨터가 필요합니다. 맥 OS 컴퓨터가 없다면 아이폰 휴대 단말에서 확인할 수 없기 때문에, 이미 갖고 있는 단말이 아이폰이라면 주의해야 합니다. 하지만 윈도에서도 유니티를 사용해 iOS 전용 앱을 개발할 수는 있습니다. **Chapter 1**에서 소개한 '유니티 클라우드' 서비스를 이용하면 클라우드 환경에서 앱을 빌드할 수 있습니다.

유니티에서는 안드로이드/iOS의 플랫폼 전환도 가능하므로, 먼저 안드로이드 개발부터 시작해 환경이 갖추어지면 iOS 전용 빌드를 테스트하는 것도 좋은 방법일 것 같네요. 안드로이드는 윈도/맥 OS 양쪽에서 개발할 수 있습니다. 구체적인 동작 환경은 표 2.1과 같습니다.

표 2.1 ▶ 플랫폼별 안드로이드/iOS의 개발

플랫폼	유니티	안드로이드 개발(휴대 단말에서의 동작)	iOS 개발(휴대 단말에서의 동작)
맥 OS	O	O	O
윈도	O	O	X

다음 항에서는 먼저 유니티 설치*를 설명한 다음 안드로이드 개발 환경과 iOS 개발 환경의 준비를 설명합니다. 윈도/맥 OS 환경에 대해서 각각 설명하므로 사용 환경에 맞게 설치하세요.

2-1-2 안드로이드 개발에 필요한 것

안드로이드 장치에 유니티로 만든 앱을 빌드하려면 다음 툴이 필요합니다.

● 안드로이드 스튜디오

구글이 제공하는 안드로이드 통합 개발 환경입니다. 유니티를 사용하지 않고 안드로이드 스튜디오를 사용해서 안드로이드 전용 앱을 개발할 수도 있으며, 안드로이드 스튜디오를 사용하여 개발에서 사용하는 SDK나 툴 등을 설치할 수 있습니다.

2-1-3 iOS 개발에 필요한 것

iOS 장치에 앱을 빌드하려면 앞에서 소개한 'Xcode' 툴이 필요합니다. 'Xcode'는 애플이 제공하는 소프트웨어로, 아이폰이나 아이패드, 맥용의 애플리케이션을 개발, 디버깅, 빌드할 수 있습니다. 유니티로 만든 앱을 아이폰에서 동작시키려면 최종적으로 'Xcode'를 사용해 빌드하고 앱을 설치해야 합니다. 'Xcode'는 현재 맥용만 제공되므로 아이폰 등의 iOS 단말기에서 확인하려면 맥 OS의 PC가 필요합니다. 이 책에서 사용하는 'Xcode' 버전은 10.3입니다.

----
* 이 책에서 사용하고 있는 유니티 버전은 유니티 2019.1.10f1입니다.

2-2 유니티를 설치하자

유니티 다운로드 사양과 설치 방법에 대해서 설명합니다. 윈도/맥 OS 각각 자신의 환경에 맞춰 유니티를 설치해 봅시다.

2-2-1 유니티 다운로드

유니티 공식 사이트에 있는 Unity Hub를 사용해 유니티를 설치합니다.

- https://unity3d.com/kr/get–unity/download

브라우저에서 그림 2.1처럼 다운로드 페이지를 열고, [Unity 선택 및 다운로드]를 클릭해 사용할 플랜 선택 화면에서 [Personal]을 선택합니다(그림 2.2). 약관을 확인 후 동의에 체크하고(그림 2.3) 인스톨러 다운로드 화면으로 넘어갑니다.

그림 2.1 ▶ 유니티 다운로드 페이지

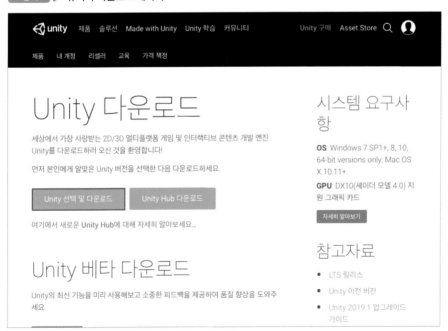

그림 2.2 ▶ 사용할 플랜은 Personal

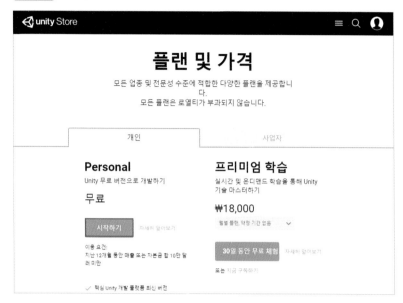

그림 2.3 ▶ 인스톨러 다운로드

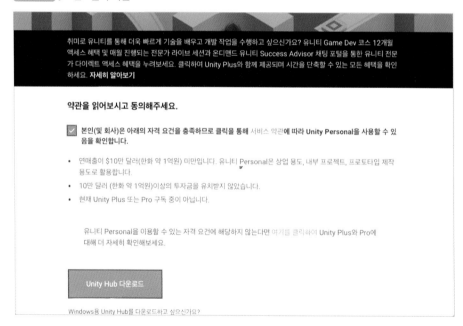

　이 책의 설명에 사용하는 유니티는 Personal(무료) 버전 2019.1.10f1, Unity Hub 2.0.4입니다. 우선 맥 OS에서의 설치 방법을 설명하고, 그 다음으로 윈도에서의 설치 방법을 설명하겠습니다. 설치할 때의 화면 차이는 있지만 기본적으로는 양쪽 모두 같으므로 맥 OS인 분은 2-2-2부터, 윈도인 분은 2-2-3부터 읽어 주세요.

2-2-2 유니티 설치(맥 OS)

맥 OS에서의 설치 순서입니다.

1 다운로드한 인스톨러 실행

다운로드한 UnityHubSetup.dmg를 더블 클릭하면 나오는 창에서 라이선스를 확인한 다음 [Agree]를 클릭합니다(그림 2.4).

그림 2.4 ▶ 규약 확인

2 Unity Hub를 응용 프로그램에 추가

Unity Hub를 응용 프로그램 폴더로 드래그 앤 드롭합니다(그림 2.5).

그림 2.5 ▶ 응용 프로그램 폴더로 드래그 앤 드롭

3 Unity Hub 더블 클릭

응용 프로그램 폴더의 Unity Hub를 더블 클릭합니다(그림 2.6).

그림 2.6 ▶ Unity Hub 더블 클릭

4 설치하기

오른쪽 윗부분의 파란색 [추가] 버튼을 클릭합니다(그림 2.7).

그림 2.7 ▶ 추가 버튼 클릭

5 유니티 버전 선택

최신 유니티 버전을 선택합니다. 이 책에서는 2019.1.10f1을 선택합니다(그림 2.8). 2019.1.10f1이 없을 경우 맨 위의 최신 버전을 선택하세요.

그림 2.8 ▶ 유니티 버전 선택

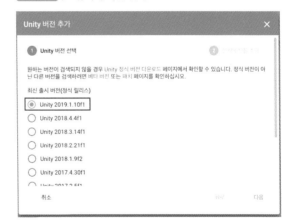

6 설치할 컴포넌트 선택

필요한 컴포넌트도 선택해 설치할 수 있습니다. 개발할 플랫폼이나 운영체제에 맞춰서 필요한 컴포넌트를 선택합니다. 이 책은 iOS/안드로이드 모바일 플랫폼을 대상으로 하므로, 리스트 중에 표 2.2에 있는 것을 체크합니다(그림 2.9).

그림 2.9 ▶ 설치할 컴포넌트 선택

표 2.2 ▶ 체크 항목

컴포넌트명	설명
Visual Studio for Mac	스크립트를 편집하는 에디터 & 디버깅, 브레이크 포인트의 설정 등을 할 수 있는 종합 개발 환경
Android Build Support	안드로이드용으로 빌드할 때 필요
iOS Build Support	iOS용으로 빌드할 때 필요

맥 OS에서는 iOS 빌드에 필요한 컴포넌트도 설치합니다. 컴포넌트는 나중에도 설치가 가능하므로 필요할 때 추가할 수 있습니다.

7 최종 사용자 라이선스 확인

'Visual Studio for Mac' 라이선스를 확인합니다. 확인했으면 동의에 체크하고 [다음]을 클릭합니다(그림 2.10).

그림 2.10 ▶ 최종 사용자 라이선스 확인

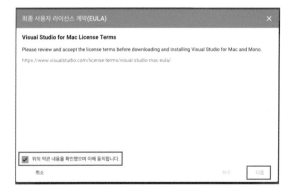

8 최종 사용자 라이선스 확인

'Android SDK and NDK' 라이선스를 확인
합니다. 확인했으면 동의에 체크하고 [완료]
를 클릭합니다(그림 2.11).

그림 2.11 ▶ 최종 사용자 라이선스 확인

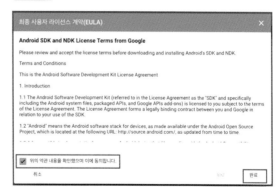

9 유니티 설치 진행 화면

선택한 버전의 유니티가 다운로드 및 설치됩
니다(그림 2.12).

그림 2.12 ▶ 다운로드와 설치

10 설치 완료

설치를 마치고 난 후 그림 2.13처럼 라이선스
없음이라고 나오면 라이선스 인증을 해야 합
니다. https://docs.unity3d.com/Manual/
ManualActivationGuide.html 페이지를
참고해서 라이선스 인증을 합니다. 라이선스
인증을 했으면 [Preferences]를 클릭합니다.

그림 2.13 ▶ 완료 화면

2-2-3 유니티 설치(윈도)

윈도에서의 유니티 설치 순서입니다.

1 다운로드한 인스톨러 실행

다운로드한 UnityHubSetup.exe를 더블 클릭해 나오는 창에서 사용권 계약을 확인한 다음 [동의함]을 클릭합니다(그림 2.14).

그림 2.14 ▶ 사용권 계약 확인

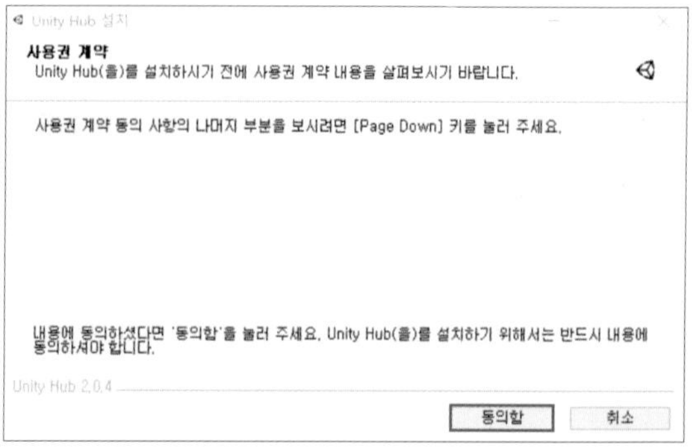

2 설치 위치 선택

원하는 위치를 설정한 다음 [설치]를 클릭해 진행합니다(그림 2.15).

그림 2.15 ▶ 설치 위치 선택

3 Unity Hub 설치 완료

Unity Hub가 설치 완료되면 [마침]을 클릭합니다. 'Unity Hub 실행하기'에 체크를 하면 설치된 Unity Hub가 실행됩니다(그림 2.16).

그림 2.16 ▶ Unity Hub 설치 완료

4 설치하기

오른쪽 윗부분의 파란색 [추가] 버튼을 클릭합니다(그림 2.17).

그림 2.17 ▶ 추가 버튼 클릭

5 유니티 버전 선택

최신 유니티 버전을 선택합니다. 이 책에서는 2019.1.10f1을 선택합니다(그림 2.18). 2019.1.10f1이 없을 경우 맨 위의 최신 버전을 선택하세요.

그림 2.18 ▶ 유니티 버전 선택

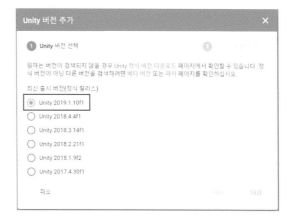

6 설치할 컴포넌트 선택

유니티는 설치 시에 엔진 본체 외에 필요한 컴포넌트도 선택해 설치할 수 있습니다. 개발할 플랫폼이나 운영체제에 맞춰서 필요한 컴포넌트를 선택합니다(그림 2.19).

윈도에서는 안드로이드를 주로 개발하므로 'Android Build Support'에 체크합니다(표 2.3). Microsoft Visual Studio를 유니티와 연계해 사용한다면 'Microsoft Visual Studio Community 2017'도 설치해야 합니다. Visual Studio와 유니티를 연계하면 Visual Studio에서 디버깅, 브레이크 포인트의 설정 등을 할 수 있습니다.*

---

* 이미 'Microsoft Visual Studio 2017'이 설치되어 있을 때는 필요한 컴포넌트만 설치됩니다. 필요한 컴포넌트가 이미 설치되어 있다면 'Microsoft Visual Studio Community 2017' 항목은 표시되지 않습니다.

표 2.3 ▶ 체크 항목	
컴포넌트명	설명
Microsoft Visual Studio Community 2017	스크립트를 편집하는 에디터 & 디버깅, 브레이크 포인트의 설정 등을 할 수 있는 종합 개발 환경
Android Build Support	안드로이드용으로 빌드할 때 필요

윈도에서는 주로 안드로이드로 개발하지만 유니티 에디터에서 iOS 플랫폼으로서 동작하려면 'iOS Build Support'도 필요합니다.

그림 2.19 ▶ 설치할 컴포넌트 선택

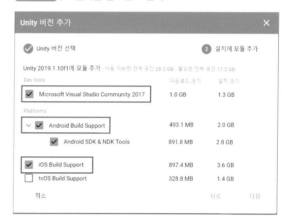

7 최종 사용자 라이선스 확인

컴포넌트 선택에서 'Microsoft Visual Studio Community 2017'에 체크를 했다면, Visual Studio 라이선스 확인 화면이 표시됩니다. 동의에 체크를 하고 [다음]을 클릭합니다(그림 2.20). 이미 'Visual Studio'가 설치되어 있어 변경이 필요하지 않아 컴포넌트 선택에서 체크를 하지 않으면 이 화면은 표시되지 않습니다.

그림 2.20 ▶ 최종 사용자 라이선스 확인

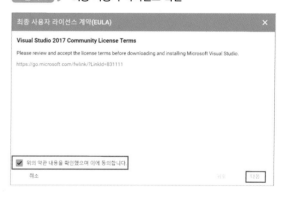

8 최종 사용자 라이선스 확인

'Android SDK and NDK' 라이선스를 확인합니다. 확인했으면 동의에 체크하고 [완료]를 클릭합니다(그림 2.21).

그림 2.21 ▶ 최종 사용자 라이선스 확인

9 유니티 설치 진행 화면

선택한 버전의 유니티가 다운로드 및 설치되고 있습니다(그림 2.22).

그림 2.22 ▶ 다운로드와 설치

10 Microsoft Visual Studio Community 2017 설치

설치할 컴포넌트 선택에서 'Microsoft Visual Studio Community 2017'에 체크를 했다면 자동으로 설치가 시작됩니다(그림 2.23)

그림 2.23 ▶ Visual Studio 설치 중인 화면

2-2-4 유니티 계정 준비

유니티 설치를 완료했으면 유니티를 사용하기 위해 필요한 계정(Unity ID) 준비를 합니다. 유니티에서는 이 계정으로 여러 가지를 할 수 있습니다. 먼저 계정을 만들어 봅시다.

칼 럼 Unity ID

Unity ID는 유니티를 사용하는 사람이 갖는 사용자 계정입니다. 유니티 계정이나 에셋 스토어에서 구입한 에셋 등도 전부 이 Unity ID로 관리됩니다. Unity ID는 개인은 물론 기업, 팀에서 유니티를 사용하는 경우의 그룹 관리 등에서도 이용합니다.

Unity ID는 유니티 에디터에서 만들 수 있습니다. 먼저 유니티를 실행해 봅시다(여기서는 맥을 기준으로 설명하는데 윈도에서도 같은 순서로 만들 수 있습니다).

1 유니티 실행

Unity Hub를 실행하고, 오른쪽 위의 사용자 아이콘을 클릭한 뒤 [로그인]을 클릭하면 다음과 같은 화면이 나옵니다. 'Sign into your Unity ID' 아래의 [create one]을 클릭합니다(그림 2.24).

그림 2.24 ▶ 유니티 로그인 화면

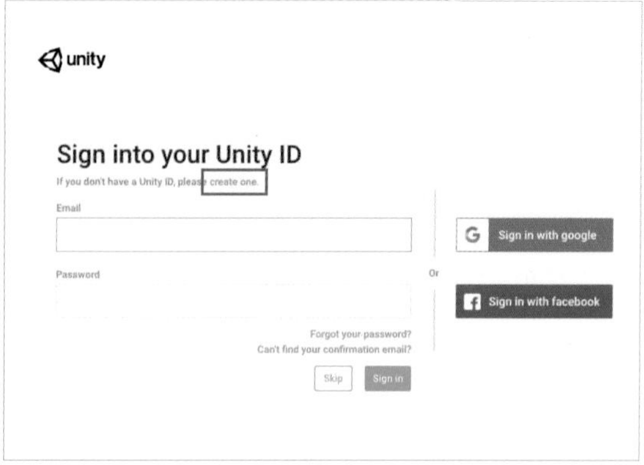

2 계정 정보의 등록

사용자 정보를 등록하는 화면이 표시되면 표 2.4에 표시된 계정 등록에 필요한 정보를 입력합니다. 아래 세 개의 체크박스에 체크를 하고, [Create a Unity ID] 버튼을 클릭합니다(그림 2.25).

그림 2.25 ▶ 사용자 정보 등록

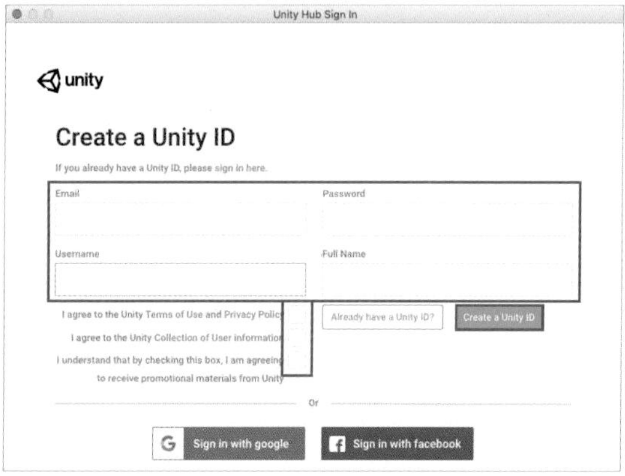

표 2.4 ▶ 사용자 등록에 필요한 정보

항목 이름	설명
Email	로그인이나 유니티로부터의 소식을 받습니다.
Password	로그인할 때 사용하는 비밀번호
Username	커뮤니티에서 사용하는 사용자 이름. 다른 사용자와 중복되지 않는 이름을 사용해야 하며 등록한 후에는 변경할 수 없습니다.
Full Name	이름

3 등록 내용의 확인

앞에서 등록한 메일로 유니티가 메일을 보내오면 메일의 [Link to confirm email] 링크를 클릭하고(그림 2.26), 브라우저를 열어 로그인을 한 후 입력한 정보에 잘못된 것은 없는지 확인합니다(그림 2.27).

그림 2.26 ▶ 메일 확인

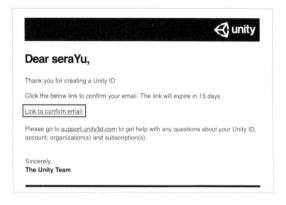

그림 2.27 ▶ 로그인한 다음의 화면

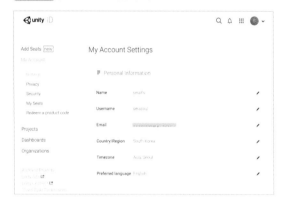

4 로그인

메일 확인이 끝나면 그림 2.28의 [Continue] 버튼을 클릭합니다. 또한, 자동으로 로그인되지 않는다면 앞서 등록한 메일 주소와 비밀번호를 그림 2.24의 화면에 입력하고 로그인합니다.

그림 2.28 ▶ 등록 완료

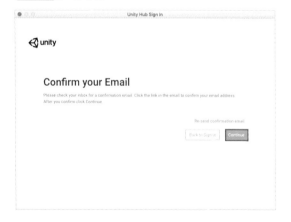

　　이로써 유니티를 사용할 준비를 갖췄습니다.

2-3 안드로이드 개발 준비를 하자

윈도/맥 OS 환경 각각의 안드로이드 개발을 위한 준비를 합니다. 자신의 환경에 맞는 설명을 읽고 필요한 툴이나 SDK를 설치합시다.

2-3-1 안드로이드 개발 준비

실제로 안드로이드의 휴대 단말에서 동작하는 작업은 **Chapter 4 스마트폰을 사용해서 VR로 보자**에서 설명하므로 여기서는 필요한 계정 정보나 툴 준비를 해 둡시다.

안드로이드 개발에는 'Android SDK'라는 안드로이드 개발에 필요한 툴 종류를 설치해야 합니다. Android SDK를 통해 유니티에서 안드로이드용 앱을 작성하거나 안드로이드 OS 장치에 앱을 설치해 동작시킬 수 있습니다.

SDK 설치 방법에는 몇 가지가 있는데 이전 버전에서는 구글이 제공하는 통합 개발 환경인 안드로이드 스튜디오를 사용해 SDK 등 개발에 필요한 툴 종류를 설치했습니다. 또한, Android SDK를 동작하기 위해서는 JDK(Java Development Kit)라는 자바 개발용의 툴 종류도 필요합니다. 참고로 현재 버전에서는 유니티를 설치할 때 JDK를 함께 설치하므로 따로 설치하지 않습니다.

이 장에서는 처음에 맥 OS 환경에서의 준비를 설명하고 다음에 윈도 환경을 설명합니다. 윈도/맥 OS에서의 설치 순서는 다소 다른 부분이 있으나 필요한 툴 종류는 같으므로 자신의 환경에 맞는 설치 순서를 보면 됩니다. 이 책에서 사용하는 안드로이드 스튜디오의 SDK 버전은 3.4.2입니다.

2-3-2 맥 OS편

맥 OS에서 안드로이드 개발 환경을 갖추려면 대략 다음 순서로 설치합니다.

- 안드로이드 스튜디오 애플리케이션 설치
- Android SDK 설치

● 안드로이드 스튜디오 애플리케이션 설치

안드로이드 스튜디오 애플리케이션을 설치합니다.

1 안드로이드 스튜디오 다운로드

브라우저에서 안드로이드 스튜디오 페이지를 엽니다. [DOWNLOAD ANDROID STUDIO] 버튼을 클릭한 후, 다음 페이지의 이용 규약을 확인하고 [ANDROID STUDIO FOR MAC 다운로드] 버튼을 클릭해 다운로드합니다(그림 2.29).

• https://developer.android.com/studio/

그림 2.29 ▶ 이용 규약 확인

2 AndroidStudio.app 애플리케이션 추가

다운로드한 파일 android-studio-ide-xxxxxxxxxxxxxxxxx-mac.dmg를 열고, 안드로이드 스튜디오 애플리케이션을 추가합니다(그림 2.30). AndroidStudio.app 아이콘을 응용 프로그램 폴더 안으로 드래그해서 애플리케이션을 추가합시다. 애플리케이션 내에 'Android Studio.app'이라는 녹색 컴퍼스 같은 아이콘이 추가되면 준비 완료입니다.

그림 2.30 ▶ Android Studio.app 추가

● Android SDK 설치

Android Studio.app을 사용해서 Android SDK를 설치합니다.

1 안드로이드 스튜디오 셋업 위저드

애플리케이션으로부터 Android Studio. app을 실행하면 안드로이드 스튜디오의 셋업 위저드가 열립니다(그림 2.31). [Next]를 선택하고 다음으로 진행합니다.

그림 2.31 ▶ 셋업 위저드

오래된 버전의 안드로이드 스튜디오가 설치되어 있을 때

순서 **1**의 과정에서 이미 안드로이드 스튜디오를 설치한 적이 있을 땐, 오래된 안드로이드 스튜디오의 설치 설정을 사용할지 확인하는 대화상자가 표시됩니다(그림 2.A). 이미 PC 내에 오래된 버전의 안드로이드 스튜디오가 있으며 설치했을 때의 설정이 남아 있다면 그 설정을 이어받아 설치할 수 있습니다. 여기서는 'I do not have a previous version of Studio or I do not want to import my settings'를 선택해서 이어받지 않고 설치를 진행합시다.

그림 2.A ▶ 설치 설정의 이어받기 확인

```
●  ●  ●                    Complete Installation
You can import your settings from a previous version of Studio.
○ I want to import my settings from a custom location
    Specify config folder or installation home of the previous version of Studio:
    /Applications                                                        [ · ]
◉ I do not have a previous version of Studio or I do not want to import my settings
                              [   OK   ]
```

2 설치 타입의 선택

'Standard' 설정에서는 보통 자주 사용하는 SDK나 툴 종류가 자동으로 설치됩니다. 'Custom'을 선택해 직접 설치할 것을 선택할 수도 있는데 부족한 툴 종류는 나중에 설치할 수도 있으므로 지금은 'Standard'로 설치합니다(그림 2.32).

그림 2.32 ▶ 설치 타입의 선택

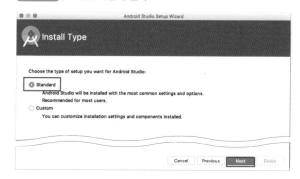

3 설치 내용의 확인

설치된 SDK 종류를 확인할 수 있습니다(그림 2.33). [Finish]를 선택하면 설치가 시작됩니다.

그림 2.33 ▶ 설치 내용의 확인

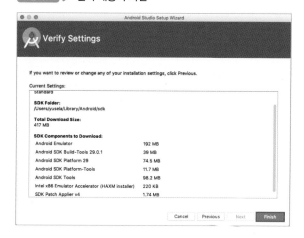

4 안드로이드 스튜디오 창

설치를 완료하면 안드로이드 스튜디오 창이 열립니다(그림 2.34). 이후, 추가로 툴이나 SDK를 설치할 때도 이 화면에서부터 시작합니다.

그림 2.34 ▶ 안드로이드 스튜디오 실행 화면

5 설치 끝낸 Android SDK/툴 버전 확인

안드로이드 스튜디오 창의 오른쪽 아래의 'Configure'에서 'SDK Manager'를 선택합니다(그림 2.35). 각종 설정 화면이 열리면, 왼쪽의 'Android SDK' 메뉴를 표시하고, 중앙의 탭 버튼에서 'SDK Platforms'를 선택합니다(그림 2.36).

그림 2.35 ▶ SDK Manager

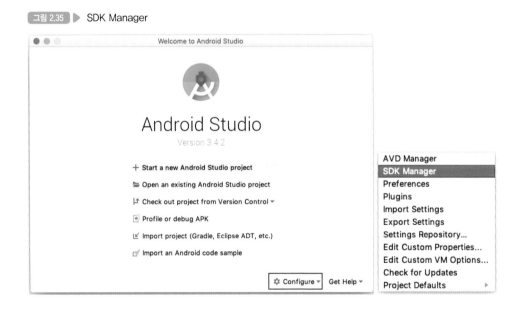

그림 2.36 ▶ SDK Platforms

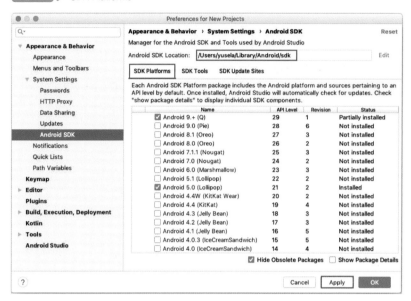

여기에서 현재 설치되어 있는 Android SDK의 설치 위치와 각 툴의 버전을 알 수 있습니다. Status 칸에 'Installed'로 표시된 것이 현재 PC에 설치되어 있는 것입니다. 보통 설치 타입이 'Standard'일 때는 최신 SDK가 설치됩니다. 만약 오래된 버전의 SDK가 필요하다면 여기에서 필요한 버전에 체크를 하고 오른쪽 아래의 [Apply] 버튼을 클릭하여 해당 버전의 SDK도 설치할 수 있습니다. 또한, 'SDK Tools' 탭에서는 에뮬레이터 등 툴 종류의 버전을 볼 수 있습니다(그림 2.37). SDK와 마찬가지로 새롭게 필요한 것은 여기에서 설치하면 좋겠죠?

그림 2.37 ▶ SDK Tools

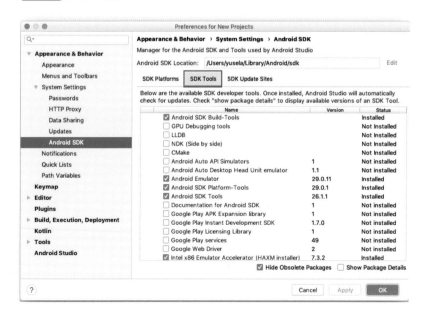

이상으로 맥 OS에서의 안드로이드 개발 환경 준비가 완료되었습니다. 잘 되지 않는다면 칼럼을 확인하세요.

칼 럼 **최신판 안드로이드 스튜디오를 사용할 때의 주의 사항**

이전 버전인 유니티 2018.1.0.f2에서 최신판의 안드로이드 스튜디오를 사용하면 오류가 발생해 다음과 같이 대응을 해야 합니다.

•Android build tools 버전을 되돌린다

아래 URL에서 브라우저 등을 사용해서 파일을 다운로드하고 ZIP을 압축 해제합니다(버전 25.2.5).

　https://dl.google.com/android/repository/tools_r25.2.5-macOSx.zip

그림 2.37의 Android SDK 설치 위치를 그림 2.B와 같이 Finder에서 엽니다. 'tools' 폴더 이름을 'tools_new' 등 다른 이름으로 변경하고, 앞에서 압축 해제한 폴더를 이동시킵니다(그림 2.C).

이로써 안드로이드 개발 환경 준비가 완료되었습니다. 유니티 버전 갱신으로 수정된 경우에는 이 절차는 필요 없습니다.

그림 2.B ▶ SDK Tools 폴더

그림 2.C ▶ 'tools' 폴더의 이동

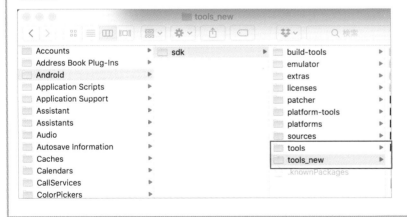

2-3-3 윈도편

윈도에서 안드로이드 개발 환경을 갖추려면 대략 다음의 순서로 설치합니다.

- 안드로이드 스튜디오 애플리케이션 설치
- Android SDK 설치

● 안드로이드 스튜디오 애플리케이션 설치

안드로이드 스튜디오와 Android SDK를 설치합시다. Android SDK는 안드로이드 스튜디오를 사용해 설치할 수 있습니다.

1 안드로이드 스튜디오 다운로드

브라우저에서 안드로이드 스튜디오 페이지를 엽니다. [DOWNLOAD ANDROID STUDIO] 버튼을 클릭한 후, 다음 페이지의 이용 규약을 확인하고 [ANDROID STUDIO FOR WINDOWS 다운로드] 버튼을 클릭해 다운로드합니다(그림 2.38).

- https://developer.android.com/studio/

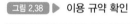 그림 2.38 ▶ 이용 규약 확인

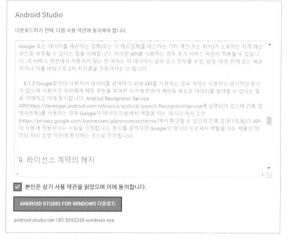

2 안드로이드 스튜디오 설치

다운로드한 파일 androidstudio-ide-XXXXXXXX-windows.exe를 실행하면 안드로이드 스튜디오 셋업 위저드가 열립니다(그림 2.39). [Next]를 선택하고 다음으로 진행합니다.

 그림 2.39 ▶ 셋업 위저드

오래된 버전의 안드로이드 스튜디오가 설치되어 있을 때

윈도에 이미 오래된 버전의 안드로이드 스튜디오가 설치되어 있으면 그림 2.D와 같은 확인 화면이 표시됩니다. 새로운 버전을 설치할 때 오래된 버전을 제거하려면 'Uninstall the previous version'에 체크를 하고 [Next]를 클릭해 진행합니다.

그림 2.D ▶ 오래된 버전 확인

```
Android Studio Setup                                          —      ×

                        Uninstall old version


   A version of Android Studio is already installed. It is recommended to remove older versions
   of Android Studio before continuing.

   Found in:   C:\Program Files\Android\Android Studio


   ☑ Uninstall the previous version
     (Settings and configurations will not be deleted in this process)


                                              Next >        Cancel
```

3 설치 컴포넌트 선택

설치할 컴포넌트를 선택합니다. 보통 처음부터 체크 표시가 되어 있으니 확인 후 [Next]를 선택해서 진행합니다(그림 2.40).

그림 2.40 ▶ 설치 컴포넌트 선택

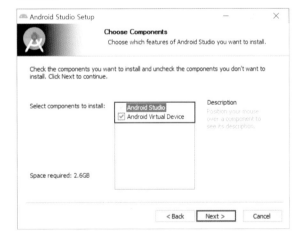

```
Android Studio Setup                                          —      ×

                        Choose Components
                        Choose which features of Android Studio you want to install.

   Check the components you want to install and uncheck the components you don't want to
   install. Click Next to continue.

   Select components to install:   ┌──────────────────┐    Description
                                   │ Android Studio   │    Position your mouse
                                   │ ☑ Android Virtual Device │    over a component to
                                   │                  │    see its description.
                                   │                  │
   Space required: 2.6GB           └──────────────────┘


                                   < Back     Next >      Cancel
```

4 설치 위치 설정

설치 위치의 폴더를 지정합니다(그림 2.41).
보통은 'C:\ProgramFiles\Android\
Android Studio'에 설치됩니다.

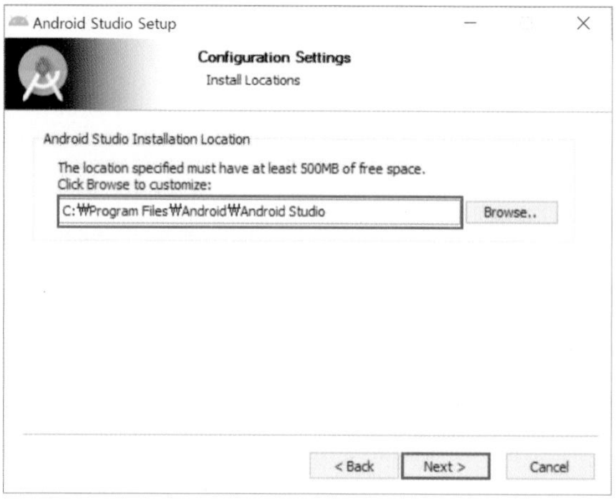

그림 2.41 ▶ 설치 위치 설정

5 숏컷 설정

안드로이드 스튜디오의 숏컷을 만들지 여
부를 지정합니다. 만들지 않는다면 'Do not
create shortcuts'에 체크를 합니다. 선택
여부를 정했으면, [Install]을 클릭합니다
(그림 2.42).

그림 2.42 ▶ 숏컷 설정

6 설치 완료

숏컷 설정 화면 다음부터 설치가 시작됩니
다. 설치에는 시간이 조금 걸리므로 끝날 때
까지 기다립시다. 완료 대화상자가 표시되
면 안드로이드 스튜디오 설치가 완료됩니다*
(그림 2.43).

그림 2.43 ▶ 설치 완료

----
* 'Start Android Studio'에 체크가 되어 있으면 [Finish]
를 클릭함과 동시에 안드로이드 스튜디오가 열립니다.

● Android SDK 설치

앞에서 설치한 안드로이드 스튜디오에서 Android SDK를 설치합니다.

1   안드로이드 스튜디오 실행

설치한 안드로이드 스튜디오를 실행합니다
(그림 2.44). 안드로이드 스튜디오의 셋업
위저드가 열리면 [Next]를 선택해 다음으
로 진행합니다.

그림 2.44 ▶ 셋업 위저드

칼 럼 오래된 버전의 안드로이드 스튜디오가 설치되어 있을 때

순서 **1**의 과정에서 이미 안드로이드 스튜디오
를 설치한 적이 있을 땐, 오래된 안드로이드 스
튜디오의 설치 설정을 사용할지 확인하는 대화
상자가 표시됩니다(그림 2.E). 이미 PC 내에 오
래된 버전의 안드로이드 스튜디오가 있으며 설
치했을 때의 설정이 남아 있다면 그 설정을 이어
받아 설치할 수 있습니다. 여기서는 'Do not im-
port settings'를 선택해서 이어받지 않고 설치를
진행합니다.

그림 2.E ▶ 설정 이어받기 확인 대화상자

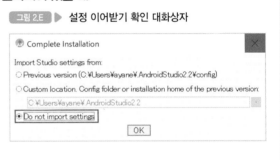

---

2   설치 타입 선택

'Standard' 설정에서는 보통 자주 사용하
는 SDK나 툴 종류가 자동으로 설치됩니다.
'Custom'을 선택해 직접 설치할 것을 선택
할 수도 있는데 부족한 툴 종류는 나중에 설
치할 수도 있으므로 처음에는 'Standard'로
설치합시다(그림 2.45).

그림 2.45 ▶ 설치 타입 선택

UI Theme 선택

UI Theme를 선택합니다. 여기서는 안드로
이드 스튜디오의 에디터 표시 상태를 선택
할 수 있습니다. 흰색 베이스, 검정색 베이
스 중 선호하는 것을 선택하고 다음으로 진
행합니다(그림 2.46).

그림 2.46 ▶ UI Theme 선택

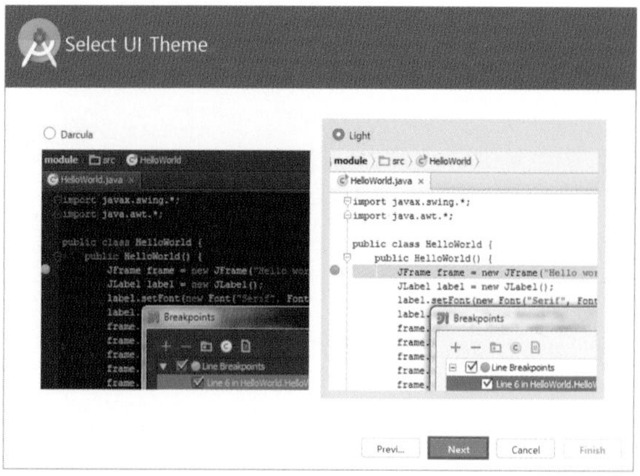

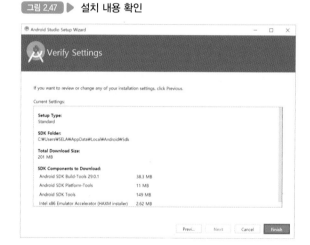

4 **설치 내용 확인**

설치된 SDK 종류를 확인할 수 있습니다(그
림 2.47). [Finish]를 선택하면 설치가 시
작됩니다.

그림 2.47 ▶ 설치 내용 확인

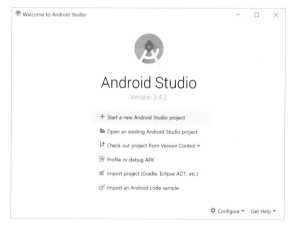

5 **설치 완료**

설치를 완료하면 안드로이드 스튜디오 창이
열립니다(그림 2.48). 나중에 추가로 툴이
나 SDK를 설치할 때도 이 화면부터 시작합
니다.

그림 2.48 ▶ 안드로이드 스튜디오 실행 화면

6 SDK Manager 표시

윈도에서 안드로이드 개발을 한다면 안드로
이드 장치를 인식하기 위해 USB 드라이버
를 설치해야 합니다. 안드로이드 스튜디오
창의 오른쪽 아래 'Configure'에서 'SDK
Manager'를 선택합니다.

그림 2.49 ▶ SDK Manager

7 Google USB Driver 설치

왼쪽의 'Android SDK' 메뉴를 표시하고, 중앙 탭에서 'SDK Tools'를 선택합니다. 여기에서 설치되
어 있는 툴 종류를 확인할 수 있습니다. Status에 'Installed'로 표시되어 있는 것이 현재 PC에 설치
된 툴입니다. 안드로이드 장치를 PC와 접속하기 위해서는 드라이버 'Google USB Driver'를 추가하
고 설치해야 합니다. 'SDK Tools' 목록에서 'Google USB Driver'를 찾아 체크 표시를 하고 오른쪽
아래의 [Apply] 버튼을 클릭해 설치합니다(그림 2.50).

이로써 Google USB Driver가 설치되었습니다. 설치 후에는 앞의 'SDK Tools' 목록에서 'Google
USB Driver'의 Status가 'Installed'로 되어 있는지 확인합시다.

그림 2.50 ▶ Google USB Driver

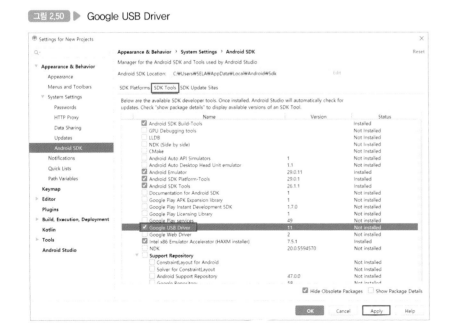

설치 확인 대화상자가 표시될 때

순서 **7**의 과정에서 설치 확인 대화상자가 열렸다면 [OK] 버튼을 누르고 다음으로 진행합니다. 그 후, 라이선스를 확인하고 'Accept'에 체크한 다음 [Next]를 누르면 설치가 자동으로 진행됩니다(그림 2.F).

그림 2.F ▶ Google USB Driver

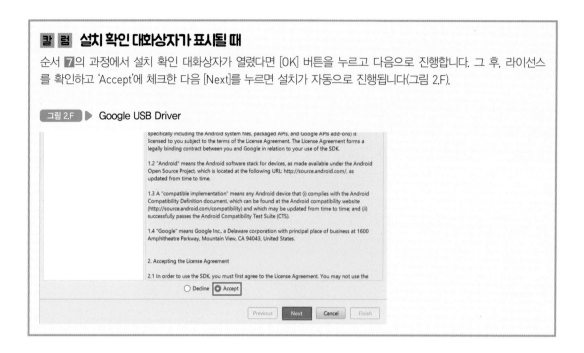

8 설치 끝낸 SDK/툴 버전 확인

툴 외에 설치된 Android SDK의 버전도 확인할 수 있습니다. 중앙 탭 버튼에서 'SDK Platforms'를 선택합니다(그림 2.51).

그림 2.51 ▶ SDK Platforms

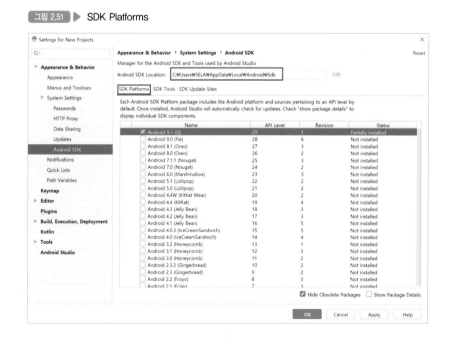

여기에서 현재 설치된 Android SDK의 설치 위치와 각 툴의 버전을 알 수 있습니다. Status 칸이 'Installed'로 표시되어 있는 것이 현재 PC에 설치된 것입니다. 보통, 설치 타입이 'Standard'였다면 최신 SDK가 설치되어 있으므로, 만약 오래된 버전의 SDK가 필요하다면 여기에서 필요한 버전에 체크를 한 다음 오른쪽 아래의 [Apply] 버튼을 클릭해 해당 버전의 SDK도 설치할 수 있습니다.

칼 럼 최신판의 안드로이드 스튜디오를 사용할 때의 주의 사항

이전 버전인 유니티 2018.1.0.f2에서 최신판의 안드로이드 스튜디오를 사용하면 오류가 발생해 다음과 같이 대응해야 합니다.

• Android build tools 버전을 되돌린다

아래 URL에서 브라우저 등을 사용해서 파일을 다운로드하고 ZIP을 압축 해제합니다(버전 25.2.5).

> https://dl.google.com/android/repository/tools_r25.2.5-macOSx.zip
>
> http://dl-ssl.google.com/android/repository/tools_r25.2.5-windows.zip

그림 2.51의 Android SDK 설치 위치를 그림 2.G와 같이 탐색기에서 엽니다. 'tools' 폴더 이름을 'tools_new' 등 다른 이름으로 변경하고, 앞에서 압축 해제한 폴더를 이동시킵니다(그림 2.H).

이로써 안드로이드 개발 환경 준비가 완료되었습니다. 유니티 버전 갱신으로 수정된 경우에는 이 절차는 필요 없습니다.

그림 2.G ▶ SDK Tools 폴더

그림 2.H ▶ 'tools' 폴더의 이동

2-4 iOS 개발 준비를 하자

맥 OS 환경에서 iOS 개발을 위한 준비를 합니다. 실제로 아이폰 휴대 단말에서 동작시키는 작업은 **Chapter 4 스마트폰을 사용해서 VR로 보자**에서 설명합니다. 여기서는 그때 필요한 계정 정보나 툴 준비를 해 둡시다.

2-4-1 Apple ID 만들기

아직 Apple ID가 없거나 새롭게 개발용으로 Apple ID를 만들고 싶은 분은 다음의 'Apple ID 작성 순서'에 따라 신규로 계정을 만듭시다. 만든 앱을 App Store 등에 배포할 때는 Apple Developer에 등록해야 하는데, 연습 삼아 개발하는 것이라면 무료 Apple ID만으로 진행할 수 있습니다. 개발에 익숙해져 실제로 앱을 배포하고 싶은 단계에서 Apple Developer로 등록해도 됩니다.

또한, 이미 아이폰이나 아이패드를 사용하고 있는 분이라면 앱 다운로드 등으로 Apple ID를 갖고 있는 분도 있을 것입니다. 이미 갖고 있다면 Apple ID를 그대로 사용하고, 새롭게 계정을 만들 필요가 없으면 이 절차는 뛰어넘고 다음의 **2-4-2 Xcode 설치**를 진행합니다.

1 Apple ID 작성 페이지 열기

Apple ID는 애플의 공식 홈페이지에서 만들 수 있습니다(그림 2.52).

- https://appleid.apple.com/

브라우저에 위의 URL을 입력하고 Apple ID 사이트를 엽니다. Apple ID 작성은 오른쪽 위의 [Apple ID 생성] 버튼을 눌러 시작합니다.

 그림 2.52 ▶ Apple ID 사이트

2 Apple ID 작성에 필요한 정보 입력

Apple ID를 작성하려면 표 2.5의 정보를 등록해야 합니다. 여기에서 입력한 메일 주소가 Apple ID가 됩니다. 또한, 애플로부터의 공지사항, 릴리스 정보 등도 이메일 주소로 도착하므로 메일을 받고 싶으면 '공지사항' 항목에 체크를 합니다. 입력을 했으면 다음으로 진행합니다(그림 2.53).

표 2.5 ▶ Apple ID 작성에 필요한 정보 목록

항목 이름	설명
이름	자신의 이름
국가/지역	계정을 사용하는 국가
생년월일	yyyy년 mm월 dd일 형식
메일 주소	메일 주소가 Apple ID가 됩니다.
암호	8문자 이상·영문 대소문자 포함·숫자 포함
보안 질문	본인 확인·비밀번호 분실 시의 복구에 사용합니다.

그림 2.53 ▶ Apple ID 작성 정보 입력

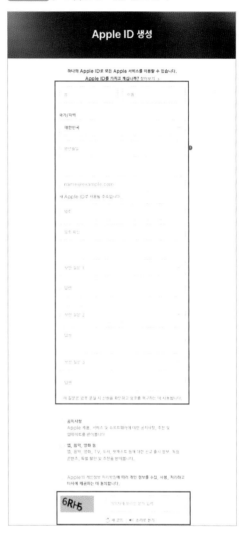

3 메일 주소 인증 후 등록 완료

입력한 메일 주소로 애플로부터 인증용 메일이 도착합니다. 메일 내에 확인용 코드가 있으므로 그 값을 입력합니다(그림 2.54). 제대로 인증되면 마이 페이지로 전환됩니다. 이로써 Apple ID가 작성되었습니다. Apple ID는 iOS를 개발할 때 필요하므로 잊지 않도록 합시다.

그림 2.54 ▶ 메일 주소 인증

2-4-2 Xcode 설치

개발에 사용하는 맥 PC에 'Xcode'를 설치합니다. 'Xcode'는 애플이 제공하는 개발 툴로 이를 사용해 아이폰이나 맥용 애플리케이션 개발이나 휴대 단말에서의 디버깅을 할 수 있습니다(그림 2.55).

그림 2.55 ▶ Xcode

유니티로 개발할 때에도, 아이폰 등의 휴대 단말에서 동작을 확인할 때 'Xcode'가 필요하므로 미리 설치해 둡니다. App Store에서 앱을 설치하기 위해서는 Apple ID가 필요합니다. 이 책에서 사용하고 있는 'Xcode'의 버전은 10.3입니다.

1 App Store 애플리케이션 실행

'Xcode'는 맥 PC의 App Store 애플리케이션에서 설치할 수 있습니다. App Store 애플리케이션을 실행하면 맥에서 사용할 수 있는 여러 가지 애플리케이션 스토어 화면이 열립니다(그림 2.56). 오른쪽 위의 검색 박스에 'Xcode'를 입력해 애플리케이션을 찾으세요.

그림 2.56 ▶ App Store 화면

App Store.app

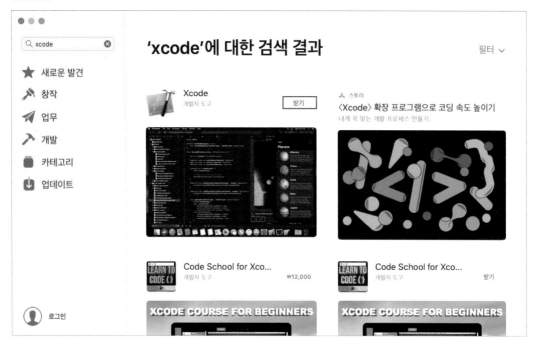

2 Xcode 설치

애플리케이션 목록에서 'Xcode'를 찾아 [받기] 버튼을 눌러 설치합니다(그림 2.57). 설치에는 시간이
걸리므로 조금 기다리면 자동으로 진행됩니다.

그림 2.57 ▶ Xcode 다운로드

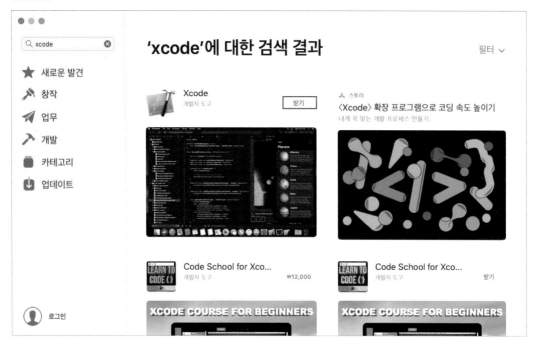

설치를 완료하면 맥 PC의 애플리케이션 내에 'Xcode' 애플리케이션이 추가됩니다. 이로써 유니티
에서 iOS용 개발을 할 준비가 되었습니다. 구체적인 iOS 단말에서의 동작 방법은 **Chapter 4 스마
트폰을 사용해서 VR로 보자**에서 설명합니다.

유니티를 다뤄 보자

이 장에서는 유니티 실행을 시작으로 유니티의 기본 조작과 인터페이스에 대해 설명하고, 간단한 씬을 만들어 보면서 유니티에서의 오브젝트의 표현과 사고방식에 대해 알아봅니다. 작성한 씬을 실행하면서 3D 게임을 만드는 데 중요한 카메라의 개념에 대해서도 다룹니다.

이 장에서 배우는 것
- 유니티의 프로젝트와 씬의 작성 방법
- 유니티의 기본적인 인터페이스에 대한 이해와 사용법
- 씬 위에 물체를 배치하는 방법
- 유니티에서의 물체 표현과 사고방식
- 3D 게임의 사고방식과 카메라

3-1 프로젝트를 만들자

유니티로 앱 개발을 할 때는 프로젝트를 만들어 관리합니다. 여기서는 프로젝트의 생성 방법과 그 구성을 보면서 유니티로 앱 개발을 하는 데 필요한 준비를 합니다.

3-1-1 유니티 실행과 프로젝트 작성

설치한 유니티를 실행해 봅시다. Unity Hub를 실행하고 오른쪽 위의 사용자 아이콘을 클릭하면 로그인 화면이 표시됩니다. Chapter 2에서 등록한 메일 주소와 비밀번호를 입력해서 로그인을 합니다(그림 3.1).

그림 3.1 ▶ 로그인

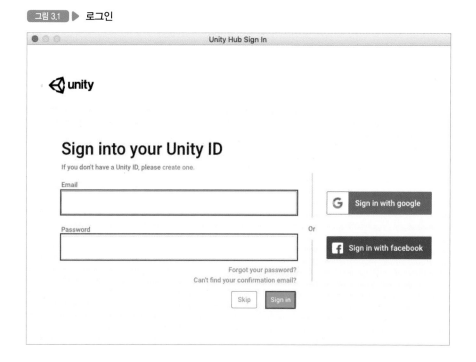

로그인을 하면 샘플 프로젝트가 나열된 화면이 표시되며(그림 3.2), 지금까지 프로젝트를 작성한 적이 있다면 프로젝트 선택 화면이 표시됩니다(그림 3.3). 여기서는 신규 프로젝트를 만들기 위해서 오른쪽 위의 [새로 생성]을 선택합니다.

그림 3.2 ▶ 샘플 프로젝트 화면

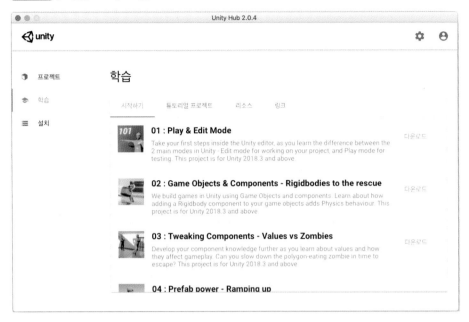

그림 3.3 ▶ 프로젝트 선택 화면

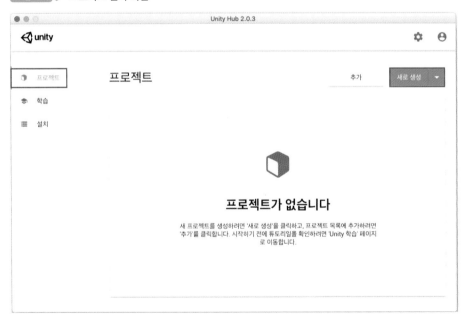

이제부터 만들 프로젝트의 정보를 입력하는 화면이 표시됩니다. 프로젝트 이름에 'VRTraining'이라고 입력합니다. 저장 위치는 이 프로젝트의 저장 장소를 지정할 수 있습니다. 자신이 원하는 폴더를 지정하세요. 3D에 체크 표시를 하고, [생성] 버튼을 클릭해 프로젝트를 만듭니다(그림 3.4).

그림 3.4 ▶ 프로젝트의 작성 화면

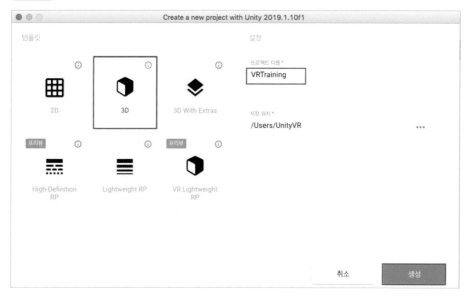

이로써 여러분이 지정한 폴더에 프로젝트가 만들어지며, 그림 3.5와 같은 유니티 에디터 화면이 표시됩니다. 앞으로 이 에디터를 사용해 VR 슈팅 게임을 개발합니다.

그림 3.5 ▶ 유니티 에디터 화면

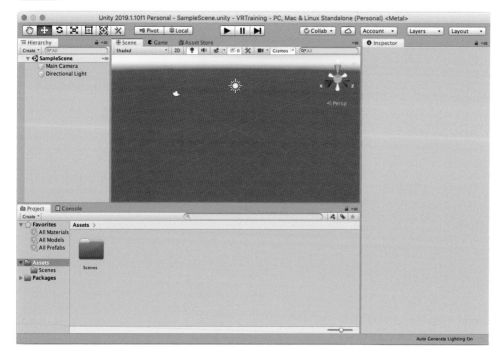

3-1-2 게임의 무대인 '씬(Scene)'

프로젝트를 만들면 에디터가 열림과 동시에 씬이 나타납니다. 에디터의 한가운데에 표시된 아무것도 없는 공간이 바로 '씬(Scene)'입니다. 유니티에서는 이 아무것도 없는 씬 위에 산이나 지면 등의 배경 데이터, 플레이어나 적 등의 캐릭터 데이터, 연기와 폭발 등의 이펙트 데이터 등을 여러 개 배치함으로써 다양한 게임 무대(Scene)를 만들 수 있습니다.

먼저, 프로젝트의 씬을 저장해 봅시다. 새롭게 프로젝트를 만들면 'SampleScene'이 생성됩니다. 이 'SampleScene' 씬을 원본으로 해서 이번에 사용할 씬을 저장합니다. 메뉴에서 [File] → [Save as]를 선택하세요. 저장할 위치의 폴더 선택 화면이 표시되고, 프로젝트 아래에 'Assets'이라는 폴더가 선택되어 있을 것입니다. 이 아래에 폴더를 만들고 'Assets/VRTraining/Scenes/VRTrainingScene'이라는 이름으로 저장합니다(그림 3.6).

그림 3.6 ▶ 씬의 저장

참고로 command + S (윈도에서는 Ctrl + S)의 단축키로도 씬을 저장할 수 있습니다. 유니티가 갑자기 꺼지거나 멈춰도 문제가 없도록 씬 편집을 할 때는 자주 저장하는 것이 좋습니다.

3-1-3 유니티에서 다루는 재료 '에셋(Asset)'

유니티에서 게임을 만드는 데에는 영상, 사운드, 3D 모델 등 다양한 재료가 필요합니다. 유니티에서는 이러한 소재를 정리해 '에셋(Asset)'이라 합니다. 에셋은 유니티에서 만들거나 외부 툴을 이용해 만들어 뒤에서 소개하는 'Asset Store'에서 임포트(Import)하는 등 여러 가지 방법을 통해 유니티로 가져올 수 있습니다.

● 프로젝트 폴더의 구성

유니티에는 프로젝트를 만들면 반드시 생성되는 폴더가 있습니다. 이 폴더는 유니티가 동작되기 위해서 필요한 폴더 구성이므로 임의로 변경하면 동작하지 않습니다. 먼저 에디터를 사용해 앱 제작을 시작하기 전에 프로젝트 폴더의 구성을 확인해 둡시다. Finder(윈도에서는 탐색기)에서 프로젝트의 폴더를 열면 그림 3.7과 같은 구성을 확인할 수 있습니다.

그림 3.7 ▶ 프로젝트 폴더 내의 구성

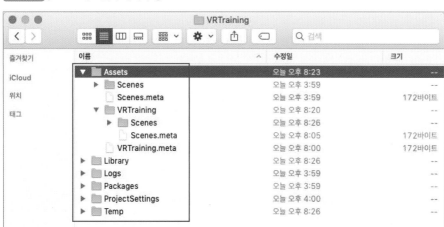

프로젝트 폴더에는 폴더 몇 개가 만들어져 있는데 여기서 중요한 것이 Assets 폴더입니다. 유니티에서 다루는 모든 에셋은 이 Assets 폴더에 배치됩니다.

Assets 폴더를 보면 앞서 저장한 씬이 'Assets/VRTraining/Scenes/VRTrainingScene. unity'로 저장되어 있는 것을 알 수 있습니다. Assets 아래의 폴더 구성에 대해 규격화된 규칙은 없으나[*] 알아보기 쉽게 구성해 둘 것을 권장합니다. 이 책에서는 이처럼 'Assets/[프로젝트명]/[파일타입]/...'과 같은 구성으로 폴더를 만듭니다. 기타 폴더의 설명은 표 3.1을 참조하세요. 유니티 프로젝트에서 필요한 폴더는 Assets 폴더와 ProjectSettings 폴더로, 그 외의 폴더는 폴더가 없을 경우 에디터를 실행하면 다시 생성됩니다.

-----

[*] 다만 일부 특수한 폴더 이름에 관해서는 유니티가 특별 취급하는 경우가 있습니다.
   • 특수한 폴더 이름: https://docs.unity3d.com/kr/current/Manual/SpecialFolders.html

표 3.1 ▶ 유니티의 새로운 프로젝트 작성 시의 폴더 구성

폴더 이름	설명
Assets	유니티에서 관리하는 에셋을 두는 폴더
ProjectSettings	유니티 프로젝트별 설정이 저장되는 폴더로, 사용하고 있는 유니티 버전 등도 여기에 저장됩니다.
Packages	유니티 시스템이 관리하는 폴더로, 패키지 추가를 한 경우, 이곳의 manifest.json에 패키지 정보가 저장됩니다.
Library	유니티 시스템이 관리하는 폴더로, Assets 폴더에 놓인 데이터를 유니티에서 바로 사용할 수 있는 내부 데이터로 변환한 데이터가 저장됩니다.
Temp	에디터가 실행되고 있을 때 만들어진 임시 폴더로, 에디터를 종료하면 삭제됩니다.

● meta 파일에 대해서

　Assets 폴더 아래에 배치한 폴더나 파일은 같은 폴더 계층에 .meta라는 확장자를 가진 파일이 자동으로 생성됩니다. 이는 유니티가 파일을 에셋으로서 관리할 때, 에셋을 식별하기 위한 ID(GUID)나 에디터상의 설정 등 에셋에 필요한 정보를 저장한 특별한 파일입니다. 이 meta 파일이 변경되거나 삭제되면 유니티에서의 에셋 취급이 바뀌므로 직접 만지지 않도록 합시다.

　만약 에셋을 다른 폴더로 옮기고 싶다면 meta 파일도 함께 이동해야 합니다. 그렇지 않으면 유니티는 meta 파일을 자동으로 다시 작성하여 에디터에서 실행한 설정이나 에셋의 참조 관계를 전부 초기화하고, 이제까지 설정해 둔 데이터가 없어집니다. 뒤에서 설명하겠지만 에셋 이동 등의 조작은 에디터의 프로젝트 창에서 안전하게 할 수 있기 때문에 이를 사용하도록 하고, Finder나 탐색기 등 에디터 밖에서의 파일 조작은 최대한 하지 않도록 합니다.

3-2 유니티 인터페이스를 살펴보자

유니티의 에디터 화면은 여러 개의 창으로 구성되어 있습니다. 여기서는 유니티에서 비교적 자주 사용하는 창에 대해서 그 역할이나 조작 방법을 설명합니다.

3-2-1 유니티의 화면 구성

유니티 에디터는 그림 3.8과 같이 여러 개의 창으로 구성되어 있으며, 각각 조작하는 대상이나 역할이 다릅니다. 자주 사용하는 창에 관해서 간단하게 설명하겠습니다.

그림 3.8 ▶ 유니티 에디터를 구성하는 창

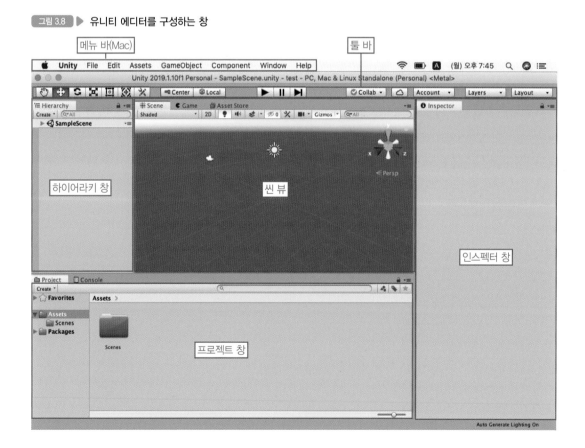

● 프로젝트 창(Project)

프로젝트 창에서는 Assets 폴더 아래의 폴더 구조와 선택한 폴더 내의 에셋을 확인할 수 있습니다. 여기에서 에셋을 검색해 씬에 배치하거나, 에셋을 만들거나 외부로부터 임포트할 때에도 사용할 수 있습니다.

그림 3.9 ▶ 프로젝트 창

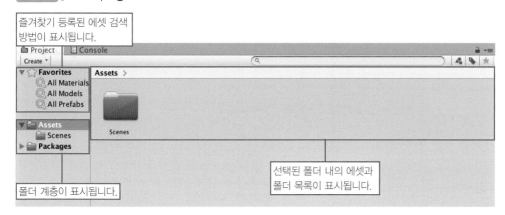

● 하이어라키 창(Hierarchy)

하이어라키 창에서는 씬 내에 배치된 오브젝트의 계층 구조를 확인할 수 있습니다. 씬 내에 오브젝트를 배치하거나 배치되어 있는 오브젝트를 편집할 수 있습니다.

그림 3.10 ▶ 하이어라키 창

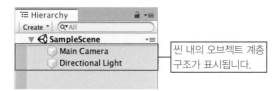

● 인스펙터 창(Inspector)

인스펙터 창에서는 프로젝트 창과 하이어라키 창에서 선택한 에셋과 오브젝트의 프로퍼티를 확인할 수 있습니다. 시험 삼아 하이어라키 창에서 'Main Camera'를 선택해 보면 그 위치나 방향에 관한 정보나 카메라 설정 등을 확인하고 편집할 수 있습니다. 무엇을 선택하냐에 따라 표시되는 내용이 다르기 때문에 여기에서 자세한 설명은 하지 않지만, 'Main Camera'를 선택했을 때 인스펙터 창에 나타나는 기능에 대해서는 그림 3.11에서 확인할 수 있습니다.

그림 3.11 ▶ 인스펙터 창

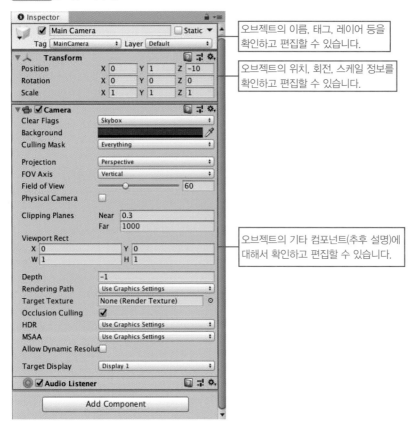

오브젝트의 이름, 태그, 레이어 등을
확인하고 편집할 수 있습니다.

오브젝트의 위치, 회전, 스케일 정보를
확인하고 편집할 수 있습니다.

오브젝트의 기타 컴포넌트(추후 설명)에
대해서 확인하고 편집할 수 있습니다.

● 씬 뷰(Scene)

씬 뷰에는 현재 씬의 상태가 표시되고, 오브젝트의 위치나 방향 등을 그래피컬하게 편집할 수 있습
니다. 시험삼아 씬 뷰에서 카메라 아이콘을 클릭해 보면 기즈모라는 인터페이스가 표시되며, 이것을
사용해 오브젝트를 조작할 수 있습니다(그림 3.12).

그림 3.12 ▶ 씬 뷰

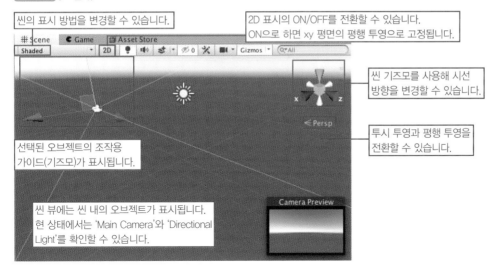

씬의 표시 방법을 변경할 수 있습니다.

2D 표시의 ON/OFF를 전환할 수 있습니다.
ON으로 하면 xy 평면의 평행 투영으로 고정됩니다.

씬 기즈모를 사용해 시선
방향을 변경할 수 있습니다.

투시 투영과 평행 투영을
전환할 수 있습니다.

선택된 오브젝트의 조작용
가이드(기즈모)가 표시됩니다.

씬 뷰에는 씬 내의 오브젝트가 표시됩니다.
현 상태에서는 'Main Camera'와 'Directional
Light'를 확인할 수 있습니다.

● 게임 뷰(Game)

씬 뷰에 있는 Game 탭을 클릭해 게임 뷰로 전환할 수 있습니다. 게임 뷰에서는 씬 내에 배치된 카메라를 통해서 본 상태가 표시되며(그림 3.13), 이는 실제로 게임을 실행했을 때 화면에 표시되는 내용입니다. 어디까지나 확인용 창이며, 씬 뷰처럼 편집할 수는 없습니다.

그림 3.13 ▶ 게임 뷰

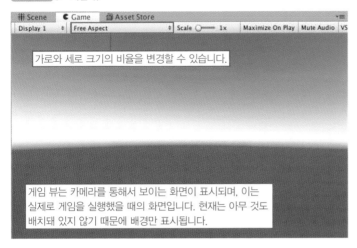

가로와 세로 크기의 비율을 변경할 수 있습니다.

게임 뷰는 카메라를 통해서 보이는 화면이 표시되며, 이는
실제로 게임을 실행했을 때의 화면입니다. 현재는 아무 것도
배치돼 있지 않기 때문에 배경만 표시됩니다.

● 툴 바

화면 윗부분에 있는 툴 바는 자주 사용하는 기능이나 에디터 기능과 관련된 버튼이 놓여 있습니다. 왼쪽에는 씬 뷰의 조작에 관한 버튼, 중앙에는 게임 실행에 관한 버튼, 오른쪽에는 계정과 에디터 설정에 관한 버튼이 있습니다(그림 3.14).

그림 3.14 ▶ 툴 바

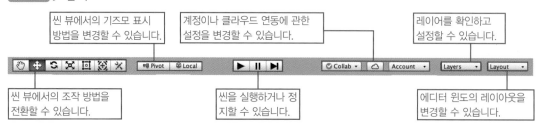

● 메뉴 바

메뉴 바는 맥에서는 화면의 가장 윗부분에, 윈도에서는 에디터 창 윗부분에 표시됩니다(그림 3.15, 그림 3.16). 각 항목에서 시행할 수 있는 조작의 종류는 표 3.2에서 확인하세요.

그림 3.15 ▶ 메뉴 바(맥)

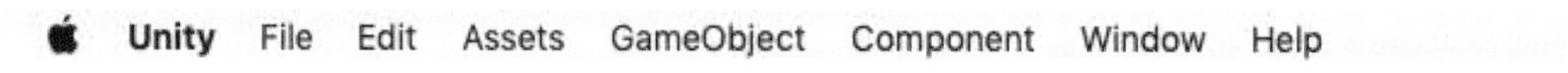

 Unity File Edit Assets GameObject Component Window Help

그림 3.16 ▶ 메뉴 바(윈도)

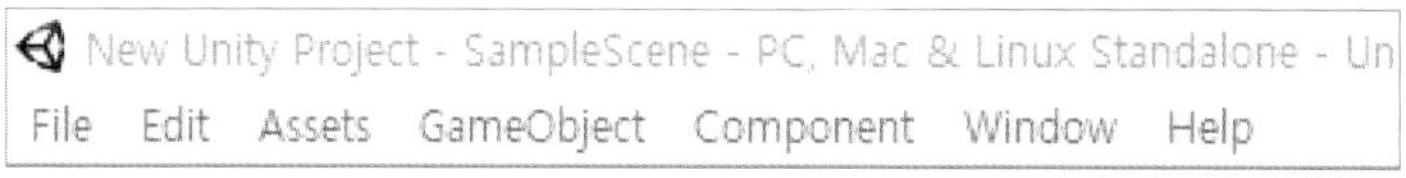

New Unity Project - SampleScene - PC, Mac & Linux Standalone - Un
File Edit Assets GameObject Component Window Help

표 3.2 ▶ 메뉴 바에서 할 수 있는 조작

액션	조작 방법
Unity	유니티에 관한 설정을 할 수 있습니다(맥만 해당). 윈도에서는 Edit이나 Help 메뉴에 이 조작이 포함되어 있습니다.
File	씬이나 프로젝트를 생성 및 저장할 수 있습니다.
Edit	씬의 편집이나 실행, 프로젝트의 설정 변경 등을 할 수 있습니다.
Assets	에셋을 생성하거나 임포트할 수 있습니다.

GameObject	게임 오브젝트를 생성하거나 편집할 수 있습니다.
Component	컴포넌트를 추가할 수 있습니다.
Window	에디터나 레이아웃 설정을 변경할 수 있습니다.
Help	도움말 메뉴입니다.

● 기타 창

앞서 설명한 것 외에도 많은 종류의 창이 있으며, 메뉴 바의 'Window' 메뉴에서 이를 표시할 수 있습니다(그림 3.17). 이 책을 따라 게임을 만들며 나오는 것에 대해서는 필요에 따라 설명하도록 하겠습니다.

그림 3.17 ▶ 각종 창의 표시 방법

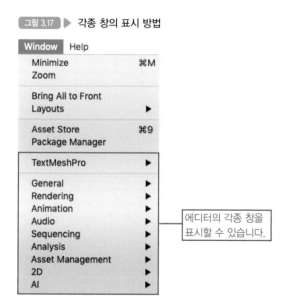

에디터의 각종 창을 표시할 수 있습니다.

3-2-2 창 레이아웃의 변경

지금까지의 창의 설명은 기본 배치를 전제로 한 것이었으나 창 레이아웃은 변경하거나 커스터마이즈 할 수도 있습니다. 메뉴 바에서 [Window] → [Layouts] → [2 by 3]을 선택해 봅시다(그림 3.18). 창의 배치가 바뀌어 씬 뷰와 게임 뷰가 세로로 나열되고 다른 창의 위치도 변경되었습니다(그림 3.19).

그림 3.18 ▶ 레이아웃을 '2 by 3'으로 변경

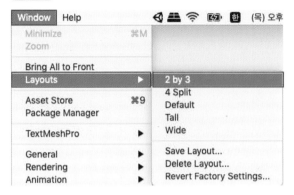

그림 3.19 ▶ '2 by 3' 레이아웃

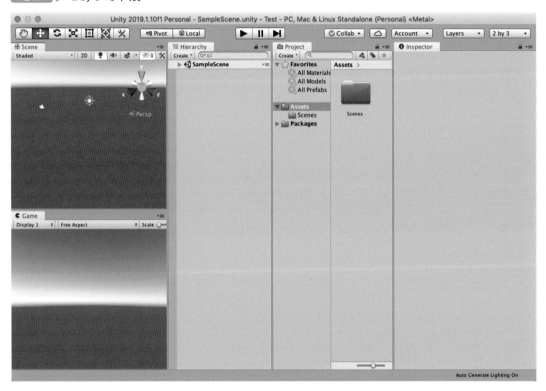

    또한, 창의 탭을 드래그 앤 드롭해서 직접 이동시킴으로써 더욱 자유롭게 레이아웃을 변경할 수도 있습니다. 나름대로 커스터마이즈한 레이아웃은 메뉴 바에서 [Window] → [Layouts] → [Save Layout]으로 이름을 붙여 저장할 수 있습니다. 다만, 기존 레이아웃과 같은 이름으로 저장하면 덮어 쓰기가 되니 주의하세요. 본인이 사용하기 쉬운 레이아웃을 찾아보세요. 이 책에서는 앞으로 '2 by 3' 레이아웃을 바탕으로 설명합니다.

3-3 씬에 물체를 배치해 보자

유니티에서는 에디터의 씬에 물체를 배치하는 것으로 게임 화면을 만들게 됩니다. 실제로 유니티를 조작해 보면서 씬을 만들 때 필요한 기능이나 조작 방법에 대해 알아봅시다.

3-3-1 씬 안에 물체 만들기

실제로 조작해 보면서 씬에 물체를 놓아 봅시다. 유니티에서는 메뉴 바에서 기본적인 입체(프리미티브)를 간단하게 만들 수 있습니다. 그림 3.20을 참고하여 다음 순서대로 Plane(평면)과 Cube(정육면체)를 배치해 봅시다.

1 평면 작성

메뉴 바에서 [GameObject] → [3D Object] → [Plane]을 선택합니다.

2 정육면체 작성

메뉴 바에서 [GameObject] → [3D Object] → [Cube]를 선택합니다.

그림 3.20 ▶ Plane과 Cube의 배치

이로써 씬 뷰에 평면과 정육면체가 표시되며 하이어라키 창에도 Plane과 Cube가 추가되었습니다 (그림 3.21).

그림 3.21 ▶ Plane과 Cube가 배치된 씬

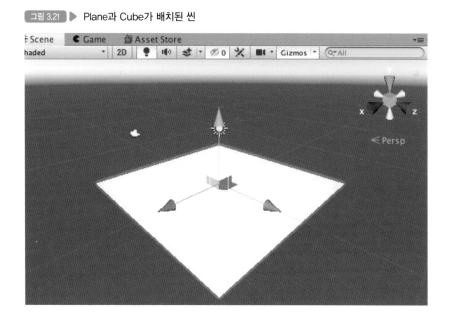

3-3-2 씬 뷰에서의 시점 조작

● 시점의 기본 조작

3D 씬을 만들 때는 다양한 위치나 각도에서 물체를 봐야 합니다. 그러기 위해서 씬 뷰에서 시점을 이동하거나 보는 각도를 바꾸는 등의 조작을 해야 하므로, 이에 익숙해지도록 합시다. 우선은 마우스를 사용한 '이동', '회전', '확대', '축소'의 시점 조작입니다.

표 3.3 ▶ 씬 뷰에서의 시점 조작

액션	조작 방법
이동	마우스의 휠을 누르면서 드래그 또는 키보드의 Option + command (윈도에서는 Alt + Ctrl)를 누르면서 클릭&드래그
회전	Option (윈도에서는 Alt)을 누르면서 클릭&드래그
확대 및 축소	스크롤 조작

또한, 마우스가 없을 때는 트랙패드와 키보드로 씬 뷰의 시점을 바꿀 수 있습니다. 이때의 시점 조작은 표 3.4와 같습니다.

표 3.4 ▶ 마우스 이외의 도구로 씬 뷰에서의 시점 조작

액션	조작 방법
이동	키보드의 상하좌우키 또는 Alt + command 를 누르면서 트랙패드를 클릭&드래그
회전	Alt 를 누르면서 트랙패드를 클릭&드래그
확대 및 축소	두 손가락으로 스웝해서 스크롤 인/아웃, 또는 Alt + Ctrl 을 누르면서 트랙패드를 클릭&드래그

● 씬 기즈모

씬 뷰의 오른쪽 위에는 씬 기즈모라는 표시가 있습니다. 이는 씬 뷰에서 3D 공간이 어떤 상태로 표시되는지를 나타냅니다. X(빨간색), Y(녹색), Z(파란색) 3개의 축이 현재 씬 뷰의 방향을 나타내며(그림 3.22), 씬 기즈모에 나와 있는 각 축을 클릭하면 해당 축 방향에서 본 시점으로 재빠르게 전환할 수 있습니다.

씬 기즈모 아래에 'Persp'라는 문자가 표시되어 있는데, 이를 클릭하면 씬 뷰의 투영 방법을 전환할 수 있습니다. 'Persp'는 투시 투영(멀리 있는 것만큼 작게 보이는 투영 방법: Perspective), 'Iso'는 평행 투영(거리와 상관없이 같은 크기로 보이는 투영 방법: Isometric)을 나타냅니다.

그림 3.22 ▶ 씬 기즈모

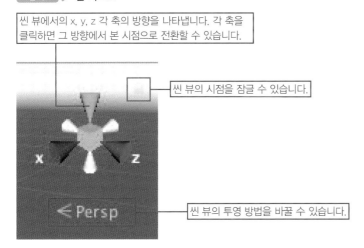

씬 뷰에서의 x, y, z 각 축의 방향을 나타냅니다. 각 축을 클릭하면 그 방향에서 본 시점으로 전환할 수 있습니다.

씬 뷰의 시점을 잠글 수 있습니다.

씬 뷰의 투영 방법을 바꿀 수 있습니다.

3-3-3 씬 뷰에서의 물체 조작

이번에는 씬 뷰의 물체를 조작해 봅시다. 씬 뷰에서 'Cube'를 클릭해 선택하면 그림 3.23 같은 기즈모라는 조작용 가이드가 표시됩니다. 씬 뷰에서 물체를 움직일 때는 이처럼 기즈모를 사용해 조작합니다. 기즈모의 조작 모드에는 '이동', '회전', '확대·축소'가 있으며, 툴 바의 버튼으로 전환할 수 있습니다. 또한, 모든 조작 모드를 한 번에 다룰 수 있는 '전체 조작 모드'도 있습니다. 조작은 키보드의 'W', 'E', 'R', 'Y' 키를 눌러 전환할 수 있으며 키보드의 키 나열과 툴 바의 버튼 나열이 대응하고 있어 기억하기 쉽습니다.

그림 3.23에서 각 모드와 기즈모, 조작 방법을 살펴봅니다. 실제로 'Cube'를 돌려 보면서 조작에 익숙해집시다.

그림 3.23 ▶ 조작 모드 전환과 기즈모

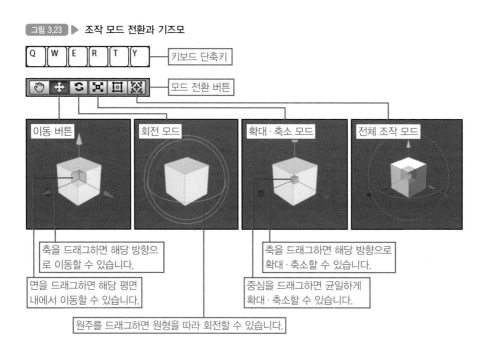

3-3-4 인스펙터 창에서의 물체 조작

앞서 씬 뷰에서 물체를 조작했는데, 인스펙터 창에서 수치를 직접 지정해서 물체를 움직일 수도 있습니다.

씬 뷰 또는 하이어라키 창에서 'Cube'를 선택한 상태로 인스펙터 창을 보면 'Transform' 그룹 내에 'Position', 'Rotation', 'Scale'이 있습니다(그림 3.24). 이것이 '이동', '회전(xyz의 오일러 각)', '확대·축소'에 해당하는 값이며 수치를 직접 지정해서 쓸 수 있습니다.

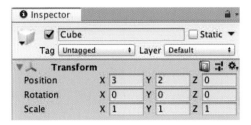

그림 3.24 ▶ 인스펙터 창으로 조작

3-3-5 하이어라키 창에서의 물체 조작

하이어라키 창에서는 물체의 이름을 변경하거나 드래그 앤 드롭으로 계층 구조를 조작할 수 있습니다. 또한, 마우스 오른쪽 버튼을 클릭하여 오브젝트 작성, 삭제, 복사/붙여넣기를 할 수도 있습니다. 실제로 물체를 조작하면서 계층 구조에 대해서 자세히 살펴봅시다. 다음 순서에 따라서 씬상에 눈사람을 만들어 봅니다.

1 빈 오브젝트 만들기

하이어라키 창에서 아무 것도 선택하지 않은 상태에서 마우스 오른쪽 버튼을 클릭하여 [Create Empty]를 선택해 빈 오브젝트를 만듭니다(그림 3.25).

그림 3.25 ▶ 빈 오브젝트 만들기

2 구 만들기

하이어라키 창에서 아무 것도 선택하지 않은 상태로 마우스 오른쪽 버튼을 클릭하여 [3D Object] → [Sphere]를 선택해서 구를 만듭니다(그림 3.26).

3 두 번째 구 만들기

하이어라키 창에서 아무 것도 선택하지 않은 상태로 마우스 오른쪽 버튼을 클릭하여 [3D Object] → [Sphere]를 선택해서 두 번째 구를 만듭니다.

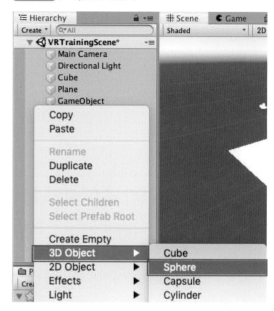

그림 3.26 ▶ Sphere 만들기

4 이름 변경

1~3에서 만든 물체의 이름을 각각 'Snowman', 'Head', 'Body'로 변경합니다(그림 3.27). 하이어라키 창에서 물체를 선택하고 다시 한 번 클릭하면 이름을 변경할 수 있습니다.

그림 3.27 ▶ 물체의 이름 변경

5 물체의 위치 변경

'Head'와 'Body'를 'Snowman' 위에 드래그앤 드롭해 'Snowman' 아래 계층에 'Head'와 'Body'를 배치합니다(그림 3.28).

6 Snowman의 위치 변경

하이어라키 창에서 'Snowman'을 선택하고, 인스펙터 창에서 [Position]을 '0, 0, 0'으로 설정합니다.

그림 3.28 ▶ 물체의 이동

7 Head의 위치와 스케일 변경

하이어라키 창에서 'Head'를 선택하고 인스펙터 창에서 [Position]을 '0, 1.2, 0', [Scale]을 '0.7, 0.7, 0.7'로 설정합니다.

8 Body의 위치 변경

하이어라키 창에서 'Body'를 선택하고 인스펙터 창에서 [Position]을 '0, 0.5, 0'으로 설정합니다.

9 Plane의 위치 변경

하이어라키 창에서 'Plane'을 선택하고 인스펙터 창에서 [Position]을 '0, 0, 0'으로 설정합니다.

10 Main Camera의 위치 변경

하이어라키 창에서 'Main Camera'를 선택하고 인스펙터 창에서 [Position]을 '0, 3, −10'으로 설정합니다.

만든 눈사람의 하이어라키 창 상태와 인스펙터 창 값은 그림 3.29와 같습니다. 씬 뷰/게임 뷰에서는 그림 3.30, 그림 3.31처럼 눈사람을 확인할 수 있습니다.

그림 3.29 ▶ 눈사람의 하이어라키 창과 인스펙터 창

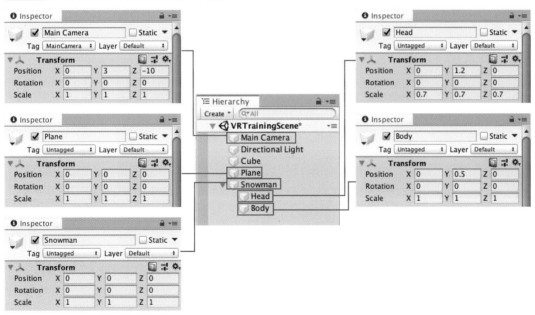

그림 3.30 ▶ 눈사람(씬 뷰)

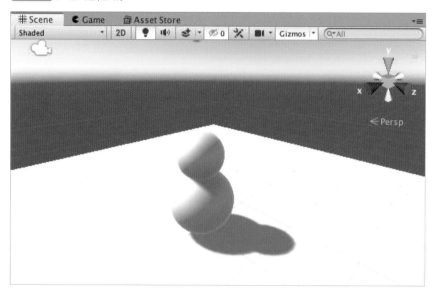

그림 3.31 ▶ 눈사람(게임 뷰)

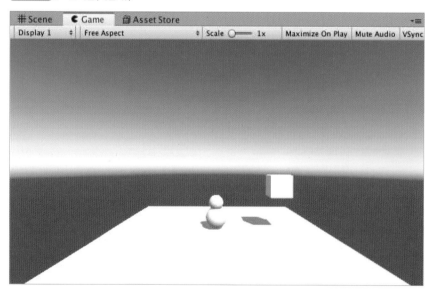

● 하이어라키의 계층 구조와 2개의 좌표계

여기서는 'Snowman'이라는 빈 용기를 만들고, 그 아래에 'Head'와 'Body'라는 물체를 만들었습니다. 이처럼 빈(Empty) 용기를 사용해 계층 구조를 만듦으로서 물체를 그룹화해서 다룰 수 있습니다. 씬 뷰에서 'Snowman'을 선택해서 이동시켜 보면 눈사람('Head'와 'Body')이 이동하는 것을 알 수 있습니다. 이동시킨 후에 인스펙터 창에서 다시 Position을 확인해 보면 'Snowman'의 Position은 변하지만 'Head'와 'Body'의 Position은 변하지 않는 것을 알 수 있는데, 이는 'Snowman'의 자식인 'Head'와 'Body'의 Position 값이 'Snowman'의 Position을 기준으로 한 상대 위치로 나타나기 때문입니다. 이처럼 어떤 부모의 좌표를 기준으로 하여 자신의 좌표를 상대적으로 나타내는 것을 로컬 좌표라고 하며, 이와는 반대로 씬에 대해서 절대적인 위치를 나타내는 것을 글로벌 좌표라고 합니다.

그림 3.32는 'Snowman'의 Position을 '−2, 0, 3'으로 이동한 경우의 예를 이용해서 글로벌 좌표와 로컬 좌표의 차이를 나타내고 있습니다.

그림 3.32 ▶ 글로벌 좌표와 로컬 좌표

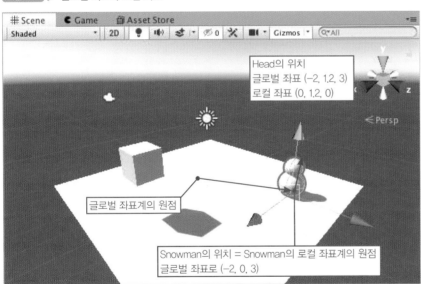

더욱 복잡한 구조더라도 그 구조를 계층적으로 표현하면 쉽게 다룰 수 있습니다.

3-4 유니티에서의 물체 표현에 대해서 배우자

유니티에서 게임상의 '물체'는 '게임 오브젝트'로서 표현되며, 거기에 여러 가지 '컴포넌트'를 적용하여 기능이나 성질을 적용합니다. 여기서는 유니티를 이해하는 데 중요한 '게임 오브젝트'와 '컴포넌트'에 대해서 설명합니다.

3-4-1 물체를 표현하는 '게임 오브젝트(GameObject)'

지금까지 씬상에 배치된 입체를 표현할 때 '물체'라는 표현을 몇 번 사용해 왔는데, 유니티에서는 이를 '게임 오브젝트(GameObject)'라 합니다. 하이어라키 창에 표현되어 있는 것 하나하나가 바로 게임 오브젝트입니다. 예를 들어 앞 절에서 만든 씬의 하이어라키 창은 그림 3.33과 같습니다.

그림 3.33 ▶ 하이어라키 창의 게임 오브젝트

눈사람의 'Head'나 'Body'는 각각 게임 오브젝트이며, 그 부모에 해당하는 'Snowman'도 게임 오브젝트입니다. 그리고 씬에 처음부터 배치되어 있던 'Main Camera'나 'Directional Light' 등도 모두 게임 오브젝트입니다.

게임 오브젝트는 그림 3.34와 같이 이름, 태그, 레이어와 같은 정보를 갖고 있습니다. 이름이나 태그는 게임 오브젝트를 식별하거나 검색할 때 사용할 수 있으며, 레이어는 충돌 판정의 유무 등의 물리 처리나 표시의 ON/OFF 등의 그리기 처리를 그룹으로써 어떻게 처리할지를 관리할 수 있습니다. 게임 오브젝트는 이처럼 이름, 태그, 레이어 정보를 갖고 있을 뿐, 따로 갖고 있는 기능은 없습니다.

그림 3.34 ▶ 게임 오브젝트의 프로퍼티

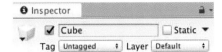

3-4-2 물체의 기능, 성질, 상태 등을 표현하는 '컴포넌트(Component)'

게임 오브젝트는 그 자체만으로 갖고 있는 기능은 없지만, 여러 개의 '컴포넌트(Component)'를
붙일 수 있습니다. 컴포넌트에는 여러 종류가 있으며, 적용한 컴포넌트는 기능, 성질, 상태 등을 제공
합니다. 게임 오브젝트에 적용된 컴포넌트의 예를 그림 3.35에서 살펴봅시다.

그림 3.35 ▶ 게임 오브젝트에 적용된 컴포넌트

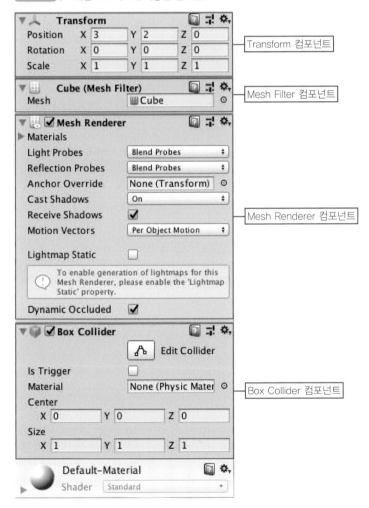

그림 3.35의 예에서 게임 오브젝트는 다음의 컴포넌트를 갖고 있습니다.

- Transform 컴포넌트
- Mesh Filter 컴포넌트
- Mesh Renderer 컴포넌트
- Box Collider 컴포넌트

'Transform' 컴포넌트는 위치, 회전, 스케일 등을 표현하는 컴포넌트입니다. 'Mesh Filter'와 'Mesh Renderer' 컴포넌트는 형태와 보이는 방향을 표현하는 컴포넌트이며, 'Box Collider' 컴포넌트는 직육면체의 충돌 판정을 표현하는 컴포넌트입니다. 이처럼 게임 오브젝트의 위치나 자세, 형태, 보이는 방향도 컴포넌트에 따라 부여된 성질입니다.

3-4-3 컴포넌트 추가

실제로 컴포넌트를 추가하여 게임 오브젝트에 성질을 부여해 봅시다. 먼저 앞의 씬에 캡슐형 오브젝트를 배치합니다.

1 캡슐 만들기

하이어라키 창에서 아무 것도 선택하지 않은 상태에서 마우스 오른쪽 버튼을 클릭하여 [3D Object] → [Capsule]을 선택합니다.

2 캡슐의 위치와 회전 변경

만든 'Capsule'을 선택하고 인스펙터 창에서 [Position]을 '0, 3, 0', [Rotation]을 '0, 0, 90'으로 설정합니다.

그림 3.36처럼 캡슐이 한가운데 떠 있는 상태가 되면 준비 완료입니다.

그림 3.36 ▶ 캡슐 배치

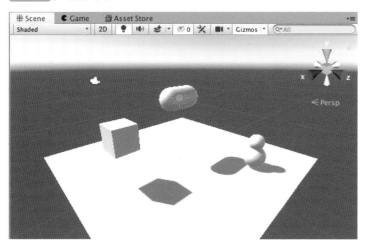

이 상태로 씬을 실행해 봅시다. 에디터 화면 윗부분의 재생 버튼을 눌러 씬을 실행합니다(그림 3.37). 다만, 이 상태로는 실행해도 특별한 변화가 없을 것입니다. 다시 한 번 재생 버튼을 눌러 실행을 멈춥니다.

그림 3.37 ▶ 씬의 실행

씬을 실행
실행 중에 다시 누르면 종료

이번에는 캡슐에 컴포넌트를 추가해 물리적인 성질을 추가해 보겠습니다. 그림 3.38을 참고하여 다음 순서로 'Rigidbody' 컴포넌트를 추가합니다.

1 컴포넌트 추가

'Capsule'을 선택한 상태에서 인스펙터 창에서 [Add Component] 버튼을 클릭합니다.

2 컴포넌트 검색

검색 칸에 'rigid'라고 입력합니다.

3 컴포넌트 선택

나열된 것 중에서 'Rigidbody'를 선택합니다.

그림 3.38 ▶ Rigidbody 컴포넌트의 추가

❶ Capsule의 인스펙터 창에서 [Add Component] 버튼 클릭

❷ 컴포넌트 검색 박스에 'rigid' 입력

❸ 나열된 것 중에서 'Rigidbody' 선택

인스펙터 창에 'Rigidbody' 컴포넌트가 추가되면 성공입니다. 몇 가지 설정할 수 있는 프로퍼티가 있는데 일단은 이대로 재생 버튼을 눌러 실행해 봅시다. 전에는 움직이지 않았던 캡슐이 중력을 받아 떨어지면서 지면과 충돌합니다(그림 3.39). 이는 'Rigidbody' 컴포넌트를 추가함으로써 물리적 성질을 가지게 돼 중력이나 충돌에 의한 힘의 영향을 받고 움직이게 됐음을 나타냅니다.

그림 3.39 ▶ 물리적인 성질을 가진 캡슐

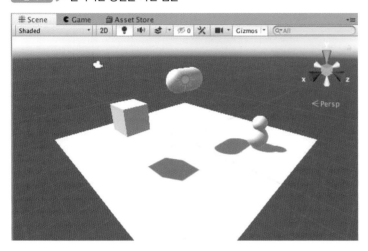

또한, 인스펙터 창에서 'Rigidbody' 컴포넌트의 [Drag]의 값을 '10'으로 설정하고 실행해 보세요. Drag는 공기 저항의 크기를 나타내는 프로퍼티로, 이 값을 크게 하면 (마치 물 속에 있는 것처럼) 천천히 캡슐이 떨어지게 됩니다. 이처럼 인스펙터 창에서 컴포넌트가 가진 프로퍼티를 편집해서 그 성질을 바꿀 수 있습니다.

여기서는 알기 쉬운 예로 'Rigidbody' 컴포넌트를 추가해 보았습니다. 이처럼 적용하는 컴포넌트에 따라 게임 오브젝트에 여러 가지 기능이나 성질을 적용하고, 컴포넌트의 프로퍼티를 설정 및 변경함으로써 그 동작을 변경할 수 있다는 걸 알 수 있겠죠?

3-4-4 대표적인 컴포넌트

유니티에는 여러 가지 컴포넌트가 준비되어 있으며, 이를 조합해서 많은 기능을 구현할 수 있습니다. 지금까지 나온 컴포넌트 중에서 중요한 것과 이와 관련된 컴포넌트에 대해 소개합니다.

● Transform 컴포넌트

Transform 컴포넌트는 유니티에서 중요한 컴포넌트 중 하나입니다. Transform은 씬에서의 위치, 회전, 스케일의 상태를 표현하고 있으며, 이를 조작하여 오브젝트의 상태를 변경합니다. 또한, 하이어라키 창에서 표현되는 오브젝트의 계층 구조(오브젝트 간의 부모-자식 관계)도 Transform에

의해 제공되는 성질입니다. Transform 컴포넌
트는 특수한 컴포넌트로 모든 게임 오브젝트는 반드시
Transform 컴포넌트를 갖게 됩니다(그림 3.40).

그림 3.40 ▶ Transform 컴포넌트

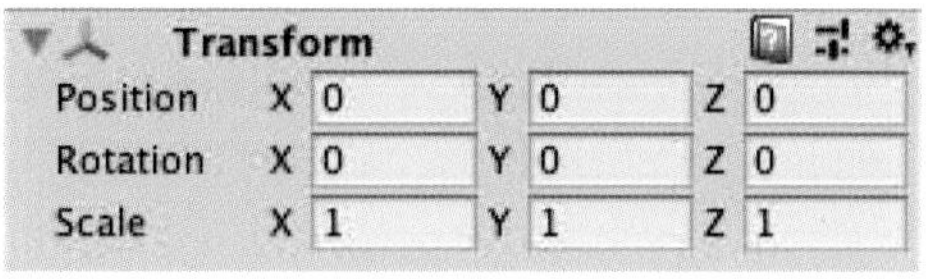

Transform					
Position	X	0	Y	0	Z	0
Rotation	X	0	Y	0	Z	0
Scale	X	1	Y	1	Z	1

● Rigidbody 컴포넌트

Rigidbody 컴포넌트는 3D 물리 동작을 추가하는 기능으로, Rigidbody에 의해 게임 오브젝트는
부피와 질량을 갖고 물리 동작을 따르게 됩니다. 이는 물리 엔진이 중력이나 그 밖의 외력, 충돌 등을
시뮬레이트하여 속도나 Transform 상태에 반영하는 것입니다. 물리 동작을 취급하지 않는 경우에도
물리 엔진을 이용한 충돌 판정의 검출 등을 할 때 필요합니다(그림 3.41).

그림 3.41 ▶ Rigidbody 컴포넌트

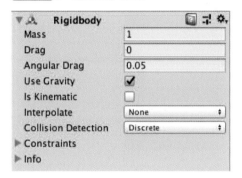

● Collider 컴포넌트

Collider 컴포넌트는 게임 오브젝트의 물리적 형태를 표현하는 컴포넌트입니다. 정육면체는 Box
Collider, 구(球)는 Sphere Collider, 더욱 복잡한 형태를 표현하는 Mesh Collider 등의 종류가
있습니다. 물리 엔진은 Collider로 입체 형태를 인식하기 때문에 Rigidbody에 의한 충돌을 취급
하는 경우 등에 이 컴포넌트가 필요합니다(그림 3.42). 유니티에서 원시적인 입체를 만들면 적절한
Collider가 설정된 상태로 게임 오브젝트가 만들어집니다.

그림 3.42 ▶ Sphere Collider 컴포넌트

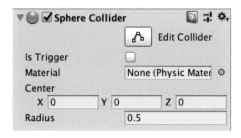

● Mesh Filter 컴포넌트

Mesh Filter 컴포넌트는 게임 오브젝트의 외관 형태를 표현하는 컴포넌트입니다. 일반적으로 3D 모양의 형태는 '폴리곤'이라고 하는 삼각형을 여러 개 나열한 '메시'에 의해 표현됩니다. 예로써 그림 3.43에 Sphere의 메시를 보세요. Mesh Filter는 메시 정보를 보유하여 외관 형태를 표현합니다.

▶ Sphere의 메시 예

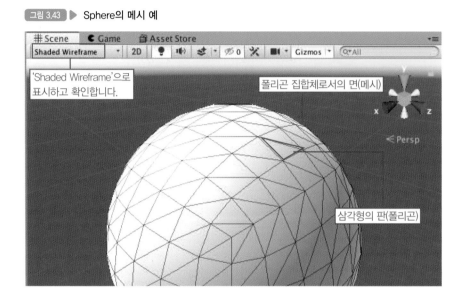

앞의 Collider가 물리적인 입체 형상을 나타내는 데 반해 메시는 물체의 표면 형태를 나타냅니다. Mesh Filter로 설정되어 있는 메시를 인스펙터에서 조작하면, 충돌 판정은 구(球)이지만 외관은 정육면체인 오브젝트를 만들 수도 있습니다. 유니티에서 원시적인 입체를 만들면 적절한 Mesh Filter 가 설정된 상태로 게임 오브젝트가 만들어집니다(그림 3.44).

▶ Mesh Filter 컴포넌트

● Renderer/Mesh Renderer 컴포넌트

Renderer 컴포넌트는 외관을 그리는(렌더링이라고 합니다) 기능을 가진 컴포넌트입니다. 몇 가지 종류가 있는데 자주 사용하는 것으로는 메시를 그리기 위한 Mesh Renderer 컴포넌트가 있습니다. Mesh Renderer는 Mesh Filter가 가지고 있는 메시 정보를 사용해 그립니다. Mesh Filter 는 표면 형태를 갖고 있는 데 반해 Mesh Renderer는 표면의 색과 재질, 빛의 영향을 어떻게 반영시키느냐 등의 렌더링 방법을 가지고 있고, 그에 따라 메시를 표시합니다. 즉, Mesh Filter와 Mesh Renderer 양쪽 모두가 갖춰져야 메시가 표면에 표시됩니다(그림 3.45).

그림 3.45 ▶ Mesh Renderer 컴포넌트

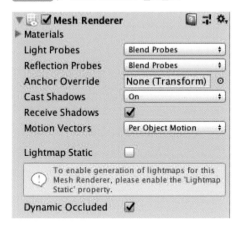

● Camera 컴포넌트

Camera 컴포넌트는 3D 공간을 디스플레이 등에 투영하기 위한 컴포넌트입니다(그림 3.46). 앞으로 Camera 컴포넌트가 부착된 게임 오브젝트는 단순하게 '카메라'라고 합니다. 3D 공간상의 카메라는 플레이어의 눈에 해당한다고 말할 수 있습니다.

카메라는 여러 개 두어 그리기 결과를 겹쳐서 표시하거나 카메라를 재빠르게 전환해서 연출로서 사용할 수도 있습니다. VR에서는 하나의 카메라로 양쪽 눈을 그릴 수도 있지만, 한쪽 눈마다 보이는 방향을 바꾸고 싶은 경우에는 두 개의 카메라로 각 눈을 그릴 수 있습니다.

카메라가 하나도 없다면 게임 뷰에는 아무것도 표시되지 않기 때문에, 유니티에서 씬을 만들 때 처음부터 카메라가 하나 배치되어 있습니다. 카메라는 메뉴 바에서 [GameObject] → [Camera]를 선택해서 만들 수 있습니다.

그림 3.46 ▶ Camera 컴포넌트

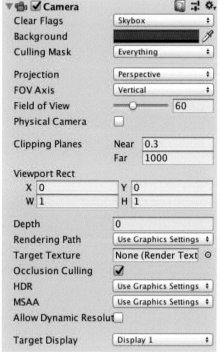

● Light 컴포넌트

Light 컴포넌트는 3D 공간을 비추는 광원 기능을 가진 컴포넌트입니다(그림 3.47). 앞으로 Light 컴포넌트가 붙은 게임 오브젝트는 단순하게 '라이트'라고 칭하겠습니다.

카메라가 물체를 비춘다고 했으나 빛이 없으면 깜깜해서 아무 것도 보이지 않습니다. 라이트로 씬을 비추어야 화면이 밝게 그려져 명암이나 그림자가 표현됩니다. 실제로는 라이트 이외에도 환경 전체에 미치는 빛이 존재하기 때문에 라이트가 없어도 아주 깜깜하지는 않겠지만, 보통은 하나 이상의 라이트를 배치합니다.

라이트의 설정에 따라서 스포트라이트나 에어리어 라이트 등의 특수한 광원도 만들 수 있습니다. 유니티에서 씬을 만들 때는 처음부터 라이트가 하나 배치되어 있으며, 메뉴 바의 [GameObject] → [Light]의 서브 메뉴에서 라이트를 만들 수도 있습니다.

그림 3.47 ▶ Light 컴포넌트

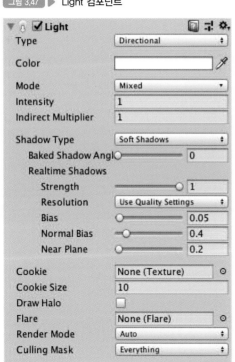

● Audio Listener 컴포넌트

Audio Listener 컴포넌트는 씬 내의 소리를 골라서 스피커로 재생하는 기능을 가진 컴포넌트입니다. 씬 내의 Audio Source의 입력에 근거하고, 3D 공간에서의 위치 관계 등을 시뮬레이트한 음성이 재생됩니다. 즉, 3D 공간에 있는 귀에 해당하는 컴포넌트입니다(그림 3.48).

Audio Listener는 씬상에 한 개까지라는 제약이 있습니다(여러 개를 두더라도 한 개만 기능합니다). 메뉴 바에서 카메라를 만들면 자동으로 Audio Listener가 붙은 상태가 됩니다.

그림 3.48 ▶ Audio Listener 컴포넌트

● Audio Source 컴포넌트

Audio Source 컴포넌트는 씬 내의 음원 기능을 가진 컴포넌트입니다(그림 3.49). 유니티에 음성 파일을 임포트하면 AudioClip이라는 에셋으로서 취급되는데, Audio Source는 AudioClip을 재생하고, Audio Listener에 전함으로써 실제로 음성이 들리게 됩니다.

그림 3.49 ▶ Audio Source 컴포넌트

● Script 컴포넌트(직접 만드는 컴포넌트)

C# 또는 JavaScript로 스크립트를 기술함으로써 자체 기능을 컴포넌트로 만들 수 있습니다. 이렇게 작성된 컴포넌트는 유니티에 준비되어 있는 다른 컴포넌트와 마찬가지로 게임 오브젝트에 추가할 수 있습니다. 구체적인 사용법은 Chapter 5 이후에 설명합니다.

여기서 소개한 컴포넌트는 표 3.5에 정리하였습니다.

표 3.5 ▶ 컴포넌트 조견표

컴포넌트	설명
Transform	위치, 회전, 스케일과 계층 구조를 표현하기 위한 컴포넌트. 모든 게임 오브젝트는 반드시 하나의 Transform 컴포넌트를 가집니다.
Rigidbody	물리적인 성질을 적용하는 컴포넌트
Collider	충돌 시의 충돌 판정에 사용되는 형태를 표현하는 컴포넌트
Mesh Filter	외관에 이용하는 표면 형태를 표현하는 컴포넌트
Renderer	물체를 그리는 기능을 가진 컴포넌트
Camera	3D 공간을 2D 디스플레이 등에 투영하는 카메라 기능을 가진 컴포넌트
Light	씬을 비추는 라이트 기능을 가진 컴포넌트
Audio Listener	음원으로부터 소리를 받아 스피커로 재생하기 위한 컴포넌트
Audio Source	음원을 나타내는 컴포넌트

3-5 씬을 실행하자

유니티 앱 개발의 이점으로, 작성 중인 씬을 에디터에서 실행하여 간단하게 확인할 수 있다는 점을 들 수 있습니다. 여기서는 에디터에서의 씬 실행의 조작, 씬 뷰와 게임 뷰의 관계 등에 대해서 설명합니다.

3-5-1 씬의 실행과 정지

씬의 실행은 툴 바 상단의 플레이 모드 버튼으로 합니다(그림 3.50).

그림 3.50 ▶ 플레이 모드 조작 버튼

재생 버튼을 누르면 씬이 실행되어 게임이 움직이기 시작합니다. 실행 중에 다시 한 번 재생 버튼을 누르면 정지되고 씬은 시작 전의 상태로 돌아갑니다. 실행 중에 일시 정지 버튼을 누르면 일시적으로 게임을 멈출 수 있습니다. 스텝 실행 버튼을 누르면 1프레임만 재생하고 일시 정지됩니다.

3-5-2 실행 중의 확인과 편집

씬 실행 중에도 씬 뷰, 하이어라키 창, 인스펙터 창 등에서 게임 오브젝트 상태를 확인하고 편집할 수 있습니다. 다만, 실행을 정지하면 씬이 실행 시작 전의 상태로 돌아가기 때문에 실행 중인 씬의 편집 내용도 사라지고 맙니다. 따라서 움직이면서 배치를 바꾸거나 디버깅 등의 용도로는 편리하지만, 씬을 편집할 때에는 씬이 실행 중인지 아닌지 여부를 잘 보고 작업해야 합니다.

기본 설정의 경우, 실행 중에는 에디터 색이 조금 어두워지지만 다음의 순서대로 실행 중인 에디터 색을 변경할 수도 있습니다(그림 3.51). 필요에 따라 설정해 보세요.

1 유니티 설정 열기

메뉴 바에서 [Unity] → [Preferences]를 선택합니다(윈도의 경우, [Edit] → [Preferences]).

2 실행 중의 에디터 색 변경

열린 윈도에서 [Colors] → [Playmode tint]로 실행 중의 에디터 색을 설정합니다.

그림 3.51 ▶ 실행 중의 에디터 색 변경 방법

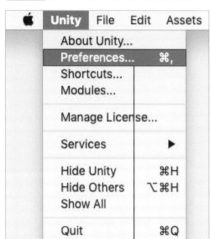

❶ 맥의 경우, [Unity] → [Preferences]를 선택
윈도의 경우, [Edit] → [Preferences]를 선택

❷ [Colors] → [Playmode tint]에서 색 변경

3-5-3 게임 뷰와 카메라 설정

실행 시의 실제 게임 화면은 게임 뷰에서 확인할 수 있습니다. 이는 씬 안의 카메라에 의해 그려지는 것이므로 카메라의 위치나 설정을 바꾸면 표시되는 화면이 변합니다. 3D 게임에 있어서 카메라를 이해하는 것은 매우 중요하므로 여기에서 좀 더 자세하게 살펴봅시다.

● 카메라의 투영법

카메라로 3D 공간을 2D 디스플레이에 투영하는 방법에는 투시 투영(Perspective)과 평행 투영(Orthographic)이 있습니다.

투시 투영은 먼 것일수록 작게 표시되는 투영 방법입니다. 'Camera' 컴포넌트의 [Projection] 프로퍼티가 Perspective로 설정되어 있는 상태로 카메라를 선택하면 씬 뷰에 카메라를 원점으로 한 사각 절두체(시추대)가 표시되는데(그림 3.52), 이것이 투시 투영에 의해 투영되는 영역입니다. 보통 3D 표시에는 투시 투영을 사용합니다. 'Camera' 컴포넌트의 [Field of View]로는 시추대의(세로 방향의) 시야각을 설정할 수 있으며 [Clipping Planes]로는 시추대의 앞과 안쪽 평면까지의 거리를 설정할 수 있습니다.

그림 3.52 ▶ 투시 투영의 그리는 영역(시추대)

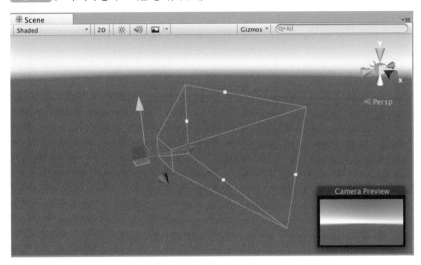

평행 투영은 거리와 관계없이 같은 크기로 보이는 투영 방법입니다. 'Camera' 컴포넌트의 [Projection] 프로퍼티를 Orthographic으로 설정해서 카메라를 선택하면 씬 뷰에 직육면체가 표시되는데(그림 3.53), 이것이 평행 투영에 의해 투영되는 영역이며 2D 표시 등에 사용합니다. 'Camera' 컴포넌트의 [Size]로는 그리는 영역의 높이를 설정할 수 있으며 [Clipping Planes]로는 그리는 영역의 앞과 안쪽 평면까지의 거리를 설정할 수 있습니다.

그림 3.53 ▶ 평행 투영의 그리는 영역

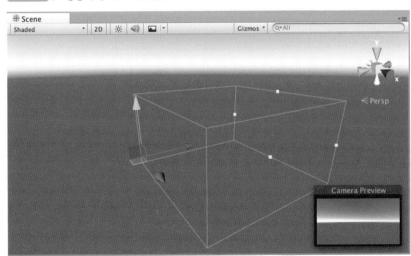

● Camera 컴포넌트의 설정

'Camera' 컴포넌트는 그림 3.54에서, 기본적인 프로퍼티에 대한 설명은 표 3.6에서 확인할 수 있습니다.

그림 3.54 ▶ Camera 컴포넌트

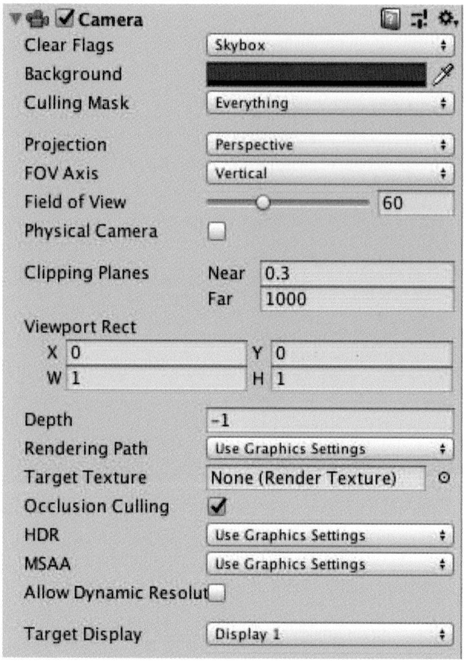

표 3.6 ▶ Camera 컴포넌트의 프로퍼티

프로퍼티	설명
Clear Flags	'Skybox'에서는 공간 전체를 뒤덮는 Skybox라는 텍스처로 배경을 그리며, 'Solid Color'는 Background로 지정한 색으로 배경을 그립니다. 다른 항목은 여러 개의 카메라를 겹치는 경우에 사용합니다.
Background	배경색 지정
Culling Mask	레이어 단위에서의 표시/숨김 설정
Projection	투영 방법의 설정
Field of View	투시 투영의 세로 방향 시야각(Projection이 Perspective인 경우만)
Size	평행 투영의 그리는 영역의 세로 방향 크기(Projection이 Orthographic인 경우만)
Clipping Planes	그리는 영역의 앞 평면과 안쪽 평면까지의 거리
Viewport Rect	디스플레이의 어느 범위에 그리는지를 0~1의 범위로 지정
Depth	카메라를 여러 개 놓았을 때 그리는 순서(작은 쪽부터 순서대로 그리기)

스마트폰을 사용해서
VR로 보자

앞 장에서 간단한 씬의 작성과 실행을 통해 유니티의 기본적인 조작이나 사고방식에 대해서 배웠습니다. 이 장에서는 작성한 씬을 VR 앱으로 만들어 안드로이드나 iOS의 휴대 단말에 설치하고 확인하는 방법에 대해 알아봅니다.

이 장에서 배우는 것
- 유니티에서 VR을 사용하기 위한 설정 방법
- 안드로이드 단말로의 앱 설치 방법
- iOS 단말로의 앱 설치 방법
- VR 고글/Cardboard 뷰어에서의 조정과 확인 방법

스마트폰에 설치하자 (안드로이드편)

안드로이드 단말을 갖고 있으면 작성한 앱을 설치해 확인할 수 있습니다. 여기서는 앞 장에서 만든 씬을 안드로이드용 VR 앱으로 빌드해 설치하기까지의 순서에 대해서 설명합니다.

4-1-1 빌드하기 위한 설정

안드로이드에서 동작시키기 위해서는 메뉴 바의 [File] → [Build Settings]를 선택합니다. 화면이 나오면 [Platform] 항목에서 'Android'를 선택하고, [Switch Platform] 버튼을 눌러 플랫폼을 변경합니다.

● Player Settings

우선은 VR에 대응하는 안드로이드 앱으로 빌드하기 위해서 필요한 설정을 합니다. 메뉴 바에서 [Edit] → [Project Settings]를 선택하면 Project Settings 창이 표시됩니다. 표시 화면의 왼쪽 탐색창에서 [Player]를 선택합니다(그림 4.1).

그림 4.1 ▶ Player Settings 여는 방법

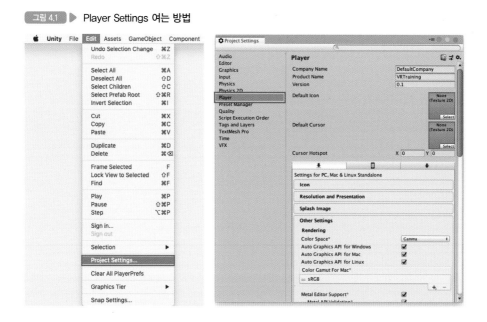

1 Player Settings 설정

[Player]의 [Android] 탭에서 [Other Settings] 항목을 선택하고, [Package Name],
[Minimum API Level], [Target API Level]을 각각 'com.example.vr.training', 'Android
5.0 'Lollipop'(API level 21)', 'Android 5.0 'Lollipop'(API level 21)'로 변경합니다(그림 4.2).

그림 4.2 ▶ Other Settings

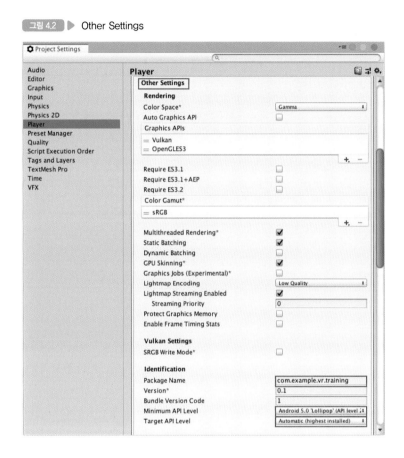

2 VR의 설정

[XR Settings] 항목을 선택하고, 'Virtual Reality Supported'를 체크합니다. [Virtual Reality
SDKs]라는 항목이 나타나면 [+]를 누르고 'Cardboard'를 추가합니다(그림 4.3).

그림 4.3 ▶ XR Settings

'Virtual Reality Supported'를 체크하면 VR 표시를 할 수 있게 됩니다. [Virtual Reality SDKs]에는 사용할 VR의 SDK로 'Cardboard'를 지정했으며, Cardboard SDK를 사용한 앱은 Android 5.0 이상의 스마트폰에 설치하고 확인할 수 있습니다.

[Package Name]은 안드로이드 앱을 식별하기 위한 식별자입니다. 기본값 그대로는 빌드할 수 없기 때문에 이번에는 'com.example.vr.training'이라는 이름으로 빌드하기로 합니다. [Minimum API Level]과 [Target API Level]에서는 안드로이드 버전에 대응한 API 레벨을 지정하는데, Android 5.0 이상의 스마트폰에서 동작하는 앱이기 때문에 'Android 5.0 'Lollipop'(API level 21)'을 설정합니다. 빌드할 때는 Android SDK에서 대응하는 API 레벨의 플랫폼이 설치되어 있어야 합니다(설치에 대해서는 **Chapter 2**를 참조하세요).

4-1-2 안드로이드 단말 접속

빌드 준비가 되었으므로 이제 앱을 설치하기 위해서 안드로이드 단말에 접속해 봅시다. 내가 빌드한 앱을 안드로이드 단말에 설치하기 위해서는 먼저 단말에서 설정을 해야 합니다.

● 출처를 알 수 없는 앱 설치 유효화

공식 스토어에서 받지 않은 앱 설치를 유효화합니다. 그림 4.4를 참고로 안드로이드 단말에서 [설정] → [애플리케이션] → [특별한 접근] → [출처를 알 수 없는 앱 설치]를 유효화하세요. 스마트폰 기종에 따라 다를 수 있으므로 그에 맞게 설정합니다.

그림 4.4 ▶ 출처를 알 수 없는 앱 설치 유효화

● USB 디버그의 유효화

유니티로부터 앱을 빌드하고 설치하기 위해서는 이 설정을 해야 합니다. [설정] → [개발자 옵션] 항목에서 설정을 하는데 최신 단말에는 이 메뉴가 감춰져 있습니다. 다음 순서에 따라 개발용 옵션 설정과 USB 디버그 설정을 하세요.

1 개발자 옵션의 설정

그림 4.5를 참고로 [설정] → [휴대전화 정보] → [소프트웨어 정보] → [빌드번호] 메뉴를 연속해서 (7번 정도) 탭합니다(개발자로 되었다는 표시가 나오면 성공입니다).

그림 4.5 ▶ 개발자용 옵션 유효화

2 USB 디버그 유효화

그림 4.6을 참고로 [설정] → [개발자 옵션]을 선택해서 유효화하고, [USB 디버깅] 항목을 유효화합니다.

그림 4.6 ▶ USB 디버그 유효화

위는 Galaxy S10(Android9.0)일 때의 설정입니다. 기종이나 OS 버전에 따라 메뉴 표시나 계층이 다를 수 있기 때문에 [설정] 안에서 유사한 항목을 찾아 주세요.

● 안드로이드 단말을 PC와 연결하자

USB 케이블을 사용해서 PC와 연결합니다. 연결 후 단말에서 허가를 요구할 때는 허가해 주세요.

4-1-3 설치해서 확인하자

이로써 준비는 갖췄으므로 유니티로 돌아가서 안드로이드용으로 빌드하고 설치해 봅시다.

● 빌드와 설치

안드로이드 단말이 연결된 상태에서 다음 순서를 따라 설치합니다.

1 Build Setting의 설정

[File] → [Build Settings]를 선택해서 빌드 창을 엽니다(그림 4.7).

그림 4.7 ▶ 빌드 창을 여는 방법

2 Platform의 변경

[Platform]에서 'Android'를 선택하고, [Switch Platform] 버튼을 클릭합니다(그림 4.8).

그림 4.8 ▶ 빌드 창

플랫폼이 전환된 후, [Build And Run]을 선택하면 그림 4.9처럼 빌드될 파일(apk 파일)이 저장될 곳을 선택하는 창이 나옵니다. 임의의 이름으로 저장합니다. 여기서는 VRTraining 바로 아래에 vr-training.apk로 저장합니다.

그림 4.9 ▶ vr-training.apk 출력 위치 지정

설정이 올바르면 빌드 후에 설치가 되고 앱이 자동으로 실행됩니다.

● 휴대 단말에서 확인

앱이 처음 실행될 때 'Google VR 서비스' 설치를 요구하면 설치합니다. 'Google VR 서비스'는 나중에 사용하는 Cardboard의 프로퍼티 설정 등에서 필요합니다. 앱을 실행하고 그림 4.10처럼 씬이 표시되면 성공입니다.

그림 4.10 ▶ 안드로이드 단말에서의 앱 실행 화면

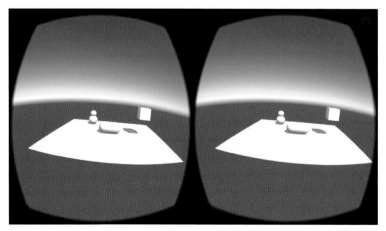

● 화면이 반전 표시될 때의 해결 방법

게임 뷰에서는 이상이 없으나 빌드한 후 기기에 넣으면 게임 화면이 위아래 반전될 때가 있습니다. 이럴 경우 기기별로 다음과 같이 해결합니다.

■ 안드로이드 기기

유니티 메뉴 바에서 [Edit] → [Project Settings]를 선택해 나오는 화면에서 [Player]를 선택합니다. [Other Settings]의 [Graphics APIs]에서 OpenGLES3를 그대로 두고 Vulkan을 삭제하면 됩니다.

■ 아이폰 기기

유니티 메뉴 바에서 [Edit] → [Project Settings]를 선택해 나오는 화면에서 [Player]를 선택합니다. [Other Settings]의 'Auto Graphics API'에 체크 표시를 해제하고, [Graphics APIs]에서 [+]를 눌러 OpenGLES3를 선택합니다.

그림 4.11 ▶ 화면 반전 오류 대처(왼쪽: 안드로이드, 오른쪽: 아이폰)

설정이 제대로 되지 않을 때의 확인 사항

만약 도중에 오류가 나거나 설치되지 않을 때는 다음을 참고해 순서를 재검토하세요.

• 유니티 설치 시에 'Android Build Support'를 유효로 했는가?

유니티를 설치할 때 'Android Build Support'에 체크를 하지 않았으면 안드로이드용으로 빌드할 수 없습니다 (빌드용 설정 항목이 표시되지 않습니다). 그때는 유니티 인스톨러를 실행하고, **Chapter 2**를 참고하여 'Android Build Support'에 체크하고 설치해 주세요.

• Android API Level 지정은 올바른가?

[Player Settings]에서 지정한 API Level을 확인하세요. 또한 그 API Level에 해당하는 플랫폼 빌드 환경이 설치 돼 있는지 확인해 주세요(안드로이드 스튜디오의 SDK Manager에서 확인할 수 있습니다).

• 접속한 단말이 인식되고 있는가?

설치 시에 단말이 발견되지 않았다면 제대로 인식되지 않았을 수 있습니다. 안드로이드 단말에서 설정을 확인하고 케이블을 다시 꽂아 보세요. 또한, 연결 시에 허가를 요구하는 경우는 허가를 선택하세요. 다음의 순서로 장치가 인식되었는지를 확인할 수 있습니다.

터미널(윈도라면 명령 프롬프트)을 열고 아래와 같이 입력합니다([Android SDK로의 경로]는 유니티에서 설정한 것과 같습니다).

```
1  cd [Android SDK로의 경로]
2  cd platform-tools
3  adb devices
```

그 결과, 아래와 같이 List of devices attached 아래에 [시리얼 번호] device 라는 행이 표시돼 있으면 제대로 인식한 것입니다.

```
List of devices attached
[시리얼 번호] device
```

4-2 스마트폰에 설치하자(iOS편)

iOS 단말을 갖고 있으면 작성한 앱을 설치해서 확인할 수 있습니다. 여기서는 앞 장에서 만든 씬을 iOS용 VR 앱으로 빌드해 설치하기까지의 순서에 대해서 설명합니다.

4-2-1 유니티에서 빌드해서 Xcode 프로젝트를 생성

iOS용 앱은 유니티에서 직접 빌드할 수 없기 때문에, Xcode용 프로젝트를 생성하고 Xcode에서 빌드하는 2단계의 과정으로 빌드합니다. 먼저 유니티에서 빌드해 Xcode 프로젝트를 생성하는 순서를 알아봅니다. 아이폰에서 동작시키기 위해서는 메뉴 바의 [File] → [Build Settings]를 선택합니다. 화면이 나오면 [Platform] 항목에서 'iOS'를 선택하고, [Switch Platform] 버튼을 클릭해 플랫폼을 변경합니다.

● Player Settings

iOS용 VR 앱으로 빌드하기 위해 필요한 유니티 설정을 해 나갑시다.

메뉴 바에서 [Edit] → [Project Settings]를 선택하면 Project Settings 창이 표시됩니다. 표시 화면의 왼쪽 탐색창에서 [Player]를 선택합니다(그림 4.12).

그림 4.12 ▶ Player Settings 여는 방법

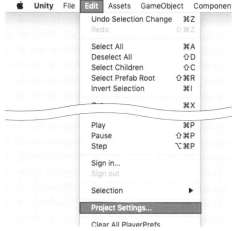
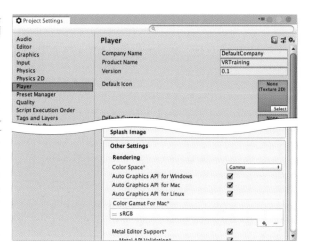

1 Player Settings 설정

[Player]의 [iOS] 탭에서 [Other Settings] 항목을 선택하고, [Bundle Identifier]를 다른 앱과 중복되지 않는 이름으로 변경합니다(그림 4.13).

그림 4.13 ▶ Other Settings

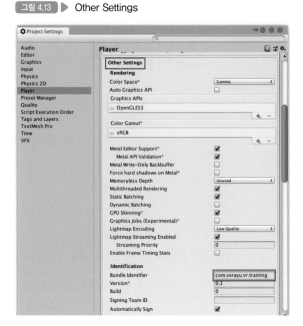

2 VR 설정

[XR Settings] 항목의 'Virtual Reality Supported'에 체크합니다. [Virtual Reality SDKs] 항목이 나타나면 [+]를 눌러 'Cardboard'를 추가합니다(그림 4.14).

그림 4.14 ▶ XR Settings

[Virtual Reality Supported]를 유효하게 함으로써 VR 표시를 할 수 있으며, [Virtual Reality SDKs]에 'Cardboard'를 지정함으로써 Cardboard에 대응한 iOS 실제 기기에서 VR을 확인할 수 있습니다. [Bundle Identifier]는 iOS 앱을 식별하기 위한 식별자로, 이 값은 모든 iOS 앱에서 유일한 값을 설정해야 합니다. 또한, 향후 Xcode로 빌드할 때에도 변경 가능하므로 그때 설정할 수 있습니다.

● 유니티로 빌드해서 Xcode 프로젝트를 생성

다음의 순서로 유니티로부터 Xcode 프로젝트를 생성합니다.

1 Build Settings 설정

[File] → [Build Settings]를 선택하고 빌드 창을 엽니다(그림 4.15).

그림 4.15 ▶ 빌드 창 여는 방법

2 Platform 변경

[Platform]에서 'iOS'를 선택하고 [Switch Platform] 버튼을 클릭하여 플랫폼을 전환 후 [Build And Run]을 선택합니다(그림 4.16).

그림 4.16 ▶ 빌드 창

3 Xcode 프로젝트의 출력

빌드된 파일(Xcode 프로젝트용 파일군이 들어 있는 폴더) 위치를 선택하는 창이 나오면 그림 4.17처럼 임의의 이름으로 저장합니다. 여기서는 VRTraining 바로 밑에 vr-training 이름으로 저장합니다.

그림 4.17 ▶ Xcode 프로젝트의 출력 위치 지정

설정이 올바르면 빌드 후에 생성된 Xcode 프로젝트가 시작됩니다.

● iOS 단말을 맥에 연결하자

USB 케이블을 사용해 iOS 단말을 맥에 연결합니다. iOS에서 연결된 컴퓨터를 신뢰하는지 확인하는 팝업이 뜨면 신뢰를 선택하세요. 맥에서도 연결된 iOS 단말을 이 맥에서 사용할지 확인을 요구할 때는 사용한다고 선택하세요.

4-2-2 Xcode에서 빌드하고 설치하자

유니티에서 생성된 Xcode 프로젝트에서 Xcode를 이용해 앱을 빌드하고, iOS 단말에 설치할 때까지의 순서와 필요한 설정에 대해 설명합니다. Xcode는 맥이나 iOS용의 앱 개발 환경으로, 이번과 같은 유니티를 이용한 앱 개발 시에도 앱 빌드에 사용합니다.

● 설치할 iOS 단말의 선택

유니티에서 생성된 Xcode 프로젝트가 열려 있지 않다면 프로젝트를 엽니다. 조금 전 유니티에서 빌드한 폴더 내에 있는 'vr-training/Unity-iPhone.xcworkspace'를 여세요(그림 4.18). Xcode에서 프로젝트가 열린 화면은 그림 4.19에서 확인하세요.

그림 4.18 ▶ 유니티에서 생성된 Xcode 프로젝트 열기

그림 4.19 ▶ Xcode 화면

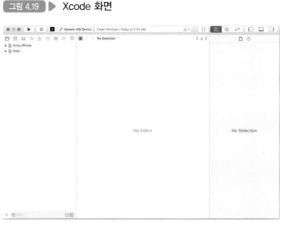

다음으로, 그림 4.20을 참고하여 위의 버튼으로부터 설치 대상 iOS 단말을 선택합니다. 연결된 단말이 후보로 표시되지 않을 때는 제대로 인식되지 않았을 수도 있으므로 다시 연결해 보세요.

그림 4.20 ▶ 설치할 iOS 단말을 선택

프로비저닝 프로파일의 작성과 설치

iOS 단말로 설치하기 위해서는 프로비저닝 프로파일이 필요한데, 이는 개발자와 앱이나 디바이스 등의 정보를 연결시킴으로써 잘못된 앱을 배포하는 것을 방지하기 위함입니다. 개발용 프로비저닝 프로파일의 설정은 Xcode에서 자동으로 생성되며, 그 순서는 다음과 같습니다.

▪ Apple ID로 로그인

먼저 아래와 같은 순서를 참고하여 Xcode에서 Apple ID를 사용해 로그인합니다.

1 Xcode 설정

메뉴 바에서 [Xcode] → [Preferences]를 선택합니다(그림 4.21).

그림 4.21 ▶ Preferences 여는 방법

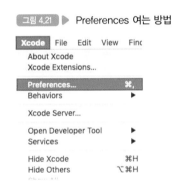

2 Accounts 설정

열린 창에서 [Accounts] 탭을 선택 후 왼쪽 아래의 [+] → [Apple ID]를 선택합니다(그림 4.22).

그림 4.22 ▶ 새로운 계정의 추가

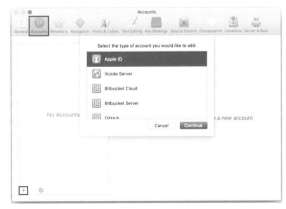

3 ｜ Apple ID 입력

Apple ID와 비밀번호를 입력해서 로그인합
니다(그림 4.23).

그림 4.23 ▶ Apple ID를 사용해서 로그인

▪ 프로비저닝 프로파일의 설정

다음으로 아래의 순서로 증명서와 프로비저닝 프로파일 설정을 합니다.

1 ｜ 프로젝트의 선택

화면 왼쪽의 내비게이션에서 'Unity-iPhone'
프로젝트를 선택합니다(그림 4.24).

그림 4.24 ▶ Xcode에서 증명서와 프로비저닝 파일을 작성

2 ｜ 증명서의 설정

[Signing]의 'Automatically manage signing'에 체크가 되어 있는지 확인하고, [Signing]의
[Team]에 자신의 계정 이름(Personal Team)을 선택합니다(그림 4.25).

그림 4.25 ▶ Xcode에서 증명서과 프로비저닝 프로파일을 작성

3 오류가 발생했을 때

2의 [Signing] 아래에 오류 표시가 발생했을 때는 [Identity]의 [Bundle Identifier]가 이미 사용되고 있을 수 있기 때문에 고유한 이름으로 다시 변경합니다 (그림 4.26).

그림 4.26 ▶ Xcode에서 오류가 발생한 상태

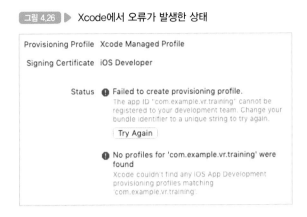

[Signing] 아래의 오류가 없어지면 자동으로 증명서와 프로비저닝 프로파일이 설정되고, 빌드와 설치를 할 수 있는 상태가 됩니다.

● 단말에서의 확인

설정을 끝낸 후, 그림 4.27의 실행 버튼을 클릭하면 빌드가 되고, iOS 단말에 앱이 설치됩니다(그림 4.28). 설치 중에 키체인 액세스로의 허가를 요구하면 허가해 주세요.

그림 4.27 ▶ 빌드와 실행

그림 4.28 ▶ 아이폰으로의 설치

다만, 앱 아이콘을 탭해서 앱을 실행하려고 해도 그대로는 실행할 수 없습니다. 그림 4.29를 참고하여 다음 순서로 iOS 단말에서 이 앱(의 개발자)을 신뢰하도록 설정해야 앱을 실행할 수 있습니다.

1 설정 열기

[설정]을 엽니다.

2 기기 관리 열기

[일반] → [기기 관리] → [개발자 앱] → [개발자의 Apple ID]를 선택합니다.

3 개발자 신뢰

[개발자의 Apple ID를 신뢰]를 선택합니다.

 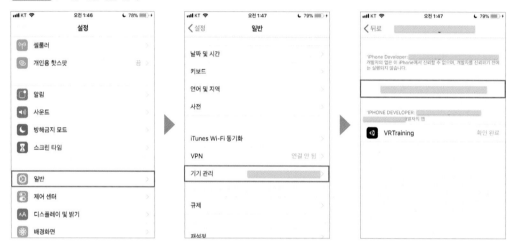

그림 4.29 ▶ 앱 개발자를 신뢰

설정한 다음 앱 아이콘을 탭하면 앱이 실행되며 그림 4.30과 같이 씬이 표시될 것입니다.*

---
* (역주) 화면이 반전 표시된다면 페이지 117을 참고하세요.

그림 4.30 ▶ iOS 단말에서의 앱 실행 화면

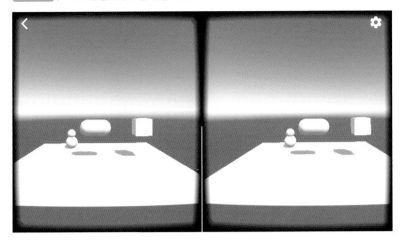

칼 럼 | 설정이 제대로 되지 않을 때의 확인 사항

만약 도중에 오류가 발생하거나 설치할 수 없다면 다음을 참고해 순서를 재검토하세요.

• 유니티 설치 시에 'iOS Build Support'를 유효로 했는가?

유니티를 설치할 때 'iOS Build Support'에 체크를 하지 않으면 iOS용으로 빌드할 수 없습니다(빌드용의 설정 항목이 표시되지 않습니다). 그때는 유니티 인스톨러를 시작하고, **Chapter 2**를 참고해 'iOS Build Support'에 체크하고 설치해 주세요.

• Xcode 버전과 iOS 버전

Xcode나 iOS 버전에 따라서 설정 항목이나 메뉴 이름이 조금 다를 때가 있습니다. 책에서는 다음 버전을 기준으로 설명합니다.

  • Xcode 버전: 10.3
  • iOS 버전: 12.3.1

• Bundle identifier가 유일한 값인가?

Xcode의 [Signing]에 다음과 같은 오류가 발생했다면 이미 사용되고 있는 Bundle Identifier와 중복된 것입니다. Bundle Identifier를 고유한 값으로 변경해 주세요.

```
1   The app ID "[Bundle Identifier]" cannot be registered to your
2   development team. Change your bundle identifier to a unique string
3   to try again.
```

• Xcode에서 한 번 Clean하고 나서 빌드해 본다

드물게 Xcode에서 빌드 시 중간 데이터에 오류가 발생해서 빌드를 할 수 없게 될 때가 있습니다. 메뉴 바에서 [Product] → [Clean]을 한 후 다시 빌드를 실행하면 잘 될 수 있습니다.

· 접속한 단말이 인식되고 있는가?

Xcode에서 iOS 단말의 선택 후보가 표시되지 않으면, 연결된 단말이 올바르게 인식되지 않은 경우가 많습니다. 케이블을 다시 꽂아서 제대로 인식되는지 확인해 보세요. 또한, 연결 후 허가를 요구할 때는 반드시 허가를 선택 하세요.

4-3 스마트폰을 사용해서 VR로 확인해 보자

VR용으로 빌드한 앱은 VR 고글 등의 렌즈를 통해 봄으로써 VR 공간 안을 볼 수 있습니다. 여기서는 VR 고글이나 Cardboard 뷰어를 이용해 확인할 때의 조정 방법에 대해서 설명합니다.

4-3-1 VR 고글의 조정

VR 고글 중에서도 Cardboard에 대응하는 것을 Cardboard 뷰어라고 하며, 그림 4.31처럼 QR 코드가 표시되어 있는 경우가 있습니다.

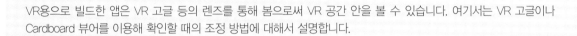
그림 4.31 ▶ Cardboard 뷰어의 프로파일 설정 QR 코드 예

이는 뷰어에 맞는 프로파일 설정을 위한 것입니다. 화면 오른쪽 위에 있는 설정 버튼 메뉴에서 뷰어 설정용 QR 코드를 읽기 위한 카메라를 실행해 이를 읽을 수 있습니다(그림 4.32).

그림 4.32 ▶ Cardboard 뷰어 프로파일의 설정

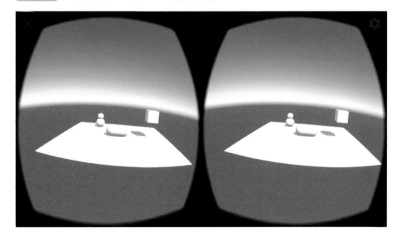

또한, Cardboard용의 프로파일 설정용 QR 코드가 없는 VR 고글이라도 종류에 따라서는 렌즈 사이의 거리나 스크린까지의 거리 등을 조정할 수 있는 기구를 갖고 있기도 하므로 이것으로 조정해 봅시다.

4-3-2 VR 고글로 확인해 보자

VR 고글에는 다양한 종류가 있기 때문에 각 매뉴얼을 참고해서 휴대폰을 부착해 주세요. VR 고글에 부착했으면 바로 사용해 봅시다. 유니티에서 만든 씬이 입체적으로 보이고, 머리 방향을 바꾸면 씬 내의 여러 방향을 바라볼 수 있습니다.

씬이 입체적으로 보이는 것은 왼쪽과 오른쪽의 시차에 따른 입체시(stereo vision)에 의한 것입니다. 왼쪽과 오른쪽 화면에는 양안의 시차를 반영한 화면이 그려짐으로써 양안으로 봤을 때에 입체적으로 보이게 됩니다. 또한, 시야각을 넓게 하기 위해서 렌즈를 통하고 있는데 그에 따른 왜곡 보정도 계산되어 표시됩니다.

머리의 움직임에 따라 씬 안을 바라볼 수 있는 것은 자이로 센서 등을 이용한 헤드 트래킹에 의한 것입니다. 머리의 움직임을 검출하고, 이를 씬 내의 카메라 움직임으로 반영시킴으로써 마치 자신이 씬 내에 있는 것처럼 화면을 표시합니다.

이처럼 간단한 설정만으로 VR 앱을 만들 수 있는 것이 유니티의 큰 강점이라고 말할 수 있겠죠?

게임 개발을 시작하자

이 장에서는 VR에 의한 시점 이동을 이용한 슈팅 게임을 실제로 만들면서 유니티를 사용한 게임 제작이나 VR 표현 방법에 대해 배웁니다. 우선 만드는 게임의 개요에 대해 설명한 다음, 실제로 에셋을 넣어 보거나 간단한 스크립트를 작성해서 동작하는 부분까지 설명합니다.

이 장에서 배우는 것

- VR 슈팅 게임의 기획 내용 설명
- VR 슈팅 게임 제작 준비
- 에셋 스토어에서 에셋을 다운로드해서 사용하는 방법
- 스크립트의 개념과 작성 방법
- 3D 게임을 개발할 때 알아야 하는 수학의 기본 사항

5-1 게임 기획을 생각해 보자

게임을 실제로 만들기 위해서는 먼저 기획 내용을 구체적으로 작성하고, 필요한 기능의 단위로 나눠서 구현해야 합니다. 여기서는 'VR 특징을 살린 1인칭 슈팅 게임' 테마로 조금 더 구체적인 요소에 대해서 생각해 봅시다.

5-1-1 VR 특징과 이를 활용한 게임

먼저 VR 고글을 이용한 VR의 특징에 대해 정리해 봅시다.

VR의 가장 큰 특징은 플레이어의 머리 방향을 감지하여 이를 게임 씬에 반영함으로써 자유롭게 게임 내의 공간을 볼 수 있다는 것입니다. 한편, 머리의 이동량을 검출할 수는 없습니다. 즉, 아무리 플레이어가 이동하더라도 게임 내의 공간을 돌아다닐 수는 없습니다.

입력에 관해서는 Cardboard 뷰어라면 화면의 탭 조작에 해당하는 기능을 가진 고글도 있는데 이번에는 보통 일반적으로 입력 조작을 갖지 않는 VR 고글을 위한 게임을 고려하기로 합니다.

VR 게임에서는 머리의 방향에 따라 시야가 바뀌어 플레이어가 마치 게임 내의 세상에 있는 것처럼 느낍니다. 따라서 플레이어가 게임 내의 주인공이 된 것 같은 1인칭 게임과 궁합이 잘 맞을 것입니다. 한편, 입력 조작이 없고 이동량이 반영되지 않는 점을 생각하면 게임 내의 위치는 움직이지 않는 편이 나을 수도 있습니다. 머리 움직임 이외의 요인으로 시야를 움직이는 것은 VR 어지럼증의 원인이 되기도 합니다.

위의 특징을 바탕으로 여기서 만들 게임은 아래와 같은 방침으로 진행하도록 합니다.

- 1인칭 시점에서 자유롭게 주위를 바라볼 수 있는 3D 슈팅 게임(FPS*)
- 공간 내를 이동할 수 없는 것으로 한다.
- 탭 등의 입력 조작은 없는 것으로 한다.

5-1-2 게임을 구성하는 요소

방침은 정해졌지만 실제로 게임을 만들기 위해서는 더욱 구체적인 요소로 분해하여 기능을 정리해야 합니다.

----
* 1인칭 슈팅 게임을 FPS(First Person Shooter)로 표기하기도 합니다.

● 슈팅 게임의 요소

슈팅 게임의 핵심이 되는 요소에 대해 생각해 봅시다. 일반적인 슈팅 게임이란 자신의 캐릭터를 조작하고, 총알을 발사하여 적을 맞춰 쓰러뜨리는 장르의 게임입니다. 슈팅 게임의 기능을 다음과 같이 정리합시다.

- 자신의 캐릭터를 조작할 수 있다.
- 자신의 캐릭터에서 총알을 발사할 수 있다.
- (특정 규칙에 따라) 적이 출현한다.
- 적을 총알로 맞히면 적에게 피해를 줘서 쓰러뜨릴 수 있다.

많은 슈팅 게임에서는 적들도 똑같이 총을 쏘고 공격해 옵니다. 하지만 이번에는 게임의 공간 내를 이동할 수 없다는 제약이 있어서 적이 공격해 오지 않는 게임을 고려하기로 합니다.

● 게임의 규칙

출현하는 적을 그냥 쏘아서 쓰러뜨리기만 한다면 금방 질려서 단조로운 게임이 되겠죠? 많은 게임에서는 정해진 제약(규칙) 안에서 자신이 잘할 수 있는지 시도해 보거나 경쟁하는 것이 게임의 재미로 이어집니다. 이번에 만들 슈팅 게임은 제한 시간 내에 출현하는 적을 많이 쓰러뜨려 점수를 쌓는 쉬운 규칙을 도입하고자 합니다.

또한, 1인칭 VR이므로 여러 방향에서 적이 출현하게 해 봅시다. 그것만으로는 출현 장소의 힌트가 전혀 없기 때문에, 출현 시에 소리를 내서 이어폰을 착용하고 있을 때 적의 방향을 대략 알 수 있도록 합시다. 다음과 같이 규칙을 정리합니다.

- 게임에는 제한 시간이 있다.
- 적을 쓰러뜨리면 점수가 증가한다.
- 적은 랜덤으로 여러 방향에서 출현한다.
- 소리로 적이 출현한 방향을 파악할 수 있다.

● 조작과 표시(UI)

게임의 내용에 대해서는 대략 살펴봤는데, 실제로 게임을 플레이할 때 어떻게 조작할 것인지, 점수나 남은 시간은 어떻게 표시할 것인지를 결정해야 합니다. 이처럼 게임과 플레이어 사이의 정보 교환의 표시, 조작 등을 UI(사용자 인터페이스)라고 합니다. 이번 VR 게임은 직접적인 입력 조작을 할 수 없고 자신이 게임 세계 안에 있는 것처럼 보이기 때문에, 그에 맞는 UI를 생각해야 합니다. VR의 특징이나 제약을 근거로 하여 UI에 대해서 다음과 같은 방법을 사용하도록 합니다.

- (VR이기 때문에) 머리의 방향은 VR 공간 내에서의 방향으로 반영된다.
- 입력 조작이 없기 때문에 슈팅 게임의 총알은 일정 간격으로 자동 발사한다.

- 총알의 발사 방향은 VR 공간 내에서 마주 보고 있는 방향으로 한다.
- 정보 표시는 공간상에 판을 배치하고 그곳에 적는 형태로 한다.
- 버튼 조작은 일정 시간 바라보면 클릭한 것으로 한다.

● 화면 전환

게임 전체의 화면 전환에 대해서도 생각해 둡시다. 이번에는 가능한 한 간단하게 만들 것이기 때문에, 시작 화면과 스테이지 선택 화면, 슈팅 게임 화면 이렇게 3종류로 합니다. 이를 토대로 화면 전환은 다음과 같이 정했습니다.

- 앱을 실행하면 시작 화면이 표시된다.
- 게임 시작을 선택하면 스테이지 선택 화면이 표시된다.
- 스테이지를 선택하면 해당 스테이지의 게임 화면으로 전환되며 게임 플레이를 시작한다.
- 게임 종료 후, 다시 한 번 같은 스테이지를 플레이할지 게임 선택 화면으로 되돌아갈지를 선택한다.

● 에셋

실제로 게임을 만드는 데 있어서, 적 캐릭터의 모델이나 소리 등의 에셋을 준비해야 합니다. 유니티에는 에셋 스토어라고 하는 여러 가지 에셋을 판매하는 스토어가 있으므로 지금은 스토어에서 무료로 제공하는 에셋을 사용해 게임을 만들도록 합시다.

5-2 프로젝트 만들기 및 준비를 하자

이제부터는 슈팅 게임을 실제로 만들어 봅니다. 우선 새로운 프로젝트와 씬을 만들어 슈팅 게임 제작을 위한 준비를 합시다.

5-2-1 프로젝트를 만들어 보자

유니티를 실행해 새롭게 프로젝트를 만듭시다. 자세한 순서를 알 수 없을 때는 **Chapter 3 유니티를 다뤄 보자**를 확인하면서 진행하세요. 그림 5.1처럼 프로젝트명에 'VRShooting'이라고 입력하고 새로운 프로젝트를 만듭니다. 저장 위치는 알기 쉬운 장소를 지정해 주세요.

그림 5.1 ▶ VRShooting 프로젝트 만들기

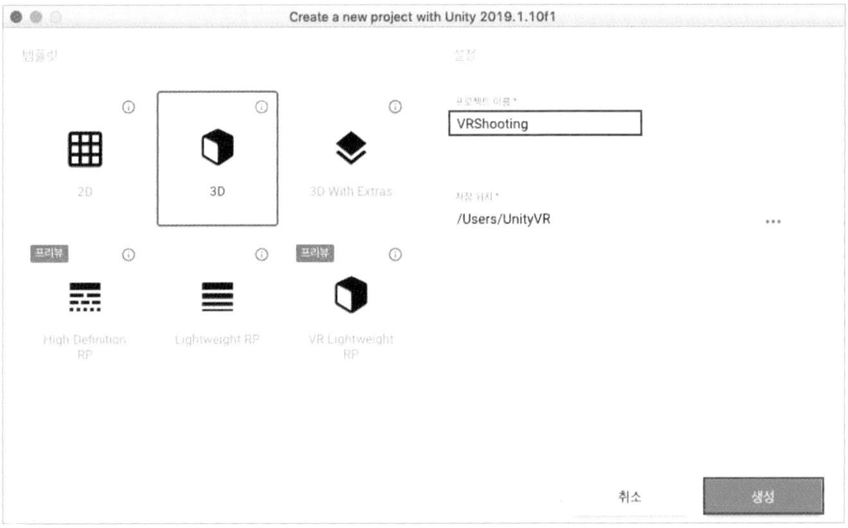

5-2-2 씬을 저장하자

새로운 프로젝트를 만들었으면 잊지 말고 씬을 저장해 둡시다. 그림 5.2와 같이 메뉴 바에서 [File] → [Save As]를 선택하고, 그림 5.3처럼 'Assets/VRShooting/Scenes/ShootingStage1'로 저장합니다. 앞으로 중요한 순서 외에는 씬 저장을 따로 언급하지 않는데, 예기치 않은 일이 가끔 발생할 수 있으므로 작업 도중에 반드시 저장할 것을 권합니다.

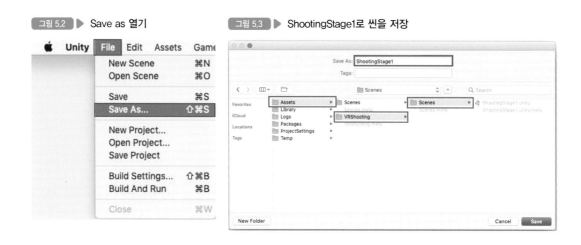

그림 5.2 ▶ Save as 열기   그림 5.3 ▶ ShootingStage1로 씬을 저장

이로써 프로젝트를 만들 준비가 되었습니다. 드디어 다음 항부터 실제로 씬 만들기에 들어갑니다.

5-2-3 에셋 스토어를 사용해 보자

슈팅 게임의 무대가 될 씬을 만듭니다. 씬을 만들기 위해서 필요한 소재는 유니티의 에셋 스토어를 이용하기로 합니다. 또한 에셋을 유니티에 넣고 사용하는 방법과 각종 에셋의 종류와 역할에 대해서도 설명합니다.

● 에셋 스토어에서의 에셋 사용

우선은 슈팅 게임 씬을 만들기 위한 3D 모델 등의 에셋을 준비합니다. 보통 3D 모델을 준비하려면 마야나 블렌드 같은 모델링 소프트웨어를 사용해서 만들게 됩니다. 그러나 그러기 위해서는 모델링 소프트웨어나 3D 모델 만드는 방법에 관한 지식이나 기술이 필요하기 때문에 초보자가 간단하게 만들 수 없습니다. 다행히도 유니티에는 3D 모델 등의 에셋을 다운로드할 수 있는 온라인 스토어인 에셋 스토어가 있습니다(그림 5.4). 이 에셋 스토어를 이용해 필요한 에셋을 준비합니다.

에셋 스토어는 유니티 에디터 또는 브라우저에서 사용할 수 있습니다. 브라우저에서 보는 경우 https://assetstore.unity.com/에서 사용할 수 있습니다.

그림 5.4 ▶ 에셋 스토어

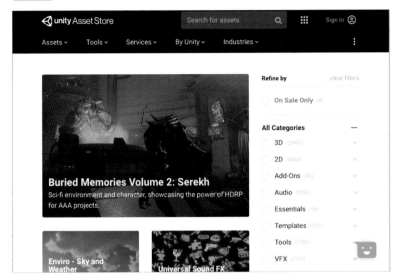

> **칼 럼 에셋 스토어에 대해서**
>
> 에셋 스토어는 유니티에서 사용할 수 있는 소재를 취급하는 상점과 같은 서비스입니다. 유료 에셋부터 무료 에셋까지, 전 세계 사람들이 여러 가지 에셋을 판매하고 있습니다. 3D 모델, 이미지, 애니메이션, 이펙트, 사운드와 같은 소재 외에도 특정 기능을 위한 스크립트나 라이브러리, 유니티를 편리하게 하기 위한 에디터 확장, 툴 종류, 게임 완성 프로젝트 등도 취급합니다.

● 에셋 스토어의 에셋 임포트

여기서 사용할 'Survival Shooter tutorial'은 내려다보는 형태의 3인칭 시점 슈팅 게임의 샘플 프로젝트지만 캐릭터나 애니메이션, 사운드 등의 소재가 잘 갖춰져 있어, 이를 이용해 VR 슈팅 게임을 만들어 보겠습니다. 원래는 Unity Technologies가 무료로 공개한 에셋이었으나, 현재는 따로 제공하고 있지 않습니다. 프로젝트를 진행하는 데 필요한 에셋은 'Part 5/VRShooting/Assets'에서 가져다 쓰고 이 부분은 에셋을 다운로드하고 임포트하는 방법만 숙지합니다. 그럼 실제로 유니티에 에셋을 임포트합시다.

1 에셋 스토어 열기

메뉴 바에서 [Window] → [Asset Store]를 선택합니다(그림 5.5).

그림 5.5 ▶ 에셋 스토어 여는 법

2 한국어화

스토어 윗부분의 메뉴에서 언어를 한국어로
바꿀 수 있습니다(그림 5.6).

그림 5.6 ▶ 에셋 검색

3 에셋 선택

에셋 스토어의 검색 박스에 'Survival
Shooter tutorial'을 입력하여, 검색 결과
로부터 'Survival Shooter tutorial' 에셋
을 선택합니다(그림 5.7).

그림 5.7 ▶ 에셋 선택

4 다운로드

[다운로드]를 선택합니다(그림 5.8).

그림 5.8 ▶ 에셋 다운로드

5 임포트할 에셋 선택

다운로드가 완료되면 완성 프로젝트
의 Import에 대한 확인이 표시되므로
'Import'를 선택합니다. 임포트 내용을 선
택하는 화면이 표시되면 그림 5.9를 참고
해서 '_Complete-Game/Animation',
'Audio', 'Materials', 'Models', 'Prefabs',
'Textures'에 체크를 하고 [Import]를 클
릭합니다.

그림 5.9 ▶ 임포트할 에셋 선택

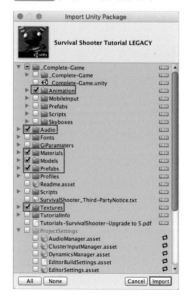

이로써 에셋이 임포트되었습니다. 프로젝트 창을 보면 선택한 에셋이 추가되어 있는 것을 알 수 있습니다. 다만, 그림 5.10처럼 폴더 계층이 'Assets' 바로 아래에 들어가 있으므로, 알기 쉽게 하기 위해 임포트한 6개의 폴더를 선택하고 'VRShooting' 폴더에 드래그 앤 드롭으로 이동시킵니다(그림 5.11). 필요 없는 'Assets/Scenes'는 삭제합니다.

그림 5.10 ▶ 임포트한 에셋의 폴더 이동 전

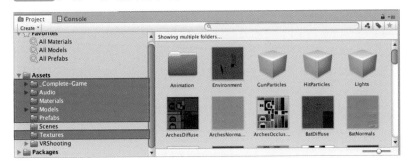

그림 5.11 ▶ 임포트한 에셋의 폴더 이동 후

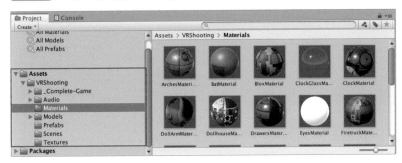

5-2-4 임포트한 에셋 내용을 살펴보자

여기서 임포트한 에셋의 폴더 내용을 확인해 둡시다. 아울러 각 에셋의 역할과 관련 항목에 대해서도 알아봅니다.

● Audio

Audio 폴더에는 음성 관련 에셋이 포함되며, 폴더는 Effects, Mixers, Music 세 가지로 나뉘어 있습니다.

Effects에는 효과음(SE: Sound Effect)의, Music에는 BGM(Background Music)의 AudioClip 에셋이 포함되어 있습니다. AudioClip은 음성 파일을 유니티에서 취급할 때의 에셋 형식

입니다. 파일 매니저를 사용해 확인하면 파일의 실체는 wav 파일이나 mp3 파일인 걸 알 수 있습니다. 인스펙터 창에서는 원본 음성 파일을 유니티의 에셋으로 임포트할 때의 설정을 변경할 수 있습니다.

Mixers에는 AudioMixer가 포함되어 있습니다. AudioMixer를 사용하면 음원을 믹스하거나 이펙트를 줄 수 있습니다. 이 책에서는 AudioMixer는 사용하지 않고, 음원으로부터 출력을 그대로 재생하여 간단히 만들겠습니다.

● Prefabs

Prefabs 폴더에는 프리팹이라는 게임 오브젝트의 템플릿에 해당하는 에셋이 포함되어 있습니다. 이 책에서는 이 폴더의 이펙트를 일부 사용합니다. 프리팹에 대해서는 다음 장에서 자세히 설명합니다.

● Textures

Textures 폴더에는 텍스처라는 에셋이 포함됩니다. 텍스처는 이미지(또는 동영상) 파일에 해당하므로 오브젝트의 표면 색상이나 요철 등의 외관을 표현하는 목적으로 사용합니다. 폴더를 살펴보면, 파일이나 텍스처는 png나 tif인 이미지 파일인 것을 알 수 있습니다. 인스펙터 창에서는 원본 이미지 파일을 유니티의 에셋으로 임포트할 때의 설정을 변경할 수 있습니다. 텍스처는 다음에 설명하는 머터리얼에서 사용하게 됩니다.

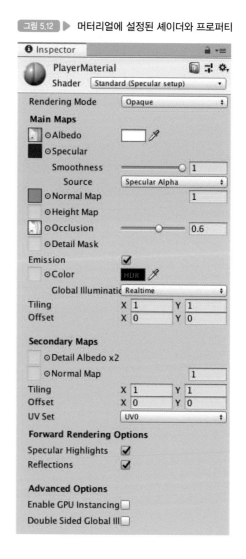

그림 5.12 ▶ 머터리얼에 설정된 셰이더와 프로퍼티

● Materials

Materials 폴더에는 머터리얼이라는 오브젝트를 그릴 때의 렌더링 방법을 표현하는 에셋이 포함됩니다. 머터리얼은 셰이더와 셰이더에게 전달되는 프로퍼티 세트로 구성되어 있습니다. 즉, 머터리얼을 이해하기 위해서는 셰이더에 대해서 알아야 합니다.

셰이더란 GPU(Graphics Processing Unit)라는 하드웨어상에서 실행되는 그리기 방법을 기술한 프로그램입니다. 그림 5.12의 예에서는 붙여 넣은 이미지 텍스처, 요철이나 라이트의 영향을 표현하는 텍스처, 기타 렌더링 방법이나 순서에 관한 프로퍼티를 갖고 있습니다. 여기서는 'Standard(Specular setup)'라는 셰이더가 이러한 프로로퍼티 설정과 광원의 정보를 조합해 오브젝트를 그리게 됩니다.

유니티에는 용도에 맞는 여러 셰이더가 준비되어 있으며, 사용할 셰이더에 따라서 프로퍼티 종류가 다르고, 당연히 그리는 결과도 달라집니다. 유니티에 준비되어 있는 셰이더 중 대표적인 것을 표 5.1에서 소개하고 있습니다. 자세한 내용은 언급하지 않지만 셰이더는 ShaderLab이라는 언어를 이용해 자체적으로 기술할 수도 있습니다.

표 5.1 ▶ 셰이더의 종류

셰이더의 이름 (또는 분류)	설명
Standard	물리 베이스의 라이팅을 이용하여 시뮬레이트하는 범용적인 셰이더로, 대부분은 이 셰이더를 사용합니다.
Mobile	모바일용으로 간소화하여 성능을 중시한 셰이더
Particles	파티클 시스템이라는 이펙트에 이용되는 셰이더

머터리얼은 유니티에서 새로 만들거나 머터리얼을 포함하는 3D 모델 데이터를 임포트하여 작성됩니다.

● Models

Models 폴더에는 캐릭터나 배경의 모델 데이터 에셋이 포함되어 있습니다. 이때의 모델 데이터는 fbx 형식의 파일로, fbx 파일은 메시, 머터리얼, 텍스처, 애니메이션 등의 3D 데이터를 표현한 파일입니다. 인스펙터 창에서는 원본 3D 데이터 파일을 유니티 에셋으로 임포트할 때의 설정을 변경할 수 있습니다. 이 책에서는 캐릭터나 스테이지의 모델 일부를 사용합니다.

5-2-5 에셋을 씬에 배치하자

● 지면 배치

다음으로 에셋 스토어로부터 임포트한 에셋을 씬에 배치합니다. 프로젝트 창의 에셋은 씬 뷰 또는 하이어라키 창에 드래그 앤 드롭하여 씬에 배치할 수 있습니다. 먼저 다음의 순서로 지면을 배치합니다.

1 지면 배치

프로젝트 창의 'Assets/VRShooting/
Models/Environment/Floor'를 하이어
라키 창에 드래그 앤 드롭해서 배치합니다
(그림 5.13).

그림 5.13 ▶ 씬에 지면을 배치

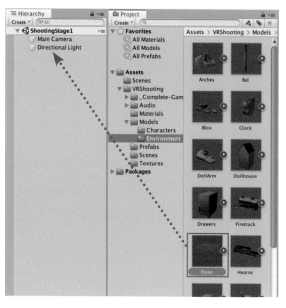

2 바닥 이동

원점(0, 0, 0)이 바닥의 중심 근처로 오게
하기 위해 'Floor'의 위치를 인스펙터 창에
서 (25, 0, 25)로 변경합니다(그림 5.14).

그림 5.14 ▶ Floor 위치 변경

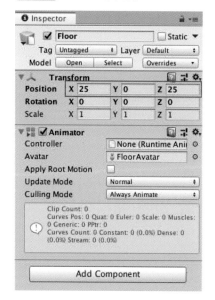

이제 지면이 씬상에 나타날 것입니다. 유니티에서는 이처럼 에셋을 넣어 간단하게 씬에 배치할 수
있습니다.

● 캐릭터 배치와 FPS 게임용 셋업

FPS 게임에서는 플레이어 캐릭터에서 본 시야가 화면에 비춰집니다. 여기서는 FPS 시점이 되도록 카메라의 위치를 변경해 플레이어가 가지고 있는 무기가 보이도록 설정합니다. 에셋에서 'Assets/VRShooting/Model/Characters/Player'가 캐릭터와 총을 포함한 모델입니다. 이 모델을 사용해서 총만 보이는 플레이어를 만들어 봅시다.

1 카메라의 이동

하이어라키 창에서 'Main Camera'를 선택하고, 인스펙터 창에서 위치를 (0, 1.6, 0)으로 변경합니다(그림 5.15).

그림 5.15 ▶ Main Camera 설정

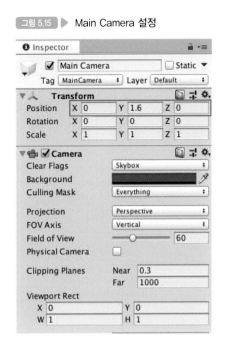

2 Player의 배치

프로젝트 창에서 'Assets/VRShooting/Model/Characters/Player'를 하이어라키 창의 'Main Camera'로 드래그 앤 드롭해서 'Player'가 'Main Camera'의 자식 요소가 되도록 배치합니다(그림 5.16).

그림 5.16 ▶ Player 설정

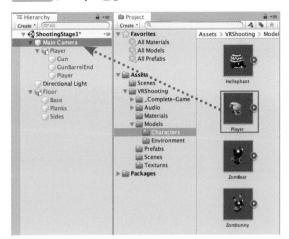

그림 5.17 ▶ Player의 이름 변경

3 이름 변경

하이어라키 창에 배치한 'Player'의 자식 요소에도 'Player'라는 이름의 게임 오브 젝트가 존재하기 때문에, 헷갈리지 않도록 'Main Camera' 바로 아래의 'Player'를 'PlayerGun'이라는 이름으로 변경합니다 (그림 5.17).

4 비활성화

하이어라키 창에서 'PlayerGun'의 자식 요소인 'Player'를 선택하고, 인스펙터 창에서 비활성화하면 총만 표시됩니다(그림 5.18).

그림 5.18 ▶ Player 비활성화

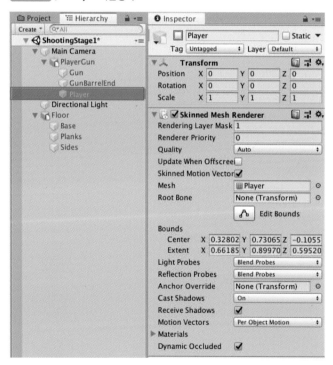

하이어라키 창에서 'PlayerGun'을 선택하고 인스펙터 창에서 위치를 (−0.25, −0.7, 0.13)으로 변경합니다(그림 5.19).

그림 5.19 ▶ PlayerGun 설정

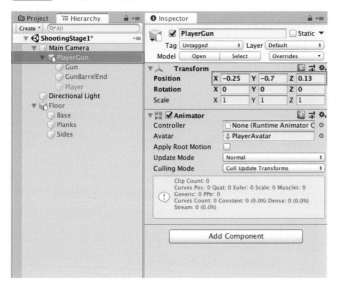

그림 5.20처럼 게임 뷰에서 총의 끝이 조금 보이는 듯한 시야가 되면 제대로 설정된 것입니다.

그림 5.20 ▶ FPS 시점의 게임 뷰

5-3 스크립트를 작성하자

게임 오브젝트를 생각한 대로 동작시키고 싶다면 스크립트를 작성해서 자체 컴포넌트를 만들어야 합니다. 여기서는 스크립트에 관한 기본 사항을 설명한 후, C#을 이용해 스크립트를 기술하고 실제로 컴포넌트를 만드는 방법에 대해 설명합니다.

5-3-1 컴포넌트를 작성하기 위한 스크립트

게임 오브젝트의 동작은 적용된 컴포넌트에 의해 제어된다고 이미 설명했습니다. 유니티에는 비교적 범용성 높은 기능을 가진 컴포넌트가 많이 준비되어 있는데 그것만으로는 게임 오브젝트를 생각한 대로 제어할 수 없습니다.

유니티에서는 스크립트를 기술하여 자체 기능을 가진 컴포넌트를 작성할 수 있습니다. 작성한 컴포넌트는 다른 컴포넌트와 마찬가지로 게임 오브젝트에 적용하여 사용할 수 있습니다. 스크립트의 기술에는 C#이라는 프로그래밍 언어를 사용할 수 있는데, 이 책에서는 C#을 이용해 스크립트를 작성하는 방법에 대해 설명합니다. 다만, C#의 문법이나 프로그래밍의 기초에 대해서는 설명하지 않으며 오브젝트 지향 클래스, 인스턴스(오브젝트), 상속이라는 개념을 알고 있으면 이해하기 쉬울 것입니다.

5-3-2 스크립트를 써 보자

자세한 설명보다는 먼저 간단한 스크립트를 실제로 작성해 봅시다.

● 스크립트의 작성

이 책에서 작성하는 스크립트는 폴더 'Assets/VRShooting/Scripts' 아래에 둡니다. 다음의 순서로 'Example'이라는 스크립트를 작성합니다.

1 폴더 생성

프로젝트 창에서 'Assets/VRShooting'에 'Scripts' 폴더를 생성합니다(그림 5.21).

그림 5.21 ▶ Scripts 폴더 생성

2 스크립트 선택

'Assets/VRShooting/Scripts'에서 마우스 오른쪽 버튼을 클릭하고 [Create] → [C# Script]를
선택합니다(그림 5.22).

그림 5.22 ▶ 스크립트 선택

3 Example의 작성

스크립트 이름을 'Example'로 작성합니다
(그림 5.23).

그림 5.23 ▶ 프로젝트 창의 상태

　　이로써 'Example'이라는 이름의 스크립트가 작성되었고, 'Example'이라는 컴포넌트를 사용할 수
있게 되었습니다. 시험삼아 'Main Camera'에 'Example' 컴포넌트를 적용해 봅시다.

1 Add Component 선택

하이어라키 창에서 'Main Camera'를 선택
하고, 인스펙터 창에서 [Add Component]
를 선택합니다(그림 5.24).

그림 5.24 ▶ Add Component 선택

2 컴포넌트의 적용

'Example'을 검색해서 'Example' 컴포넌
트를 선택합니다(그림 5.25).

그림 5.25 ▶ Example 컴포넌트의 적용

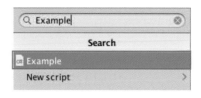

이처럼 간단하게 스크립트 컴포넌트를 작성하고 적용할 수 있습니다(그림 5.26).

그림 5.26 적용된 Example 컴포넌트

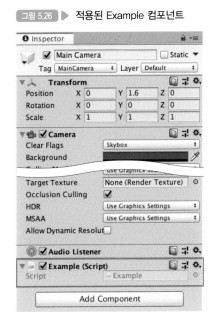

● 스크립트의 기술

'Example' 스크립트는 아직 아무 기능도 갖고 있지 않기 때문에 실행해도 아무런 기능을 하지 않습니다. 여기서 스크립트를 기술하고 기능을 추가해 봅시다.

먼저 스크립트를 열어 보겠습니다. 프로젝트 창에서 'Assets/VRShooting/Scripts/Example'을 더블 클릭해 주세요. 그림 5.27처럼 스크립트가 Visual Studio에서 열립니다.

그림 5.27 Visual Studio Community

작성 직후에는 이미 Start와 Update 함수 두 개가 정의되어 있습니다. Start 함수와 Update 함수를 다음과 같이 수정합니다.

```
07    // Use this for initialization
08    void Start()
09    {
10      // 처음에 한 번 메시지를 표시한다
11      Debug.Log("[Start]");
12    }
13
14    // Update is called once per frame
15    void Update()
16    {
17      // Space 키가 눌리고 있는 동안 메시지를 표시한다
18      if (Input.GetKey(KeyCode.Space))
19      {
20        Debug.Log("[Update] Space key pressed");
21      }
22    }
```

스크립트 내의 주석에 기재한 것과 같이 이 컴포넌트는 최초로 [Start]라는 메시지를 표시하고 난 후 스페이스 키가 눌려 있는 동안 [Update] Space key pressed라는 메시지를 표시하는 기능을 하게 됩니다.

● 스크립트의 동작 확인

유니티로 돌아가 동작을 확인해 봅시다. 먼저 콘솔 메시지를 확인할 수 있게 콘솔 화면을 표시해 둡니다. 콘솔 화면은 [Window] → [General] → [Console]을 선택해서 표시할 수 있습니다(그림 5.28). 콘솔 화면은 스크립트의 오류도 표시해 주므로 앞으로 에디터에서 바로 확인할 수 있도록 에디터에 배치해 두면 좋습니다(그림 5.29).

그림 5.28 ▶ 콘솔 화면의 표시

그림 5.29 ▶ 콘솔 화면

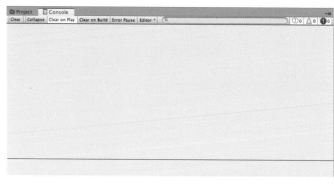

만일 이 시점에 콘솔 화면에 붉은 오류 표시가 나와 있다면, 스크립트가 잘못되었을 가능성이 있습니다. 스크립트의 오류라면 오류 표시를 더블 클릭하여 해당 부분을 열 수 있으므로 잘못된 부분이 있는지 확인하세요. 오류가 나와 있지 않으면 실행 버튼을 눌러 씬을 실행합니다. 실행 시작 시에 콘솔 화면에 [Start]라고 표시되며, 그 후 스페이스 키를 눌러 [Update] Space key pressed라고 계속해서 표시되는 걸 확인하세요(그림 5.30).

그림 5.30 ▶ 콘솔의 메시지 표시

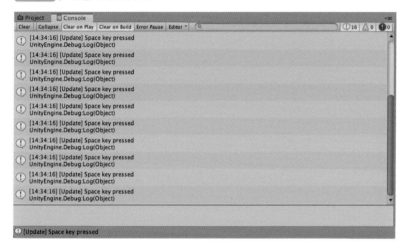

간단하지만 이로써 시작할 때 또는 입력을 받는 메시지를 표시하는 자체 컴포넌트를 만들 수 있었습니다. 이 'Example' 컴포넌트는 단순히 설명을 위해 작성했을 뿐 앞으로는 필요하지 않습니다. 하이어라키 창에서 'Main Camera'를 선택해 인스펙터 창에서 'Example' 컴포넌트를 'Main Camera'에서 빼 둡시다(그림 5.31).

그림 5.31 ▶ Example 컴포넌트의 삭제

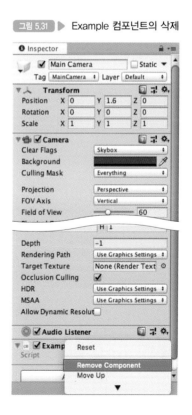

5-3-3 스크립트에 대해서 배우자

여기서는 앞에서 작성한 스크립트를 순서대로 살펴보며 스크립트 작성법에 대해서 조금 자세히 설명합니다.

● 이름 공간(Name Space)

스크립트의 첫 부분은 다음과 같이 나타냅니다.

```
1    using System.Collections;
2    using System.Collections.Generic;
3    using UnityEngine;
```

이것은 using 디렉티브라는 것으로 이름 공간에 속하는 클래스를 직접 참조할 수 있게 한다는 의미가 있습니다. 구체적으로는 UnityEngine.Debug.Log(...)라고 적어야 하는 부분이 using UnityEngine; 기술에 의해 Debug.Log(...)로 간결하게 쓸 수 있게 되는 것입니다.

● 클래스 정의

다음은 컴포넌트에 해당하는 Example 클래스의 정의입니다. 이 클래스는 MonoBehaviour라는 클래스를 상속받고 있습니다.

```
1    public class Example : MonoBehaviour
2    {
3        ...
4    }
```

스크립트로 컴포넌트를 작성할 때는 다음의 규칙을 지켜야 합니다.

• 스크립트의 파일명과 스크립트 내에서 정의되는 클래스명이 일치할 것
• 클래스가 MonoBehaviour를 상속할 것

이 규칙에 따라 작성된 클래스는 유니티에서 컴포넌트로 취급돼 게임 오브젝트에 적용해 사용할 수 있습니다.

● Start 함수와 Update 함수

클래스 내의 구현을 살펴보기 전에 게임 프레임 갱신에 대해 설명하겠습니다.

게임의 동작은 매초 30회 또는 60회와 같은 빈도로 상태의 갱신과 화면 그리기를 반복하여 동작이 있는 화면을 만들어냅니다. 초당 30회와 같은 수치를 프레임 레이트라고 하며 30FPS(Frames per second)와 같이 나타냅니다. 또한, 1회당 갱신과 그리기 처리를 프레임이라고 부릅니다. 스크립트에서는 Update라고 하는 함수에 의해 각 프레임 상태의 갱신 처리를 작성할 수 있습니다. 이를 토대로 클래스 내의 정의를 살펴봅시다.

```
1   // Use this for initialization
2   void Start()
3   {
4       // 처음에 한 번 메시지를 표시한다
5       Debug.Log("[Start]");
6   }
7
8   // Update is called once per frame
9   void Update()
10  {
11      // Space 키가 눌리고 있는 동안 메시지를 표시한다
12      if (Input.GetKey(KeyCode.Space))
13      {
14          Debug.Log("[Update] Space key pressed");
15      }
16  }
```

Update 함수는 앞에서 설명한 대로 컴포넌트에 대해 매 프레임 호출되는 함수이고, Start 함수는 컴포넌트에 대해서 첫 프레임의 Update 함수가 호출되기 전에 먼저 한 번만 호출되는 함수입니다. Start 함수에는 컴포넌트의 초기화 처리, Update 함수에는 매 프레임의 갱신 처리를 작성하는 것이 일반적인 사용법입니다.

Debug.Log는 콘솔에 메시지를 표시하는 함수로, 주로 디버깅을 목적으로 사용합니다. 여기서는 동작 확인의 예로서 사용했습니다. Input.GetKey는 키가 눌려 있는지 여부를 판정하기 위한 함수이며, Input 클래스는 입력을 다루는 클래스로 다음 절 이후에 조금 더 자세히 설명합니다.

● 기타 이벤트 함수

유니티는 Start나 Update 외에도 특정 타이밍이나 조건을 트리거로 호출하는 함수가 많이 있습니다. 이는 '이벤트 함수'라 불리는 것으로, 컴포넌트의 클래스에 정의해 둠으로써 적절한 타이밍에 호출되게 합니다. 컴포넌트는 이 이벤트 함수의 처리를 작성하는 것이 기본입니다. 표 5.2에 대표적인 이벤트 함수를 설명합니다.

표 5.2 ▶ 이벤트 함수의 예

이벤트 함수	설명
Awake	게임 오브젝트가 생성된(또는 활성화된) 직후에 한 번만 호출됩니다. 컴포넌트의 초기화 처리 등을 기술합니다.
Start	유효한 게임 오브젝트의 첫 프레임에 한 번만 호출됩니다. Awake보다는 호출되는 타이밍이 나중이며, 이 시점에는 다른 게임 오브젝트가 가진 Awake 처리는 완료되어 있습니다. 게임 오브젝트에 관련된 초기화 처리는 여기서 작성합니다.
FixedUpdate	Update보다 빈번하게, 신뢰성이 높은 타이머에 따라 일정 간격으로 호출됩니다. 물리 연산에 관한 처리는 여기서 작성합니다.
Update	프레임마다 한 번 호출됩니다. 게임의 지속적인 갱신 처리를 주로 여기서 작성합니다.
LateUpdate	Update보다 나중에 프레임마다 한 번 호출되며, 이 시점에는 다른 게임 오브젝트가 가진 Update 처리는 완료되어 있습니다. 다른 게임 오브젝트의 갱신보다 나중에 처리하고 싶은 내용을 기술합니다.
OnCollisionEnter	Trigger가 아닌 Collider에 의한 충돌이 발생했을 때 호출됩니다.
OnTriggerEnter	Trigger인 Collider의 범위 안에 들어왔을 때 호출됩니다.
OnDestroy	컴포넌트가 파기될 때 호출됩니다.

5-3-4 유니티에서 제공하는 클래스

유니티에서 제공하는 클래스 중에서 비교적 자주 사용하는 것을 몇 가지 소개합니다.

● MonoBehaviour

컴포넌트를 작성할 때 기본이 되는 클래스입니다. MonoBehaviour를 상속해 각종 이벤트 함수를 구현함으로써 컴포넌트의 기능을 구현합니다. MonoBehaviour에는 게임 오브젝트나 다른 컴포넌트로 접근하기 위한 프로퍼티나 함수가 있습니다. 표 5.3에 MonoBehaviour에 준비되어 있는 프로퍼티와 함수 일부를 소개합니다.

표 5.3 ▶ MonoBehaviour에서 준비되어 있는 프로퍼티와 함수의 예

프로퍼티 또는 함수명	설명
name	컴포넌트가 적용되어 있는 게임 오브젝트 이름을 취득/설정할 수 있습니다.
enabled	컴포넌트의 유효 상태를 취득/변경할 수 있습니다. 인스펙터에서의 체크박스에 해당하며, 비활성화되어 있는 컴포넌트는 각종 이벤트가 호출되지 않습니다.

gameObject	컴포넌트가 적용되어 있는 게임 오브젝트를 취득할 수 있습니다.
GetComponent	동일 게임 오브젝트에 적용되어 있는 컴포넌트 클래스를 지정해서 취득할 수 있습니다.
transform	동일 게임 오브젝트에 적용되어 있는 Transform 컴포넌트를 취득할 수 있습니다. Get-Component로 Transform 컴포넌트를 지정해서 취득하는 처리와 동일합니다.
Instantiate	게임 오브젝트 또는 게임 오브젝트에 적용된 컴포넌트를 전달해 해당 게임 오브젝트 복제를 생성합니다.
Destroy	컴포넌트 또는 게임 오브젝트를 파기합니다.
SendMessage	게임 오브젝트에 적용되어 있는 모든 컴포넌트에 대하여 지정한 함수명의 함수를 호출합니다. 지정한 함수가 없으면 아무 일도 일어나지 않습니다.

● GameObject

GameObject 클래스는 게임 오브젝트를 표현하는 클래스입니다. MonoBehaviour와 마찬가지로 적용된 컴포넌트에 접근하는 함수 등을 가지고 있습니다. 표 5.4에 GameObject에 준비되어 있는 프로퍼티와 함수 일부를 설명합니다.

표 5.4 ▶ GameObject에 준비되어 있는 프로퍼티와 함수의 예

프로퍼티 또는 함수명	설명
name	게임 오브젝트 이름을 취득/설정할 수 있습니다.
SetActive	게임 오브젝트 자신의 활성화 상태를 설정합니다. 인스펙터의 체크박스에 해당하며, 비활성화된 게임 오브젝트에 적용된 컴포넌트는 각종 이벤트가 호출되지 않습니다. 어떤 게임 오브젝트가 비활성화되면 그 자식 요소도 비활성화로 취급됩니다.
activeSelf	게임 오브젝트 자신에게 설정된 활성화 상태를 얻을 수 있습니다. 이 값이 true라고 해도 부모 요소가 비활성화일 때는 실질적으로 비활성화로 취급합니다.
activeInHierarchy	부모자식 관계까지 포함해서 게임 오브젝트의 실질적인 활성화 상태를 얻을 수 있습니다.
AddComponent	컴포넌트 클래스를 지정해 적용합니다.
GetComponent	컴포넌트 클래스를 지정해 취득할 수 있습니다.
transform	Transform 컴포넌트를 취득할 수 있습니다. GetComponent에서 Transform 컴포넌트를 지정해서 취득하는 처리와 동일합니다.
Instantiate	게임 오브젝트 또는 게임 오브젝트에 적용된 컴포넌트를 전달해 해당 게임 오브젝트의 복제를 생성합니다.
Destroy	컴포넌트 또는 게임 오브젝트를 파기합니다.

SendMessage	게임 오브젝트에 적용되어 있는 모든 컴포넌트에 대하여 지정한 함수명의 함수를 호출합니다. 지정한 함수가 없으면 아무 일도 일어나지 않습니다.

● 유니티에 준비되어 있는 컴포넌트의 클래스

유니티에 준비되어 있는 각종 컴포넌트에 해당하는 클래스가 존재합니다. 표 5.5에 일부 클래스를 소개합니다.

표 5.5 ▶ 유니티에 준비되어 있는 컴포넌트의 클래스

클래스명	설명
Transform	Transform 컴포넌트의 클래스입니다. 위치, 회전, 스케일의 취득이나 조작 외에 게임 오브젝트의 계층 구조를 취급하기 위한 처리를 합니다.
Rigidbody	Rigidbody 컴포넌트의 클래스입니다. 무게나 속도와 같은 물리적인 상태에 관한 프로퍼티를 가지는 것 외에, 오브젝트에 외력을 더해 조작할 수 있습니다.
Collider	Collider 컴포넌트의 클래스입니다. 충돌 판정을 다루기 위한 처리를 합니다.

5-4 스크립트로 오브젝트를 동작시키자

앞 절의 스크립트 기초를 바탕으로 여기서는 스크립트를 이용해 게임 오브젝트를 동작시키는 방법을 설명합니다. 3D 공간에서 물체를 움직이는 데 있어 수학적인 지식도 필요하므로 이도 함께 설명합니다.

5-4-1 3D의 수학

여기서는 3D 공간에서 오브젝트를 이동, 회전, 확대·축소시키는 데 필요한 수학 지식에 대해 설명합니다. 유니티에서는 수식에 대해 자세히 몰라도 3D를 다룰 수 있도록 편리한 함수가 많이 준비되어 있습니다. 하지만 개념이나 사고방식을 잘 모르면 준비된 함수의 사용법을 이해하기가 어려울 수 있습니다. 여기서는 수식에 대해 자세한 내용까지 다루지는 않고, 유니티의 3D 공간에서 오브젝트를 다룰 때 알아 둬야 할 개념과 사용법을 간단하게 설명합니다.

● 벡터(3차원 벡터)

벡터에 대해서는 3D 공간의 기술에 많이 사용하는 3차원 벡터에 초점을 맞춰서 설명하겠습니다. 3차원 벡터는 단적으로 말하면 3개의 수치(x, y, z)에 의해 표현되는 양입니다. 3D 공간에 벡터를 나타낼 때는 한 점과 그 점으로부터 (x, y, z) 방향으로 이동한 점을 연결하는 화살표로 표시합니다(그림 5.32).

3개의 값을 갖는다는 성질로부터 3차원 벡터를 3D 공간에서의 위치 관계를 나타내는 데 사용할 수 있습니다. 원점으로부터 위치 좌표를 그대로 벡터로 표현할(이것을 위

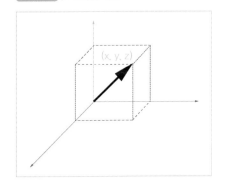

그림 5.32 ▶ 3차원 벡터

치 벡터라고 합니다) 때뿐만 아니라 두 점의 상대적인 위치 관계를 표현하기 위해서도 사용합니다. 그 밖에도 3D 공간에서 움직이는 오브젝트의 이동 속도나 가속도의 (x, y, z) 방향 성분을 나타낼 때도 벡터를 이용할 수 있습니다. 이렇게 벡터는 3D 공간의 다양한 양을 표현할 수 있기 때문에, 단순히 벡터라고 해도 그것이 무엇을 나타내는 벡터인지를 인식해 둘 필요가 있습니다.

3차원 벡터는 3개의 수치로 표현된다고 설명했는데, 다르게 보면 '크기'와 '방향'에 의해 표현할 수도 있습니다(그림 5.33). 벡터의 크기는 3D 공간에 벡터를 그렸을 때의 길이에 해당합니다. 크기에 대해서 방향은 3D 공간에 그린 벡터를 그대로 길이 1로 늘린 벡터를 이용해 표현할 수 있습니다. 이처럼 크기가 1벡터인 것을 단위 벡터라고 합니다.

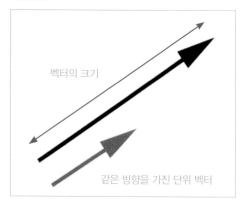

그림 5.33 ▶ 벡터의 크기와 방향

● 3차원 벡터의 덧셈

3차원 벡터의 덧셈을 이용하여 3D 공간에서의 이동을 계산할 수 있습니다. 위치 벡터 r_a로 표시되는 점 A부터 어느 벡터량 d만큼 이동한 점 A'의 위치 r'_a는 다음과 같은 벡터의 덧셈으로 표현할 수 있습니다(그림 5.34).

$$r'_a = r_a + d$$

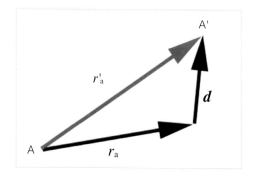

그림 5.34 ▶ 벡터의 덧셈

● 3차원 벡터의 뺄셈

3차원 벡터의 뺄셈을 이용하여 3D 공간에서의 이동을 계산할 수 있습니다. 점 A, B가 각각 위치 벡터 r_a, r_b로 표시될 때, 점 A에서 본 점 B의 상대적인 위치 r_{ab}는 다음과 같은 벡터의 뺄셈으로 표현할 수 있습니다(그림 5.35).

$$r_{ab} = r_b - r_a$$

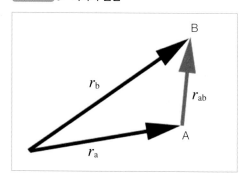

그림 5.35 ▶ 벡터의 뺄셈

● 수치와 벡터의 곱셈

수치와 벡터를 곱하여 벡터의 방향을 그대로 크기를 늘릴 수 있습니다. 어떤 속도 v[m/s]에서 t초 경과했을 때의 이동량을 나타내는 벡터 v_t는 다음과 같은 수치와 벡터의 곱으로 표현할 수 있습니다.

$$v_t = tv$$

곱셈에 의해 벡터의 크기는 t배가 됩니다(그림 5.36).

그림 5.36 ▶ 수치와 벡터의 곱셈

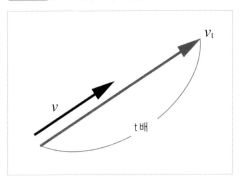

벡터의 곱셈으로 벡터를 '방향'과 '크기'로 표현할 수도 있습니다. 어떤 벡터 v의 크기가 k, 방향을 나타내는 단위 벡터가 e이면 다음과 같은 곱셈으로 표현합니다.

$$v = ke$$

● 쿼터니언

3D 공간상의 회전을 표현하는 쿼터니언은 회전축과 회전 각도에 의해서 나타나는 3차원 공간의 임의의 회전을 표현합니다(그림 5.37). 다만, 내부 표현이나 계산 방법은 직감적인 것이 아니므로 자세한 설명은 생략합니다.

3차원 공간상의 회전을 나타내는 방법으로 오일러 각이라는 (x, y, z)축 주위의 회전을 조합한 표현 방법도 있습니다. 단순한 회전이라면 직감적으로 알기 쉬운 표현이기 때문에 직접 각도를 취급할 때는 이 표현을 이용하기도 합니다. 한편 오일러 각은 회전축 순서에 의존하는 점이나 임의의 축 주변의 부드러운 회전을 표현하기 힘들기 때문에 다루기 어려운 부분도 있습니다.

그림 5.37 ▶ 쿼터니언에 의한 축 주위의 회전

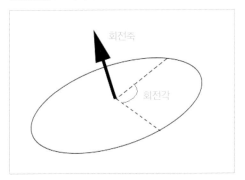

5-4-2 유니티 스크립트에서 3D 다루기

유니티 스크립트에서 3D를 다룰 때의 방법이나 관련된 클래스, 구조체에 대해서 설명합니다.

● Vector3

Vector3은 유니티의 3차원 벡터를 나타내는 구조체입니다. (x, y, z) 성분을 갖고 있으며, 위치나 (크기를 가진) 방향을 나타내기 위해서 사용됩니다. Vector3에는 계산 방법을 가린 함수가 준비되어 있으며, 간단하게 벡터 크기를 계산하고 단위 벡터를 얻을 수 있습니다. 또한, 벡터 간의 덧셈이나 수치와의 곱셈도 연산자로 정의되어 있으므로 직감적으로 다룰 수 있습니다. 표 5.6에 Vector3 구조체의 대표적인 프로퍼티와 함수를 소개합니다.

표 5.6 ▶ Vector3 구조체의 프로퍼티와 함수의 예

프로퍼티 또는 함수명	설명
x	벡터의 x 성분을 취득, 설정할 수 있습니다.
y	벡터의 y 성분을 취득, 설정할 수 있습니다.
z	벡터의 z 성분을 취득, 설정할 수 있습니다.
magnitude	벡터의 크기를 취득합니다.
normalized	벡터의 방향을 그대로 크기 1로 하는 단위 벡터를 취득합니다.
+(연산자)	2개의 벡터를 덧셈하는 연산자
−(연산자)	2개의 벡터를 뺄셈하는 연산자
*(연산자)	수치와 벡터를 곱하는 연산자
Vector3	(x, y, z) 성분을 지정하고 Vector3 오브젝트를 생성하는 생성자

● 쿼터니언(Quaternion)

쿼터니언은 유니티에서 회전을 나타내는 구조체입니다. 쿼터니언에는 계산 방법을 가린 함수가 준비되어 있고, 오일러 각이나 축 주위의 회전과의 변환 등을 간단하게 할 수 있습니다. 또한, 위치 벡터에 대해서 회전을 적용하기 위한 연산자도 준비되어 있습니다. 표 5.7에 쿼터니언 구조체의 대표적인 프로퍼티와 함수를 소개합니다.

표 5.7 ▶ 쿼터니언 구조체의 프로퍼티와 함수의 예

프로퍼티 또는 함수명	설명
eulerAngles	zxy순으로 회전에 의한 오일러 각에서 값을 취득하고 설정할 수 있습니다.
Euler	zxy순으로 회전에 의한 오일러 각의 값으로부터 쿼터니언을 취득할 수 있습니다.
ToAngleAxis	회전축 벡터와 회전 각도에 의한 값을 취득할 수 있습니다.
AngleAxis	회전축 벡터와 회전 각도에 의한 값으로부터 쿼터니언을 취득할 수 있습니다.
*(연산자)	위치 벡터에 대해서 쿼터니언에 의한 회전을 적용하는 연산자

● Transform

유니티에서 게임 오브젝트의 위치, 회전, 스케일은 Transform 컴포넌트에 의해서 표현됩니다. Transform 컴포넌트 클래스가 가진 프로퍼티나 함수를 통해서 위치, 회전, 스케일에 관한 값을 취득하고 설정할 수 있습니다. 표 5.8에서 Transform 클래스의 대표적인 프로퍼티와 함수를 소개합니다.

표 5.8 ▶ Transform 클래스의 프로퍼티와 함수의 예

프로퍼티 또는 함수명	설명
position	위치를 나타내는 벡터를 취득, 설정할 수 있습니다.
rotation	회전을 나타내는 쿼터니언을 취득, 설정할 수 있습니다.
forward	앞쪽 방향을 나타내는 단위 벡터를 취득할 수 있습니다.
up	위쪽 방향을 나타내는 단위 벡터를 취득할 수 있습니다.
right	오른쪽 방향을 나타내는 단위 벡터를 취득할 수 있습니다.
Translate	주어진 방향으로 게임 오브젝트를 이동시킵니다.
Rotate	오일러 각 또는 회전축과 회전 각도를 주고 게임 오브젝트를 회전시킵니다.
RotateAround	회전 중심 위치, 회전축, 회전 각도를 주고 게임 오브젝트를 회전시킵니다.
LookAt	주어진 위치를 향하도록 게임 오브젝트를 회전시킵니다.

5-4-3 카메라를 회전시켜 보자

위치나 회전을 다루기 위한 준비가 되었으니 실제로 스크립트를 작성해서 게임 오브젝트를 움직여 봅시다. 여기서는 키보드 조작으로 카메라를 회전할 수 있는 스크립트를 만들고자 합니다.

스마트폰에서 VR로 확인할 때는 유니티의 VR 기능에 의해서 카메라가 머리의 움직임에 맞추게 되는데, 매번 스마트폰에 설치하고 확인하는 것은 시간과 수고가 많이 듭니다. 그래서 에디터에서 키 보드 조작으로 카메라를 회전할 수 있도록 하여, 스마트폰에 설치하지 않아도 카메라 회전을 조작해 확인할 수 있는 기능을 만들어 보겠습니다.

● 카메라를 회전시키는 스크립트 작성

우선은 'CameraRotator' 컴포넌트를 작성하고 'Main Camera'에 추가합니다.

1 스크립트의 작성

프로젝트 창의 'Assets/VRShooting/ Scripts'에 마우스 오른쪽 버튼을 클릭하고 [Create] → [C# Script]를 선택한 다음, 스크립트 이름은 'CameraRotator'로 합니다 (그림 5.38).

그림 5.38 ▶ CameraRotator 컴포넌트의 작성

2 컴포넌트의 적용

프로젝트 창의 'CameraRotator' 스크립트 를 하이어라키 창의 'Main Camera'에 드 래그 앤 드롭해서 컴포넌트를 적용합니다 (그림 5.39)*.

그림 5.39 ▶ CameraRotator 컴포넌트의 적용

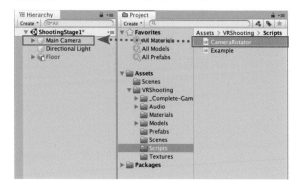

---

* 앞 절에서는 인스펙터 창에서 [Add Component] 버튼으로 컴포넌트를 적용했는데 이처럼 드래그 앤 드롭으로 스크립트 컴포넌트 를 적용할 수도 있습니다. 유니티에서는 하나의 조작에도 여러 개의 방법이 존재하므로 편리한 것은 적절히 소개하겠습니다.

그 다음으로, 프로젝트 창의 'Assets/VRShooting/Scripts/CameraRotator' 스크립트를 더블 클릭해서 스크립트(CameraRotator.cs)를 열고 다음과 같이 수정합니다.

```csharp
1   using System.Collections;
2   using System.Collections.Generic;
3   using UnityEngine;
4
5   public class CameraRotator : MonoBehaviour
6   {
7       [SerializeField] float angularVelocity = 30f; // 회전 속도의 설정
8
9       float horizontalAngle = 0f; // 수평 방향의 회전량을 저장
10      float verticalAngle = 0f;   // 수직 방향의 회전량을 저장
11
12  #if UNITY_EDITOR
13      void Update()
14      {
15          // 입력에 따라 회전량을 취득
16          var horizontalRotation = Input.GetAxis("Horizontal") *
                  angularVelocity * Time.deltaTime;
17          var verticalRotation = -Input.GetAxis("Vertical") *
                  angularVelocity * Time.deltaTime;
18
19          // 회전량을 갱신
20          horizontalAngle += horizontalRotation;
21          verticalAngle += verticalRotation;
22
23          // 수직 방향은 너무 회전하지 않게 제한
24          verticalAngle = Mathf.Clamp(verticalAngle, -80f, 80f);
25
26          // Transform 컴포넌트에 회전량을 적용한다
27          transform.rotation = Quaternion.Euler(verticalAngle, horizontalAngle, 0f);
28      }
29  #endif
30  }
```

● 동작 확인

스크립트를 작성했으면 유니티로 돌아와서 동작을 확인합니다. 유니티에서 콘솔 창에 오류 메시지가 나오지 않는 것을 확인했으면 실행 버튼을 누릅니다. 실행이 시작되면 게임 뷰의 화면을 클릭한 다음, 키보드의 상하좌우를 눌러 봅시다. 카메라를 상하좌우로 회전할 수 있으면 제대로 동작하고 있는

것입니다. 단순하게 로그를 표시하기보다는 실용적인 컴포넌트를 만들었다고 생각합니다.

● 스크립트를 살펴보자

몇 가지 새로운 기술이 있으므로 스크립트를 순서대로 살펴봅시다. 다음 부분에서는 멤버 변수를 3개 정의하고 있습니다.

```
 7    [SerializeField] float angularVelocity = 30f; // 회전 속도의 설정
 8
 9    float horizontalAngle = 0f; // 수평 방향의 회전량을 저장
10    float verticalAngle = 0f;   // 수직 방향의 회전량을 저장
```

angularVelocity는 회전 속도의 설정값으로 [SerializeField]라고 하는 속성이 붙어 있습니다. public인 멤버 변수 또는 [SerializeField]가 붙은 멤버 변수는 유니티의 인스펙터 창에서 설정을 변경할 수 있습니다. 여기에서 정의한 angularVelocity가 그림 5.40처럼 인스펙터 창에서 [Angular Velocity]라는 이름의 프로퍼티로 표시되어 있는 것을 확인할 수 있습니다. 이때 여기에서의 30f라는 초깃값은 그 기본값으로서 취급됩니다. horizontalAngle과 verticalAngle은 회전량을 저장하기 위한 변수로 사용합니다.

그림 5.40 ▶ 인스펙터 창의 Angular Velocity 프로퍼티

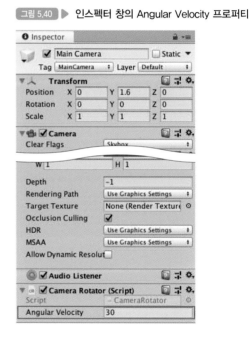

다음으로 아래와 같은 블록이 있습니다.

```
12    #if UNITY_EDITOR
 ⋮    ...
29    #endif
```

이것은 C#의 프리프로세스라는 것을 이용한 기술로, 이렇게 적어 두면 둘러싸인 범위가 유니티 에디터에서만 유효(휴대 단말에서 확인 시에는 무효)하게 됩니다. 이는 휴대 단말에서 확인할 때 카메

라의 제어를 VR 기능이 맡게 되기 때문에 처리가 충돌되지 않게 한다는 의미가 있습니다.

자, 메인의 Update 내부 처리에 대해 살펴봅시다.

```
15    // 입력에 따라 회전량을 취득
16    var horizontalRotation = Input.GetAxis("Horizontal") * angularVelocity *
      Time.deltaTime;
17    var verticalRotation = -Input.GetAxis("Vertical") * angularVelocity * Time.deltaTime;
```

첫 부분에서 키보드 입력을 통해 회전 속도와 프레임의 시간으로부터 회전량을 계산합니다. Input.GetAxis는 축의 이름을 지정해 입력값을 취득하는 함수입니다. 기본값으로 Horizontal과 Vertical이라는 축이 정의되어 있으며, 화살표의 키 입력에 응해 −1부터 1의 값을 얻을 수 있습니다 (Horizontal은 왼쪽이 −1 오른쪽이 1, Vertical은 아래가 −1로 위가 1). 축의 설정을 변경하려면 [Edit] → [Project Settings]를 클릭해 나온 화면에서 [Input]을 클릭하여 설정할 수 있습니다(그림 5.41, 그림 5.42)

그림 5.41 ▶ Input 여는 법   그림 5.42 ▶ InputManager의 설정

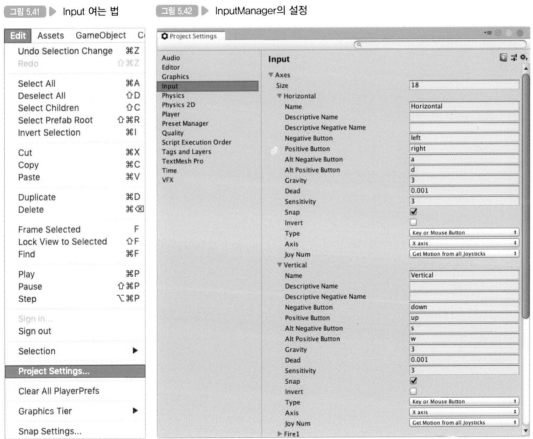

Time.deltaTime은 앞 프레임부터의 경과 시간을 반환합니다. 이것을 회전 속도와 곱해서 회전량을 취득할 수 있습니다. 수직 방향의 회전 값을 마이너스로 하는 것은 입력과 회전 방향을 맞추기 위함입니다. 게임 오브젝트의 좌표계는 앞 방향이 z축, 위 방향이 y축, 오른쪽 방향이 x축으로 되어 있고, 회전은 각 축의 끝에서 본 시계 방향이 정방향입니다. 수직 방향, 즉 x축 주변의 회전은 아래로 향하는 쪽이 정방향이기 때문에 입력을 반전시키고 있습니다.

입력에 의한 회전량을 취득한 다음, 아래에서 지금까지의 회전값에 값을 더합니다.

```
19    // 회전량을 갱신
20    horizontalAngle += horizontalRotation;
21    verticalAngle += verticalRotation;
22
23    // 수직 방향은 너무 회전하지 않게 제한
24    verticalAngle = Mathf.Clamp(verticalAngle, -80f, 80f);
```

수직 방향으로 90도를 넘으면 좋지 않기 때문에 회전 각도는 80도 이상이 되지 않도록 제한하고 있습니다. 여기서 사용하고 있는 Mathf.Clamp는 값을 범위 내로 넣는 처리입니다. Mathf 클래스에는 그 밖에도 이처럼 편리한 함수가 있습니다.

마지막으로 아래 부분에서 회전량을 게임 오브젝트에 반영하고 있습니다.

```
26    // Transform 컴포넌트에 회전량을 적용한다
27    transform.rotation = Quaternion.Euler(verticalAngle, horizontalAngle, 0f);
```

MonoBehaviour의 transform 프로퍼티에서 'Transform' 컴포넌트를 취득하고, rotation에 회전 각도에 해당하는 쿼터니언을 설정하였습니다. 쿼터니언의 계산량에는 Quaternion.Euler에 의한 오일러 각을 사용합니다.

이처럼 'Transform' 컴포넌트를 통하여 스크립트로부터 게임 오브젝트의 위치나 회전을 갱신해서 움직일 수 있습니다.

총알을 쏘아
적을 쓰러뜨리자

앞 장에서는 VR 슈팅 게임 준비와 스크립트 작성 방법에 대해 설명했습니다. 이 장에서는 실제로 슈팅 게임의 핵심 요소인 '총알을 쏘아 적을 쓰러뜨린다' 부분을 만들며 프리팹의 사용법이나 충돌 판정, 이펙트나 사운드의 재생 방법에 대해 설명합니다.

이 장에서 배우는 것
- 총알을 발사하는 시스템의 작성 방법
- 적을 출현시키는 시스템의 작성 방법
- 프리팹의 개념과 사용법
- 적과 총알의 충돌 판정
- 이펙트의 재생 방법
- 사운드의 재생 방법

6-1 총알을 발사하자

이번 절에서는 여러분이 작성할 스마트폰용 VR 앱이 어떤 기술로 구현되는지를 살펴보겠습니다. 슈팅 게임의 중요한 요소 중 하나인 총알을 발사하는 기능을 작성하며 프리팹의 개념이나 'Rigidbody' 컴포넌트의 사용법에 대해 알아봅니다.

6-1-1 총알을 만들어 보자

먼저 발사하기 위한 총알에 해당하는 게임 오브젝트가 필요합니다. 임포트한 에셋에 총알은 포함되어 있지 않기 때문에 Sphere를 총알로 대신합니다. 다음의 순서로 만듭니다.

1 Sphere의 작성

하이어라키 창에서 아무 것도 선택하지 않은 상태로 마우스 오른쪽 버튼을 클릭하여 [3D Object] → [Sphere]를 선택합니다 (그림 6.1).

그림 6.1 ▶ Sphere 만들기

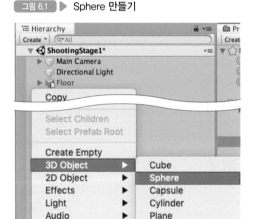

2 이름의 변경

생성된 'Sphere'의 이름을 'Bullet'으로 변경합니다(그림 6.2).

그림 6.2 ▶ 이름의 변경

3 스케일의 변경

인스펙터 창에서 스케일을 (0.05, 0.05, 0.05)로 변경합니다(그림 6.3).

6.3 ▶ 스케일의 변경

임시적이긴 하지만 이것을 총알로 사용합니다.

6-1-2 총알을 프리팹화하자

지금처럼 씬에 배치되어 있는 총알 상태로는 총에서 발사되는 총알로 다루기 어려우므로 총에서 발사할 때 총알이 생성되게 해야 합니다. 여기서는 총알을 프리팹이라는 에셋으로부터 생성해서 다루는 방법을 설명합니다.

● 프리팹은 게임 오브젝트의 템플릿

프리팹은 게임 오브젝트의 템플릿에 해당하는 에셋입니다. 게임 중에 몇 번 나올 것 같은 게임 오브젝트를 프리팹화해 두면 프리팹을 바탕으로 간단하게 게임 오브젝트를 씬상에 여러 개 계속 생성할 수 있습니다.

● 프리팹을 만들어 보자

씬상의 게임 오브젝트는 프로젝트 창에 드래그 앤 드롭하기만 하면 프리팹화할 수 있습니다. 바로 총알을 프리팹화해 봅시다.

하이어라키 창의 'Bullet'을 프로젝트 창의 'Assets/VRShooting/Prefabs'로 드래그 앤 드롭해 주세요. 그러면 그림 6.4처럼 'Assets/VRShooting/Prefabs'에 'Bullet' 프리팹이 생성되며 하이어라키 창에서 'Bullet'은 파란색으로 표시됩니다. 이는 해당 게임 오브젝트가 프리팹에 연결된 상태(인스턴스)임을 나타냅니다.

6-1 총알을 발사하자 169

그림 6.4 ▶ 총알을 프리팹화

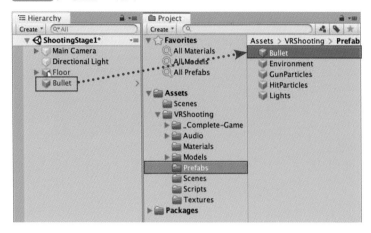

'Bullet' 프리팹을 만들었으니 씬상에 배치된 'Bullet'은 삭제합니다. 하이어라키 창에서 'Bullet'을 선택하고, 마우스 오른쪽 버튼을 클릭하여 [Delete]로 삭제할 수 있습니다(그림 6.5).

그림 6.5 ▶ 씬상의 Bullet을 삭제

6-1-3 스크립트로 총알을 생성해 보자

프리팹을 작성했으므로 이번에는 프리팹으로부터 총알을 생성하는 스크립트를 작성합시다. 여기서는 클릭에 따라 총알을 생성하게 합니다.

● Shooter 스크립트로 총알 생성

클릭 입력으로 총알을 생성하는 'Shooter' 컴포넌트를 작성합니다. 프로젝트 창의 'Assets/VRShooting/Scripts'에서 마우스 오른쪽 버튼을 클릭하여 [Create] → [C# Script]를 선택하고 'Shooter'라는 이름으로 스크립트를 작성합니다(그림 6.6).

그림 6.6 ▶ Shooter 스크립트의 작성

● Shooter 스크립트의 작성

Shooter 스크립트를 더블 클릭해서 에디터를 열고 스크립트를 아래와 같이 바꿔 적습니다.

```
1    using System.Collections;
2    using System.Collections.Generic;
3    using UnityEngine;
4
5    public class Shooter : MonoBehaviour
6    {
7        [SerializeField] GameObject bulletPrefab; // 총알 프리팹
8        [SerializeField] Transform gunBarrelEnd;  // 총구(총알의 발사 위치)
9
10       // Update is called once per frame
11       void Update()
12       {
13           // 입력에 따라 총알을 발사한다
14           if (Input.GetButtonDown("Fire1"))
15           {
16               Shoot();
17           }
18       }
19
20       void Shoot()
21       {
```

```
22            // 프리팹을 바탕으로 씬상에 총알을 생성
23            Instantiate(bulletPrefab, gunBarrelEnd.position, gunBarrelEnd.rotation);
24        }
25    }
```

Shooter 클래스 내의 구현에 대해 설명하자면, 총알의 프리팹(GameObject형)과 총구의 Transform을 변수로 정의합니다. 이처럼 게임 오브젝트나 컴포넌트의 형도 [SerializeField]로 선언해 둠으로써 유니티의 인스펙터 창에서 설정할 수 있습니다.

```
7    [SerializeField] GameObject bulletPrefab; // 총알 프리팹
8    [SerializeField] Transform gunBarrelEnd;  // 총구(총알의 발사 위치)
```

Update 함수에서는 입력에 따라 Shoot 함수를 호출합니다. Input.GetButtonDown은 지정된 버튼이 눌린 순간에 true를 돌려주는 함수입니다. 또한, "Fire1"이라는 버튼명은 기본값으로 정의된 것으로, 마우스 왼쪽 버튼 클릭이나 왼쪽 I키의 입력을 받을 수 있습니다.

```
11    void Update()
12    {
13        // 입력에 따라 총알을 발사한다
14        if (Input.GetButtonDown("Fire1"))
15        {
16            Shoot();
17        }
18    }
```

총알을 발사하는 Shoot 함수 안을 살펴봅시다. Instantiate 함수는 게임 오브젝트를 복제하는 함수입니다. 여기서는 프리팹을 복제하고, 총구의 위치와 방향을 지정해 총알을 생성합니다.

```
20    void Shoot()
21    {
22        // 프리팹을 바탕으로 씬상에 총알을 생성
23        Instantiate(bulletPrefab, gunBarrelEnd.position, gunBarrelEnd.rotation);
24    }
```

● Shooter 컴포넌트 설정

유니티 에디터로 돌아가서 작성한 컴포넌트를 게임 오브젝트에 적용합니다. 컴포넌트를 적용하는
것은 'PlayerGun' 게임 오브젝트로 합니다. 다음의 순서로 'PlayerGun' 게임 오브젝트에 'Shooter'
컴포넌트를 적용해 필요한 프로퍼티를 설정합니다.

1 Shooter 컴포넌트의 적용

프로젝트 창의 'Shooter' 스크립트를 하이어라키 창의 'PlayerGun' 위로 드래그 앤 드롭합니다(그
림 6.7).

그림 6.7 ▶ Shooter 컴포넌트의 적용

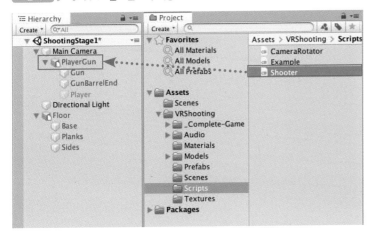

2 PlayerGun의 선택

하이어라키 창의 'PlayerGun' 게임 오브젝트를 선택하여 인스펙터 창에서 'Shooter' 컴포넌트를 확
인할 수 있게 합니다(그림 6.8).

3 Bullet Prefab의 설정

'Shooter' 컴포넌트의 [Bullet Prefab] 프로퍼티에 프로젝트 창의 'Assets/VRShooting/
Prefabs/Bullet'을 드래그 앤 드롭해서 설정합니다(그림 6.8❶).

4 GunBarrelEnd의 설정

'Shooter' 컴포넌트의 [Gun Barrel End] 프로퍼티에 하이어라키 창의 'GunBarrelEnd'를 드래그
앤 드롭해서 설정합니다(그림 6.8❷).

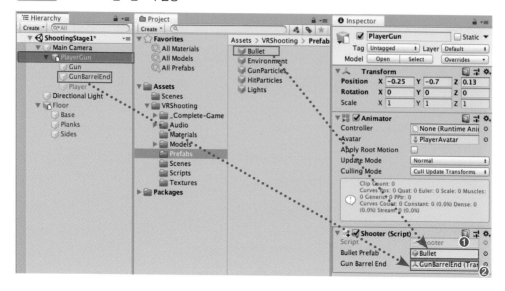

그림 6.8 ▶ Shooter 컴포넌트의 설정

이처럼 인스펙터 창에서 게임 오브젝트나 컴포넌트의 프로퍼티를 설정할 때 직접 드래그 앤 드롭으로 설정할 수 있습니다. 씬에 배치된 게임 오브젝트의 프로퍼티에는 프로젝트 창 내의 에셋으로부터 또는 같은 씬상의 오브젝트를 설정할 수 있습니다.

● Shooter 스크립트의 동작 확인

실행 버튼을 눌러 동작을 확인해 봅시다. 이제까지의 회전 조작에 더해, 마우스 클릭으로 총알이 생성되는 것을 확인할 수 있습니다(그림 6.9). 하이어라키 창에는 클릭할 때마다 'Bullet(Clone)'이라는 이름의 게임 오브젝트가 증가합니다. 하지만 총알은 멈춰 있기만 할 뿐 날아가지 않습니다. 현 상태에서는 총알을 움직이는 처리를 구현하지 않아서 이와 같이 동작합니다.

그림 6.9 ▶ 마우스 클릭으로 총알 생성

6-1-4 물리 엔진으로 총알을 날리자

총알을 생성했으니 이제 물리 엔진을 이용해서 총알이 날아가도록 구현합니다.

● Bullet 프리팹에 Rigidbody 컴포넌트를 적용하자

총알을 움직일 때에는 Update 함수로 위치를 직접 이동시킬 수도 있지만, 여기서는 'Rigidbody' 컴포넌트를 이용해 물리 엔진에 의해 총알을 작동시킵니다. 우선은 다음의 순서로 'Bullet' 프리팹에 'Rigidbody' 컴포넌트를 설정합시다.

1 Bullet의 선택

프로젝트 창의 'Assets/VRShooting/Prefabs/Bullet'을 선택합니다(그림 6.10).

2 컴포넌트 적용

인스펙터 창의 [Add Component]에서 'Rigidbody' 컴포넌트를 추가합니다.

그림 6.10 ▶ Bullet에 Rigidbody 컴포넌트를 적용

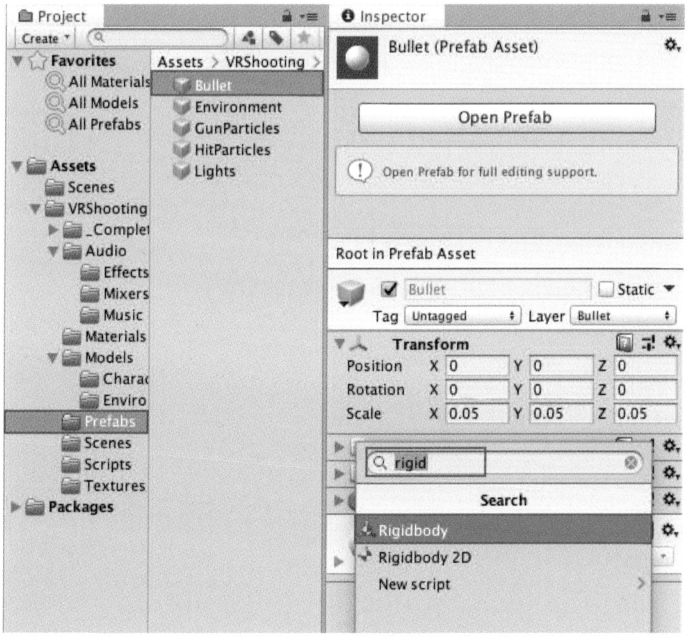

컴포넌트 설정

'Rigidbody' 컴포넌트의 [Use Gravity]
프로퍼티의 체크를 해제합니다(그림 6.11).
그러면 중력의 영향을 받지 않게 됩니다.

그림 6.11 ▶ Rigidbody 컴포넌트 설정

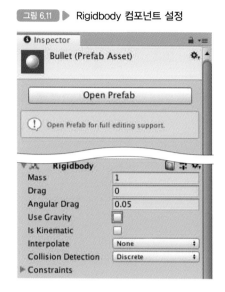

● Bullet 스크립트의 작성

다음으로 'Rigidbody' 컴포넌트를 이용해 총알을 움직이기 위한 'Bullet' 스크립트를 작성합니다.
프로젝트 창의 'Assets/VRShooting/Scripts'에서 마우스 오른쪽 버튼을 클릭하여 [Create] →
[C# Script]를 선택하고 'Bullet' 스크립트를 작성합니다(그림 6.12).

그림 6.12 ▶ Bullet 스크립트의 작성

작성한 스크립트를 다음과 같이 편집합니다.

```
1   using System.Collections;
2   using System.Collections.Generic;
3   using UnityEngine;
4
5   [RequireComponent(typeof(Rigidbody))]
6   public class Bullet : MonoBehaviour
7   {
8       [SerializeField] float speed = 20f; // 총알 속도 [m/s]
9
10      // Use this for initialization
11      void Start()
12      {
13          // 게임 오브젝트 앞쪽 방향의 속도 벡터를 계산
14          var velocity = speed * transform.forward;
15
16          // Rigidbody 컴포넌트를 취득
17          var rigidbody = GetComponent<Rigidbody>();
18
19          // Rigidbody 컴포넌트를 사용해 시작 속도를 준다
20          rigidbody.AddForce(velocity, ForceMode.VelocityChange);
21      }
22  }
```

RequireComponent 속성은 이 스크립트에서 필요한 컴포넌트를 지정할 수 있습니다. 이 지정에 의해, 같은 게임 오브젝트에 지정된 컴포넌트가 적용되는 것이 필수이며, 적용되어 있지 않으면 자동으로 추가됩니다. 따라서 게임 오브젝트에 반드시 필요한 컴포넌트의 셋업 오류를 막기 위해 사용합니다.

```
5   [RequireComponent(typeof(Rigidbody))]
```

위의 설정으로 'Rigidbody' 컴포넌트가 필요하게 됩니다. 그러면 이제 Start 함수의 내용을 살펴봅시다.

먼저 게임 오브젝트에 주는 속도를 계산합니다. transform.forward는 총알의 앞쪽 방향(z방향)을 나타내는 단위 벡터이므로, speed * transform.forward에 의해 앞쪽 방향으로 지정한 속도의 크기와 방향을 가진 벡터를 얻을 수 있습니다. 또한, 'Rigidbody' 컴포넌트의 AddForce 함수에 의해 계산한 속도에 상당하는 힘을 줍니다. AddForce 함수의 두 번째 인수에는 힘을 주는 방법을 지정합니다. ForceMode.VelocityChange를 지정함으로써 지정한 속도 변화에 상당하는 힘을 가할 수 있습니다.

이 스크립트에 Update 함수는 없지만 'Rigidbody' 컴포넌트가 적용되어 있어 물리 엔진에 의해 제어되기 때문에 한 번 속도를 주면 다른 힘을 가하지 않는 한 직진해서 나가게 됩니다.

● Bullet 스크립트의 설정과 동작 확인

작성한 'Bullet' 스크립트 컴포넌트를 설정해 확인합니다. 프로젝트 창의 'Assets/VRShooting/ Prefabs/Bullet' 프리팹을 선택하고, 인스펙터 창의 [Add Component] 버튼으로 'Bullet' 스크립트 컴포넌트를 적용합니다(그림 6.13).

그림 6.13 ▶ Bullet 컴포넌트의 적용

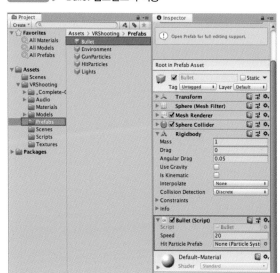

'Bullet' 컴포넌트를 적용했으면 실행 버튼을 눌러 실행해 봅시다. 게임 뷰에서 마우스를 클릭할 때마다 총알이 앞쪽 방향으로 날아가면 제대로 동작하는 것입니다.

● Rigidbody 컴포넌트에 대해서

물리적인 성질을 취급하는 'Rigidbody' 컴포넌트에 대해 조금 더 자세히 알아보겠습니다. 그림 6.14에 'Rigidbody' 기능이 적용된 컴포넌트가 나와 있습니다.

'Rigidbody' 컴포넌트를 적용한 게임 오브젝트는 질량이나 저항과 같은 물리적 파라미터를 갖고, 물리 엔진에 의해 움직임이 제어됩니다. 즉, 힘을 받음으로써 속도가 변하고 힘을 받지 않는 물체는 일정 속도로 계속 움직

그림 6.14 ▶ Rigidbody 컴포넌트

입니다(등속 직선 운동). 또한, Collider를 가진 물체와 충돌하면 충돌이 연산되어 힘이 더해집니다.

물리 엔진에 의해 움직임이 제어되는 게임 오브젝트는 'Transform' 컴포넌트를 직접 접하는 것이 아닌 'Rigidbody' 컴포넌트의 함수를 통해 힘을 주는 형태로 조작하게 됩니다. 다만 [Is Kinematic] 프로퍼티가 유효면 물리 엔진의 영향을 받지 않게 되므로, 그때는 'Transform' 컴포넌트를 사용해 조작할 수 있습니다.

'Rigidbody' 컴포넌트의 물리적 성질을 다루는 프로퍼티와 함수의 예는 표 6.1에서 확인하세요.

표 6.1 ▶ Rigidbody 컴포넌트의 프로퍼티와 함수의 예

프로퍼티 또는 함수명	설명
mass	질량을 취득, 설정할 수 있습니다.
drag	저항을 취득, 설정할 수 있습니다.
angularDrag	회전에 대한 저항을 취득, 설정할 수 있습니다.
useGravity	중력의 영향을 받지 여부를 취득, 설정할 수 있습니다.
isKinematic	물리 엔진의 영향을 받을지 여부를 취득, 설정할 수 있습니다. 유효화되어 있으면 물리 엔진의 영향을 받지 않게 되고, Rigidbody를 적용하지 않은 오브젝트처럼 Transform을 사용해 조작할 수 있습니다.
velocity	속도의 벡터를 취득할 수 있습니다.
angularVelocity	각속도 벡터를 취득할 수 있습니다.
AddForce	벡터를 지정해 힘을 더합니다. ForceMode에 의해 지정하는 벡터 취급이 바뀝니다.
AddTorque	벡터를 지정해 토크(회전을 주는 힘)를 더합니다. ForceMode에 의해 지정하는 벡터의 취급이 바뀝니다.

AddForce나 AddTorque 등 힘을 주는 함수에서는 ForceMode에 의해 지정하는 벡터의 취급이 바뀝니다. ForceMode에 의한 벡터 취급의 차이에 대해서는 표 6.2에서 확인합니다.

표 6.2 ▶ ForceMode에 의한 힘 벡터 취급의 차이

ForceMode	설명
Force	힘의 벡터를 이용해 지속적인 힘을 줍니다(질량의 영향을 받습니다).
Acceleration	가속도 벡터를 이용해 해당 가속도에 상당하는 계속적인 힘을 줍니다(질량의 영향을 받지 않습니다).
Impulse	운동량 벡터를 이용해 해당 운동량 변화에 상당하는 순간적인 힘을 줍니다(질량의 영향을 받습니다).
VelocityChange	속도 벡터를 사용해 해당 속도 변화에 상당하는 순간적인 힘을 줍니다(질량의 영향을 받지 않습니다).

6-1-5 불필요한 총알을 제거하자

● 불필요한 게임 오브젝트의 제거

마우스의 입력에 따라 총알을 발사하는 시스템은 생겼지만 이대로는 계속해서 총알이 늘어나기만 합니다. 게임 오브젝트가 계속 늘어나면 그만큼 처리의 부하가 늘어나기 때문에 불필요한 게임 오브젝트는 제거해야 합니다. 여기에서 만든 총알의 경우, 일정 시간이 경과하여 보이지 않을 정도로 멀리 날아간 총알은 제거하는 게 좋을 것입니다. 따라서 시간 경과에 따라 게임 오브젝트가 자동으로 제거되도록 'AutoDestroy' 컴포넌트를 작성합니다.

● AutoDestroy 컴포넌트 작성

프로젝트 창의 'Assets/VRShooting/Scripts'에서 마우스 오른쪽 버튼을 클릭하여 [Create] → [C# Script]로 'AutoDestroy'라는 이름의 스크립트를 작성합니다(그림 6.15).

그림 6.15 ▶ AutoDestroy 컴포넌트의 작성

스크립트를 다음과 같이 편집합니다.

```
1    using System.Collections;
2    using System.Collections.Generic;
3    using UnityEngine;
4
5    public class AutoDestroy : MonoBehaviour
```

```
  6   {
  7       [SerializeField] float lifetime = 5f; // 게임 오브젝트의 수명
  8
  9       // Use this for initialization
 10       void Start()
 11       {
 12           // 일정 시간 경과 후에 게임 오브젝트를 제거한다
 13           Destroy(gameObject, lifetime);
 14       }
 15   }
```

Start 함수에서 컴포넌트가 적용된 게임 오브젝트를 지정해 Destroy 함수를 호출합니다. Destroy 함수는 게임 오브젝트 또는 컴포넌트를 제거하기 위해 사용하는 함수이지만 이 스크립트처럼 두 번째 인수에 시간을 줌으로써 일정 시간 경과 후에 제거할 수도 있습니다.

● AutoDestroy 스크립트의 적용과 동작 확인

작성한 'AutoDestroy' 컴포넌트를 적용해 확인합시다. 프로젝트 창의 'Assets/VRShooting/Prefabs/Bullet' 프리팹을 선택하고, 인스펙터 창의 [Add Component]에서 'AutoDestroy'를 적용합니다(그림 6.16).

그림 6.16 ▶ AutoDestroy 컴포넌트의 적용

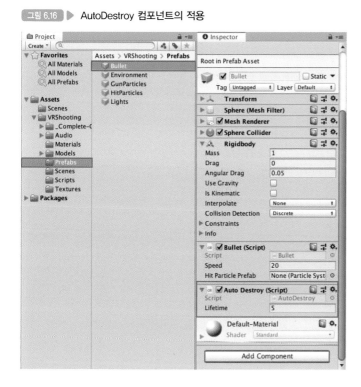

이제 실행해 보세요. 발사한 총알이 하이어라키 창에서 일정 시간이 지나면 사라지는 걸 확인할 수 있다면 제대로 동작하는 것입니다(그림 6.17).

그림 6.17 ▶ 생성된 총알이 일정 시간 후에 제거된다

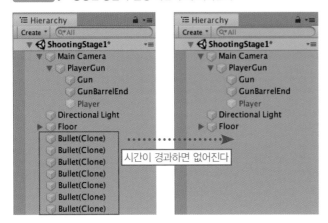

6-2 적을 쓰러뜨리자

슈팅 게임에서 가장 중요한 부분인 총알을 적에게 맞혀 쓰러뜨릴 수 있는 처리를 하면서, 콜라이더를 사용한 충돌 판정이나 충돌 시의 이벤트 구현 방법에 대해 설명합니다.

6-2-1 적을 배치하자

먼저 씬상에 적을 배치합니다.

● 씬상에 적 배치

여기서는 'ZomBear'라는 모델을 적으로 사용하기로 합니다. 적도 총알과 마찬가지로 여러 개 배치해야 하므로 먼저 다음 순서로 프리팹을 만듭시다.

1 ZomBear의 배치

프로젝트 창의 'Assets/VRShooting/ Models/Characters/ZomBear'를 씬 뷰에 드래그 앤 드롭해서 'ZomBear'를 씬에 배치합니다(그림 6.18). 모델을 씬상에 배치하면 게임 오브젝트로 변환됩니다.

그림 6.18 ▶ ZomBear의 배치

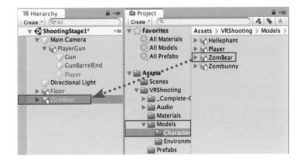

2 ZomBear의 프리팹화

하이어라키 창의 'ZomBear' 게임 오브젝트를 프로젝트 창의 'Assets/VRShooting/ Prefabs'에 드래그 앤 드롭해서 프리팹화합니다(그림 6.19).

그림 6.19 ▶ ZomBear의 프리팹화

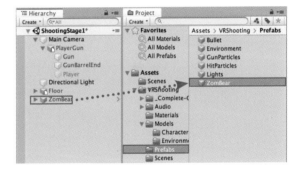

만든 'Assets/VRShooting/Prefabs/ZomBear' 프리팹을 드래그 앤 드롭으로 씬상에 2개 추가합니다(그림 6.20). 씬상에 배치한 각각의 'ZomBear' 위치와 방향을 그림 6.21처럼 인스펙터 창에서 조정하고, 카메라 앞에 3개를 나란히 배치하여 게임 뷰에 보이도록 합니다(그림 6.22).

그림 6.20 ▶ 3개의 ZomBear를 배치

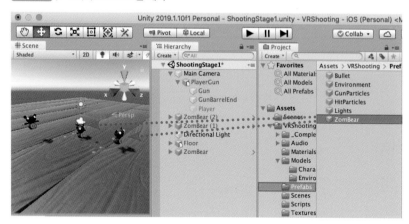

그림 6.21 ▶ 3개의 ZomBear 배치 정보

 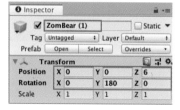 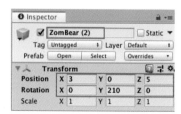

그림 6.22 ▶ 3개가 나열된 게임 뷰

이로써 씬에 적을 배치했습니다. 실행해 총을 쏘면 발사한 총알은 적을 통과합니다. 총알로 적을 쓰러뜨리려면 적에 충돌 판정을 내린 후에 닿았을 때의 처리를 스크립트에 작성해야 합니다.

6-2-2 적에 충돌 판정을 내리자

먼저 적의 충돌 판정을 설정합시다.

● 콜라이더로 충돌 판정 설정

충돌 판정에는 'Collider' 컴포넌트를 사용합니다. 다음의 순서로 'ZomBear'에 'Collider'를 설정해 봅시다.

1 컴포넌트의 적용

씬상의 'ZomBear'를 하나 선택하고 인스펙터 창의 [Add Component]에서 'Capsule Collider' 컴포넌트와 'Rigidbody' 컴포넌트를 적용합니다(그림 6.23).

2 Capsule Collider 컴포넌트의 설정

'Capsule Collider' 컴포넌트의 [Is Trigger]에 체크합니다.

3 Rigidbody 컴포넌트의 설정

'Rigidbody' 컴포넌트의 [Is Kinematic]에 체크합니다.

그림 6.23 ▶ Capsule Collider 컴포넌트와 Rigidbody 컴포넌트의 적용

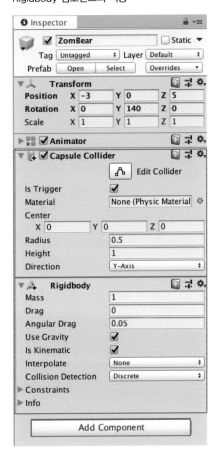

4 콜라이더를 편집 상태로 전환

적용한 'Capsule Collider' 컴포넌트에서
[Edit Collider] 버튼을 클릭해 콜라이더를
편집 상태로 만듭니다(그림 6.24).

그림 6.24 ▶ 콜라이더를 편집 상태로 전환

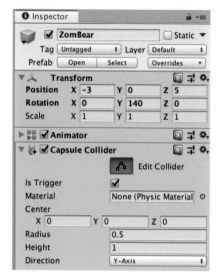

5 콜라이더 크기 설정

씬 뷰에 표시되는 콜라이더의 정점을 움직
여 'ZomBear'와 비슷한 위치와 크기로 변
경합니다(그림 6.25).

그림 6.25 ▶ ZoomBear에 콜라이더 설정

6 편집의 종료

다시 [Edit Collider] 버튼을 눌러 콜라이
더의 편집을 종료합니다.

7 프리팹의 반영

게임 오브젝트에 대한 변경을 프리팹에
도 반영시키기 위해서 인스펙터 창 윗부분
의 [Overrides] 버튼을 클릭하고 [Apply
All]을 클릭합니다(그림 6.26).

그림 6.26 ▶ ZoomBear 게임 오브젝트의 변경을 프리팹에 반영

위의 순서에서는 씬의 게임 오브젝트에 콜라이더를 설정하고 [Apply All] 버튼을 누름으로써 그 변경을 프리팹에 반영합니다. 이처럼 프리팹에 반영하면 씬의 다른 'ZomBear'도 위에서 설정한 콜라이더와 동일하게 설정됩니다.

칼 럼 **프리팹과 씬상에 배치된 게임 오브젝트의 관계**

'ZomBear' 콜라이더 설정 시에 작업한 조작과 관련해 프리팹과 씬에 생성된 게임 오브젝트의 관계를 정리합니다. 프리팹으로부터 씬에 생성된 게임 오브젝트는 바탕이 된 프리팹을 참조하고 있습니다. 따라서 프리팹에서 변경된 프로퍼티는 게임 오브젝트에도 반영됩니다(그림 6.A).

그림 6.A ▶ 프리팹의 변경은 참조하는 게임 오브젝트에도 반영된다

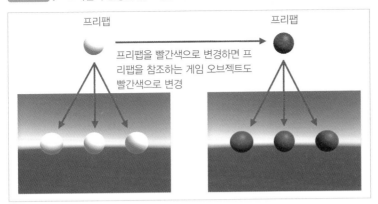

한편 게임 오브젝트에서 프로퍼티를 변경하거나 컴포넌트를 추가할 때 해당 내용은 변경한 게임 오브젝트에만 적용됩니다(그림 6.B). 이처럼 변경은 프리팹의 값을 덮어쓰기 하는 형태로 각 오브젝트가 보유하고 있다고 생각할 수 있습니다. 게임 오브젝트에 가한 변경은 그림 6.C처럼 굵은 글씨로 표시됩니다.

그림 6.B ▶ 게임 오브젝트의 변경은 해당 게임 오브젝트만 반영된다

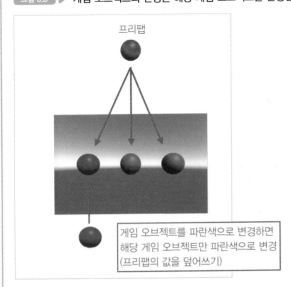

그림 6.C ▶ 게임 오브젝트에서 프리팹 값을 변경한 상태

변경되지 않았을 때   **변경되었을 때**

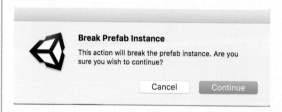

또한 게임 오브젝트에서 계층 구조를 변경하는 등 구조 자체를 변화시키는 변경을 가하면 그림 6.D와 같은 대화 상자가 표시됩니다. 이는 게임 오브젝트의 구조가 원본 프리팹과 달라지므로 프리팹과 게임 오브젝트의 참조 관계를 유지할 수 없게 된다는 확인 대화상자입니다.

그림 6.D ▶ 프리팹의 확인 대화상자

Break Prefab Instance
This action will break the prefab instance. Are you sure you wish to continue?

Cancel   Continue

이 조작으로 인해 프리팹과 분리된 게임 오브젝트는 프리팹이 변경되어도 그 내용이 적용되지 않습니다(그림 6.E). 게임 오브젝트를 선택한 상태에서 마우스 오른쪽 버튼을 클릭하여 [Unpack Prefab]을 선택하면 프리팹으로의 참조를 명시적으로 잘라낼 수도 있습니다.

그림 6.E ▶ 프리팹으로의 참조를 잃은 게임 오브젝트는 프리팹의 변경이 적용되지 않는다

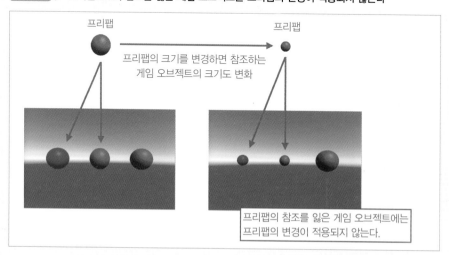

프리팹   프리팹

프리팹의 크기를 변경하면 참조하는
게임 오브젝트의 크기도 변화

프리팹의 참조를 잃은 게임 오브젝트에는
프리팹의 변경이 적용되지 않는다.

프리팹으로부터 생성된 게임 오브젝트는 인스펙터 창에 프리팹과 관련된 조작을 위한 버튼이 표시됩니다(그림 6.F). [Select]를 누르면 생성 원본의 프리팹을 선택할 수 있으며 [Revert All]을 누르면 게임 오브젝트에서 변경하고 있던 내용을 파기하고 프리팹과 같은 상태로 돌아갑니다. [Apply All]을 누르면 게임 오브젝트에 가한 변경을 프리팹에 적용합니다.

프리팹의 동작은 유니티를 사용하는 데 있어서 중요한 기능이므로 잘 이해해야 합니다. 대량의 데이터를 한번에 변경하거나 같은 구조의 데이터 파라미터 일부를 변경해서 사용하는 등 게임을 작성하는 데 유용하게 사용할 수 있는 기능입니다.

그림 6.F ▶ 프리팹과 관련된 조작용 버튼

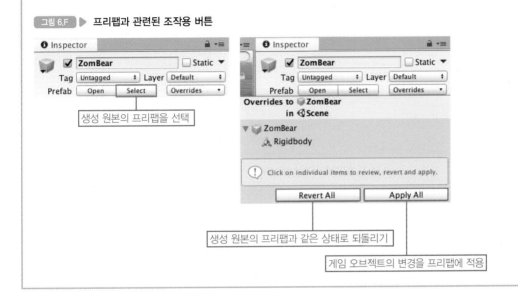

6-2-3 충돌 시의 처리를 구현하자

적에게 콜라이더를 설정해서 충돌을 검출할 수 있게 됐으므로, 이제 충돌 시의 처리를 구현합니다.

● 유니티의 충돌 판정

충돌 판정은 물리 엔진에 의해 'Collider' 컴포넌트가 적용된 게임 오브젝트끼리 실시합니다. 우선은 레이어에 의한 충돌 검출의 설정이나 충돌 이벤트의 종류와 핸들링 방법에 대해서 설명합니다.

● 레이어에 의한 충돌 검출

유니티에서는 게임 오브젝트 간의 충돌 발생 여부를 레이어 조합에 따라서 제어할 수 있습니다. 레이어 간의 충돌 검출 설정은 그림 6.27처럼 메뉴 바의 [Edit] → [ProjectSettings]를 선택해 나온 화면의 [Physics]에서 [Layer Collision Matrix]를 이용해 할 수 있습니다. [Layer Collision Matrix]에서 체크한 레이어끼리만 충돌이 발생합니다(그림 6.28).

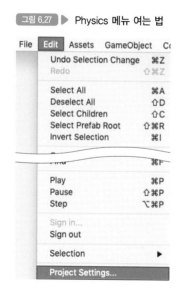

그림 6.27 ▶ Physics 메뉴 여는 법

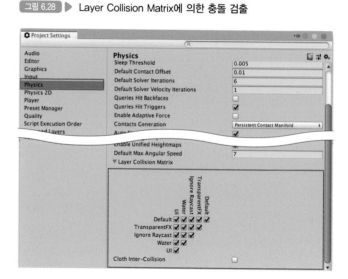

그림 6.28 ▶ Layer Collision Matrix에 의한 충돌 검출

레이어를 추가하거나 변경하고 싶다면 그림 6.29처럼 툴 바의 [Layers] → [Edit Layers]에서 할 수 있습니다. 또한, 각 게임 오브젝트의 레이어는 인스펙터 창에서 변경할 수 있습니다.

그림 6.29 ▶ 레이어 편집과 게임 오브젝트의 레이어 설정

● Collision 이벤트와 Trigger 이벤트

유니티에는 충돌에 관해서 'Collision'과 'Trigger' 두 종류의 이벤트가 있으며 특정 조건 아래 충돌 시에 이벤트 함수가 호출됩니다.

'Collision' 이벤트는 물리적으로 충돌하는 경우의 이벤트입니다. 'Collider'의 [Is Trigger]에 체크가 해제된 게임 오브젝트끼리 충돌할 때는 콜라이더가 물리적으로 간섭하지 않게 튀어 오르거나 미끄러지는 동작을 합니다. 이처럼 물리적인 충돌 시에 발생하는 것이 'Collision' 이벤트입니다.

'Trigger' 이벤트는 영역에 들어온 것을 검출하기 위한 이벤트입니다. 'Collider'의 [Is Trigger]에 체크가 되어 있는 게임 오브젝트는 다른 콜라이더와 간섭해도 그대로 빠져나오는 성질을 가집니다. 이러한 영역으로 들어갈 때 발생하는 것이 'Trigger' 이벤트입니다. 'Trigger' 이벤트는 물리적으로 충돌을 시뮬레이트 할 필요는 없지만, 콜라이더로 정의된 영역에 들어온 것을 검출하기 위해 사용할 수 있습니다.

표 6.3과 표 6.4는 'Collision'과 'Trigger'의 구체적인 이벤트 함수를 나타냅니다.

표 6.3 ▶ Collision 이벤트 함수

이벤트 함수	설명
OnCollisionEnter	콜라이더가 다른 콜라이더에 겹치기 시작할 때 호출됩니다.
OnCollisionStay	콜라이더가 다른 콜라이더와 겹쳐 있는 동안 매 프레임 호출됩니다.
OnCollisionExit	콜라이더가 다른 콜라이더에서 떨어질 때 호출됩니다.

표 6.4 ▶ Trigger 이벤트 함수

이벤트 함수	설명
OnTriggerEnter	콜라이더가 다른 트리거 콜라이더에 겹치기 시작할 때 호출됩니다.
OnTriggerStay	콜라이더가 다른 트리거 콜라이더에 겹쳐 있는 동안 매 프레임 호출됩니다.
OnTriggerExit	콜라이더가 다른 트리거 콜라이더에서 떨어질 때 호출됩니다.

● 콜라이더의 설정과 발생하는 이벤트

충돌 시에 발생하는 이벤트는 'Collider' 컴포넌트나 'Rigidbody' 컴포넌트의 설정에 따라 다릅니다. 여기서는 그 동작의 차이에 대해 설명하겠습니다. 콜라이더는 설정에 따라 표 6.5처럼 6개로 분류합니다.

표 6.5 ▶ 설정에 따른 6개 타입의 콜라이더 분류

콜라이더의 분류	Collider의 [Is Trigger]가 유효/무효	Rigidbody의 유무	Rigidbody의 [Is Kinematic]이 유효/무효
정적 콜라이더	무효	없음	—
Rigidbody 콜라이더	무효	있음	무효
Kinematic Rigidbody 콜라이더	무효	있음	유효
정적 트리거 콜라이더	유효	없음	—
Rigidbody 트리거 콜라이더	유효	있음	무효
Kinematic Rigidbody 트리거 콜라이더	유효	있음	유효

먼저 'Collider' 컴포넌트의 [Is Trigger]를 체크했는지 여부로 보통의 콜라이더와 트리거 콜라이더로 나눌 수 있습니다. 앞에서 설명했듯이 보통의 콜라이더와 트리거 콜라이더는 물리적인 충돌의 발생 여부의 차이가 있으며 그때 발생하는 이벤트도 다릅니다.

다음으로 'Rigidbody' 컴포넌트의 적용 여부로 정적 콜라이더와 Rigidbody 콜라이더로 나눕니다. 정적 콜라이더는 물리 엔진에서는 동작하지 않는 오브젝트로 인식됩니다. 동작하거나 유효/무효를 전환할 가능성이 있는 게임 오브젝트는 'Rigidbody' 컴포넌트를 적용해 두지 않으면 의도하지 않는 동작이 발생할 때가 있습니다.

마지막으로 'Rigidbody' 컴포넌트의 [Is Kinematic]을 체크했는지에 따라 차이가 있습니다. 단순히 움직임을 물리 엔진에 맡기는 것이라면 [Is Kinematic]을 무효로, 그렇지 않으면 유효로 한다는 차이입니다.

2개의 오브젝트가 충돌할 때의 콜라이더 조합에 의해 발생하는 이벤트가 다릅니다. 표 6.6은 콜라이더의 조합에 따라 'Collision'과 'Trigger' 이벤트 중 어느 것이 발생하는지를 나타냅니다.

표 6.6 ▶ 충돌하는 콜라이더의 조합에 따른 발생 이벤트[*]

	정적 콜라이더	Rigidbody 콜라이더	Kinematic Rigidbody 콜라이더	정적 트리거 콜라이더	Rigidbody 트리거 콜라이더	Kinematic Rigidbody 트리거 콜라이더
정적 콜라이더	–	C	–	–	T	T
Rigidbody 콜라이더	C	C	C	T	T	T
Kinematic Rigidbody 콜라이더	–	C	–	T	T	T
정적 트리거 콜라이더	–	T	T	–	T	T
Rigidbody 트리거 콜라이더	T	T	T	T	T	T
Kinematic Rigidbody 트리거 콜라이더	T	T	T	T	T	T

---

[*] 'Collision' 이벤트가 발생하는 조합은 'C', 'Trigger' 이벤트가 발생하는 편성은 'T'로 표기합니다.

6-2-4 충돌 시의 처리를 구현하자

충돌 이벤트에 대해 알았으니 실제로 이벤트 함수를 사용해 충돌 처리를 해 봅시다.

● 레이어 설정

우선은 총알과 적이 충돌하는 듯한 레이어 설정을 합니다. 레이어를 제대로 설정해 둠으로써 의도하지 않은 오브젝트 간의 충돌을 방지할 수 있습니다. 다음과 같이 'Bullet' 레이어와 'Enemy' 레이어를 추가합니다.

1 Edit Layers 선택

툴 바의 [Layers]에서 [Edit Layers]를 선택합니다(그림 6.30).

그림 6.30 ▶ 태그와 레이어 여는 법

2 레이어 추가

인스펙터 창의 [Layers] 프로퍼티를 열고, 'Bullet'과 'Enemy'라는 이름의 레이어를 추가합니다(그림 6.31).

그림 6.31 ▶ 레이어 추가

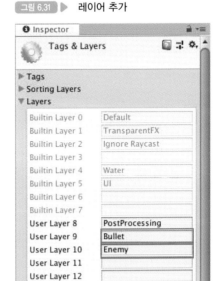

다음과 같이 'Bullet' 프리팹과 'ZomBear' 프리팹에 작성한 레이어를 설정합니다.

1 Bullet 레이어의 변경

프로젝트 창의 'Assets/VRShooting/Prefabs/Bullet'을 선택하고 인스펙터 창에서 [Layer]를
'Bullet'으로 변경합니다(그림 6.32).

그림 6.32 ▶ Bullet 레이어의 변경

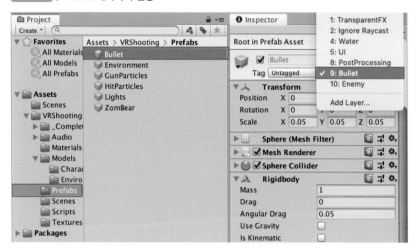

2 ZoomBear 레이어의 변경

프로젝트 창의 'Assets/VRShooting/Prefabs/ZomBear'를 선택하고 인스펙터 창에서 [Layer]를
'Enemy'로 변경합니다(그림 6.33).

그림 6.33 ▶ ZoomBear 레이어의 변경

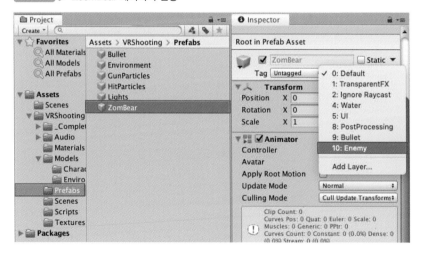

③ 확인 대화상자

프로젝트 창에서 'ZomBear'의 레이어 변경 시, 그림 6.34처럼 확인 대화상자가 표시되면 [Yes, change children]을 선택합니다.

그림 6.34 ▶ 자식의 게임 오브젝트까지 포함해 레이어 변경을 확인하는 대화상자

순서 ③의 확인 대화상자는 레이어 변경 여부의 선택 대화상자로, [No, this object only]를 선택하면 자신만의 레이어를 변경하며, [Yes, change children]을 선택하면 자기 자신을 포함한 자식의 게임 오브젝트 전체 레이어를 변경합니다.

마지막으로 레이어 간의 충돌 검출 설정을 다음 순서로 합니다.

① Pysics 열기

메뉴 바에서 [Edit] → [ProjectSettings]를 선택해 나온 화면에서 [Physics]를 선택합니다.

② 충돌 설정

그림 6.35처럼 'Bullet'과 'Enemy'의 [Layer Collision Matrix]를 설정합니다.

그림 6.35 ▶ Bullet과 Enemy 간의 충돌 설정

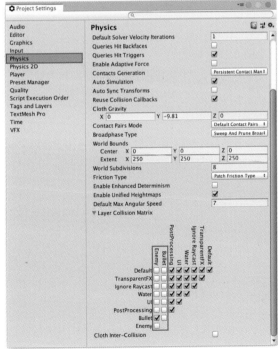

6-2 적을 쓰러뜨리자 195

● 충돌 시의 이벤트 구현

레이어 설정을 했으므로 충돌 시 이벤트를 스크립트로 구현합니다.

이번에 작성할 스크립트에서 총알은 물리 동작에 따르는 'Rigidbody 콜라이더', 적은 물리 동작이 아닌 혼자서 움직이는 것을 생각해 'Kinematic Rigidbody 트리거 콜라이더'로 합니다. 표 6.6을 보면 이 조합은 충돌 시 'Trigger' 이벤트가 발생합니다. 이를 토대로 먼저 'Bullet' 스크립트에 OnTriggerEnter 이벤트 함수를 구현합니다. 프로젝트 창의 'Assets/VRShooting/Scripts/Bullet'을 더블 클릭하고 다음과 같이 편집합니다.

```csharp
using System.Collections;
using System.Collections.Generic;
using UnityEngine;

[RequireComponent(typeof(Rigidbody))]
public class Bullet : MonoBehaviour
{
    [SerializeField] float speed = 20f; // 총알 속도 [m/s]

    // Use this for initialization
    void Start()
    {
        // 게임 오브젝트 앞쪽 방향의 속도 벡터를 계산
        var velocity = speed * transform.forward;

        // Rigidbody 컴포넌트를 취득
        var rigidbody = GetComponent<Rigidbody>();

        // Rigidbody 컴포넌트를 사용해 시작 속도를 준다
        rigidbody.AddForce(velocity, ForceMode.VelocityChange);
    }

    // 트리거 영역 진입 시에 호출된다
    void OnTriggerEnter(Collider other)
    {
        // 충돌 대상에 "OnHitBullet" 메시지
        other.SendMessage("OnHitBullet");

        // 자신의 게임 오브젝트를 제거
        Destroy(gameObject);
    }
}
```

OnTriggerEnter 함수에서는 충돌한 상대의 Collider가 인수로서 전달됩니다. 여기서는 충돌 상대방에게 OnHitBullet이라는 메시지를 보내고 자신의 게임 오브젝트를 제거합니다. SendMessage 함수에 의해 OnHitBullet 메시지를 받은 게임 오브젝트는 적용된 컴포넌트 전체에 대해서 OnHitBullet이라는 이름의 함수가 있으면 그 함수를 실행합니다.

그 다음, 충돌 시 적의 처리를 구현합니다. 프로젝트 창의 'Assets/VRShooting/Scripts'에 'Enemy' 스크립트를 만들고 다음과 같이 편집합니다.

```
1    using System.Collections;
2    using System.Collections.Generic;
3    using UnityEngine;
4
5    public class Enemy : MonoBehaviour
6    {
7        // OnHitBullet 메시지로부터 호출되는 것을 상정
8        void OnHitBullet()
9        {
10           // 자신의 게임 오브젝트를 제거
11           Destroy(gameObject);
12       }
13   }
```

이 스크립트에서는 OnHitBullet 함수를 구현하고, 이 함수가 호출될 때 게임 오브젝트를 제거하고자 합니다. 총알과 적이 충돌하면 Bullet 클래스의 OnTriggerEnter가 호출되며 그 중에 충돌 상대방 즉, 적의 게임 오브젝트에 OnHitBullet 메시지를 보냅니다. 적에게 적용된 'Enemy' 컴포넌트는 OnHitBullet 함수를 갖고 있기 때문에 이것이 호출되어 적이 소멸하게 됩니다.

● 컴포넌트의 설정과 동작 확인

작성한 컴포넌트를 적용하여 동작을 확인합시다. 프로젝트 창의 'Assets/VRShooting/Prefabs/ZomBear' 프리팹에 작성한 'Enemy' 컴포넌트를 적용합니다(그림 6.36). 실행해서 총알을 적에 맞췄을 때, 총알과 적이 사라지면 올바르게 동작하는 것입니다(그림 6.37).

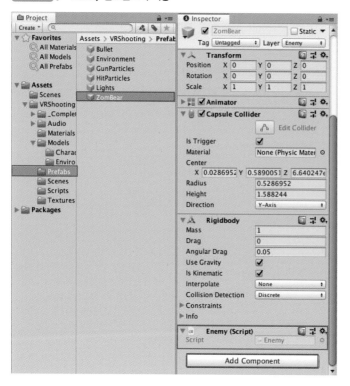

그림 6.36 ▶ Enemy 컴포넌트의 적용

그림 6.37 ▶ 총알을 쏴서 적을 쓰러뜨린다

적을 랜덤으로 출현시켜 보자

여기서는 조금 더 게임답게 지금까지 완성한 적을 일정 시간마다 랜덤으로 출현시켜 봅시다. 적이 출현하는 처리와 출현을 관리하는 클래스를 만들어 사용합니다.

6-3-1 적이 출현하는 시스템을 생각하자

적의 출현 방법을 조금 생각해 봅시다. 적은 씬에 설치된 출현 지점(Spawner)에서 출현하기로 합니다. 출현지는 여러 개 존재하며, 일정 시간마다 어떤 하나의 출현지가 선택돼 그곳으로부터 적이 출현합니다.

● 적의 출현 지점인 Spawner를 만들자

우선은 적의 출현 지점을 나타내는 'EnemySpawner' 컴포넌트를 작성하고, 이를 적용하여 출현 위치를 표현하는 컴포넌트를 작성해 봅시다.

● EnemySpawner 스크립트의 작성

프로젝트 창의 'Assets/VRShooting/Scripts'에 'EnemySpawner' 스크립트를 작성하고 다음과 같이 편집합니다.

```
1   using System.Collections;
2   using System.Collections.Generic;
3   using UnityEngine;
4
5   public class EnemySpawner : MonoBehaviour
6   {
7       [SerializeField] Enemy enemyPrefab; // 출현시키는 적의 프리팹
8
9       Enemy enemy; // 출현 중인 적을 보유
10
11      public void Spawn()
12      {
```

```
13          // 출현 중이 아니면 적을 출현시킨다
14          if (enemy == null)
15          {
16              enemy = Instantiate(enemyPrefab, transform.position, transform.rotation);
17          }
18      }
19  }
```

출현시키는 적의 프리팹을 에디터에서 설정할 수 있도록 enemyPrefab 프로퍼티를 정의합니다. enemy라는 변수는 spawner에서 출현한 적을 보유해 두기 위한 것입니다. Spawn 함수는 다른 클래스로부터 호출하는 것을 가정한 함수로, Spawner에 적이 출현 중이 아니면 그 위치에 적을 생성합니다.

● EnemySpawner 프리팹의 작성

적으로서 'ZomBear'가 출현하는 'Enemy Spawner'를 작성합니다. 먼저 씬에 배치되어 있는 'ZomBear'는 불필요하므로 3개 모두 하이어라키 창에서 삭제합니다(그림 6.38).

그림 6.38 ▶ ZomBear를 삭제한 뒤의 하이어라키 창

다음으로 아래의 순서로 'EnemySpawner'를 작성합니다.

1 EnemySpawner의 작성

하이어라키 창에서 마우스 오른쪽 버튼을 클릭하여 [Create Empty]로 빈 오브젝트를 만든 후, 이름을 'EnemySpawner'로 변경합니다(그림 6.39).

그림 6.39 ▶ EnemySpawner의 작성

2

EnemySpawner 컴포넌트의 적용

하이어라키 창에서 'EnemySpawner'를 선택하고, 프로젝트 창의 'Assets/VRShooting/Scripts/ EnemySpawner'를 인스펙터 창으로 드래그 앤 드롭합니다(그림 6.40).

그림 6.40 ▶ EnemySpawner 컴포넌트의 적용

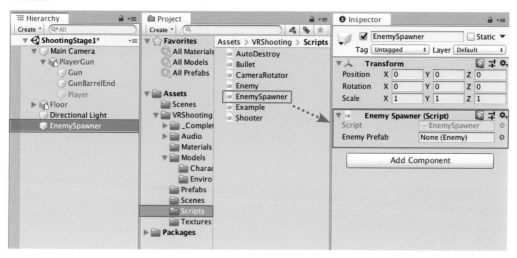

3 Enemy Prefab의 설정

적용한 'EnemySpawner' 컴포넌트의 [Enemy Prefab] 프로퍼티에 'Assets/VRShooting/ Prefabs/ZomBear' 프리팹을 드래그 앤 드롭으로 설정합니다(그림 6.41).

그림 6.41 ▶ Enemy Prefab의 설정

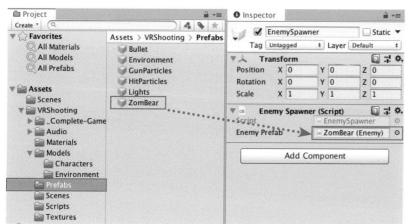

4 아이콘의 설정

'EnemySpawner'는 씬 뷰에서 보이지 않
으므로 그림 6.42를 참고하여 인스펙터 창
에서 아이콘을 설정합니다.

그림 6.42 ▶ 게임 오브젝트에 아이콘 설정

5 EnemySpawner의 프리팹화

'EnemySpawner'를 'Assets/VRShooting/Prefabs'로 드래그 앤 드롭해서 프리팹화하고, 하이어
라키 창의 'EnemySpawner'는 삭제합니다(그림 6.43).

그림 6.43 ▶ EnemySpawner의 프리팹화

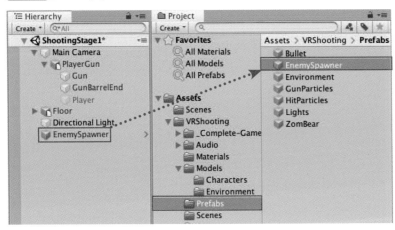

이로써 'EnemySpawner' 프리팹을 만들었습니다.

6-3-2 적의 출현을 제어하는 SpawnController를 만들자

'EnemySpawner' 프리팹을 작성했는데, 이제 이것을 일정 간격으로 여러 개 배치하여 그 중 어느
하나에서 적을 출현시키는 시스템이 필요합니다. 여기서는 'SpawnController' 스크립트를 작성해
출현을 제어해 봅시다.

● SpawnController 스크립트의 작성

프로젝트 창의 'Assets/VRShooting/Scripts'에 'SpawnController' 스크립트를 작성하고 다음
과 같이 편집합니다.

```
1    using System.Collections;
2    using System.Collections.Generic;
3    using UnityEngine;
4
5    public class SpawnController : MonoBehaviour
6    {
7        [SerializeField] float spawnInterval = 3f; // 적 출현 간격
8
9        EnemySpawner[] spawners; // EnemySpawner의 리스트
10       float timer = 0f;        // 출현 시간 판정용의 타이머 변수
11
12       // Use this for initialization
13       void Start()
14       {
15           // 자식 오브젝트에 존재하는 EnemySpawner 리스트를 취득
16           spawners = GetComponentsInChildren<EnemySpawner>();
17       }
18
19       // Update is called once per frame
20       void Update()
21       {
22           // 타이머 갱신
23           timer += Time.deltaTime;
24
25           // 출현 간격의 판정
26           if (spawnInterval < timer)
27           {
28               // 랜덤으로 EnemySpawner를 선택해서 적을 출현시킨다
29               var index = Random.Range(0, spawners.Length);
30               spawners[index].Spawn();
31
32               // 타이머 리셋
33               timer = 0f;
34           }
35       }
36   }
```

프로퍼티로서 spawnInterval을 정의해 적 출현 간격을 설정할 수 있게 합니다. spawners는 Spawner의 후보를 보존해 두기 위한 변수, timer는 시간 경과를 누적해 두기 위한 변수입니다.

Start 함수에서는 GetComponentsInChildren이라는 함수로 Spawner의 리스트를 구합니다. SpawnController를 적용한 게임 오브젝트의 자식 요소로서 'EnemySpawner' 컴포넌트를 적용한 게임 오브젝트가 있으면 그것들의 리스트를 구할 수 있습니다. Update 함수에서는 우선 타이머의 경

과 시간을 갱신하고, 출현 시간 이상 경과하는 경우에는 랜덤으로 선택한 Spawner로부터 적을 출현시킨 다음 타이머를 리셋합니다.

여기서 사용하는 Random.Range는 지정 범위 내의 정수를 취득하는 함수입니다.

● SpawnController와 EnemySpawner의 배치

'EnemySpawner' 프리팹을 사용해 적을 출현시키는 'SpawnController' 스크립트를 작성했으므로 씬상에 배치해서 랜덤으로 적을 출현시킵시다.

1 Spawners의 작성

하이어라키 창에 마우스 오른쪽 버튼을 클릭하여 [Create Empty]로 빈 오브젝트를 작성하고 'Spawners'라는 이름을 붙입니다.

2 SpawnController 컴포넌트의 적용

하이어라키 창에서 'Spawners'를 선택하고, 프로젝트 창의 'Assets/VRShooting/Scripts/SpawnController'를 인스펙터 창으로 드래그 앤 드롭합니다(그림 6.44).

그림 6.44 ▶ SpawnController를 설정한 Spawners 게임 오브젝트

3 EnemySpawner의 배치

프로젝트 창의 'Assets/VRShooting/Prefabs/EnemySpawner'를 하이어라키 창의 'Spawner'에 드래그 앤 드롭해서 'Spawner'의 자식 요소에 'EnemySpawner'를 배치합니다.

4 **EnemySpawner의 여러 개 배치**

순서 **3**을 반복하여 5개의 'EnemySpawner'를 'Spawner'의 자식 요소로 배치합니다(그림 6.45).

그림 6.45 ▶ Spawners와 EnemySpawner를 배치한 상태

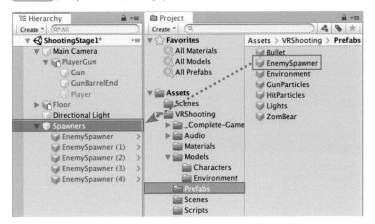

5 **여러 개의 EnemySpawner 설정**

배치한 'EnemySpawner'를 각각 그림 6.46처럼 인스펙터 창에서 설정합니다. 바로 위에서 보면 그림 6.47처럼 배치됩니다.

그림 6.46 ▶ EnemySpawner의 배치 정보

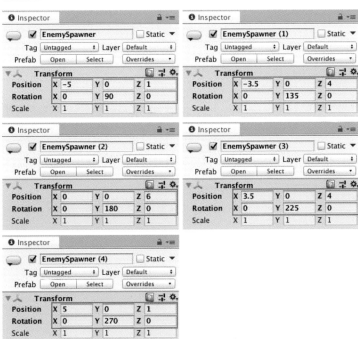

그림 6.47 ▶ 바로 위에서 본 씬 뷰의 배치 상태

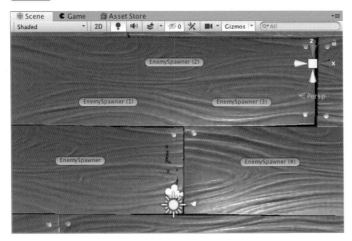

　　이로써 일정 시간마다 랜덤으로 Spawner에서 적이 출현하는 시스템이 완성되었습니다. 실행해서 확인해 보세요. 적을 아무리 잡고 잡아도 5개의 Spawner에서 무한으로 계속해서 적이 출현하는 걸 알 수 있습니다.

6-4 파티클 연출을 넣자

이 절에서는 외관을 강조하기 위해 총알을 발사할 때나 총알을 적중했을 때의 연출을 넣어 보며, 여러 가지 연출에 사용되는 파티클 시스템에 대해 간단하게 설명합니다.

6-4-1 유니티의 파티클 시스템에 대해서

● 파티클 시스템이란

불꽃, 폭발, 연기 등 게임 내의 많은 연출에는 보통 파티클 시스템이 사용됩니다. 파티클 시스템이란 파티클이라는 작은 이미지를 여러 개 사용해 특정 규칙에 따라 이미터로부터 출현 및 애니메이션을 시킴으로써 다양한 연출을 만들어내는 표현 방법입니다. 유니티에는 슈리켄이라는 파티클 시스템 장치를 갖추고 있어 이를 사용해 다양한 연출을 만들어낼 수 있습니다(그림 6.48).

그림 6.48 ▶ 파티클 시스템을 사용한 불꽃 연출의 예

● 파티클 시스템을 살펴보자

파티클 시스템은 다채로운 연출을 만들어낼 수 있는데, 파라미터가 매우 많아 여기서 사용법을 전부 설명할 수는 없습니다. 그 중 에셋에 포함되어 있는 파티클 시스템의 연출을 살펴보면서 개요에 대해 간결하게 설명합니다.

프로젝트 창의 'Assets/VRShooting/Prefabs'에서 'HitParticles'와 'GunParticles'를 씬의 적당한 위치에 배치합니다. 배치한 파티클 연출을 선택한 후 씬에서 [Play] 버튼을 누르면 재생할 수 있습니다(그림 6.49). 각각의 파티클 연출을 확인해 둡시다.

그림 6.49 ▶ 씬 뷰에서 파티클 연출을 확인

'HitParticles'를 예로 파티클 시스템을 어떻게 사용해 만들어지는지 살펴봅니다. 'HitParticles'를 선택하면 인스펙터 창에서 'Particle System' 컴포넌트가 적용되어 있는 걸 확인할 수 있습니다(그림 6.50).

그림 6.50 ▶ HitParticles의 Particle System 컴포넌트

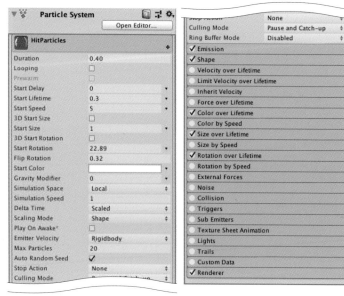

많은 프로퍼티가 존재하며, 아래 부분에는 체크박스가 있는 여러 개의 버튼이 있습니다. 이 버튼은 '파티클 시스템 모듈'이라는 것으로 모듈의 기능 단위로 유효/무효를 바꿀 수 있으며, 각각 설정할 수 있는 파라미터가 존재합니다. 표 6.7과 표 6.8에 기본적인 프로퍼티와 파티클 시스템 모듈 몇 가지를 소개합니다.

표 6.7 ▶ 파티클 시스템의 메인 모듈 프로퍼티의 예

프로퍼티	설명
Duration	파티클 시스템 시간의 길이
Looping	반복 재생 여부
Start Lifetime	파티클의 생존 시간
Start Speed	파티클의 시작 속도
Simulation Space	파티클을 어느 좌표계에 근거하여 움직일지
Play On Awake	Object 생성과 동시에 자동으로 재생할지 여부

표 6.8 ▶ 파티클 시스템 모듈의 예

파티클 시스템 모듈	설명
Emission	파티클의 방출 빈도와 타이밍을 제어합니다.
Shape	파티클을 방출하는 이미터의 형태를 정의합니다.
[파라미터] over Lifetime	시간에 따라 파티클의 파라미터를 변화시킵니다. 속도에 관한 Velocity over Life-time, 색상에 관한 Color over Lifetime 등이 있습니다.
[파라미터] by Speed	속도에 따라 파티클의 파라미터를 변화시킵니다. 색상에 관한 Color by Speed, 크기에 관한 Size by Speed 등이 있습니다.
Renderer	머터리얼이나 표시 방법의 파티클 렌더링에 관한 설정을 합니다.

'HitParticles'의 파라미터를 살펴봅시다. 메인 모듈 프로퍼티의 [Start Lifetime]에서 파티클의 수명은 0.3초, [Duration]에서 시스템 전체가 0.4초, [Looping]에서 반복 재생은 하지 않게 설정했습니다. [Renderer]에 연기의 파티클 이미지가 설정되어 사용되며, [Emission]에 의해서 파티클은 5개씩 동시에 방출하도록 합니다. [Shape]에 의해 파티클은 원뿔처럼 퍼지도록 방출됩니다. 방출된 파티클은 [Color over Lifetime], [Size over Lifetime], [Rotation over Lifetime]의 설정에 따라 형태 등이 시간이 지나면서 변화합니다. 이처럼 다양한 파라미터를 조합하여 다양한 표현을 할 수 있는 것이 유니티의 파티클 시스템입니다.

확인 후, 씬에 배치된 'HitParticles'와 'GunParticles'는 불필요하기 때문에 제거합니다.

6-4-2 발사 이펙트를 넣어 보자

파티클 시스템의 개요를 이해했으니 실제로 파티클 연출을 넣어 재생해 봅시다.

● Shooter 스크립트로 연출 재생

총알을 발사할 때 파티클 연출을 재생하도록 'Shooter' 스크립트를 다음과 같이 수정합니다.

```
1    using System.Collections;
2    using System.Collections.Generic;
3    using UnityEngine;
4
5    public class Shooter : MonoBehaviour
6    {
7        [SerializeField] GameObject bulletPrefab; // 총알 프리팹
8        [SerializeField] Transform gunBarrelEnd;  // 총구(총알의 발사 위치)
9
10       [SerializeField] ParticleSystem gunParticle; // 발사 시 연출
11
12       // Update is called once per frame
13       void Update()
14       {
15           // 입력에 따라 총알을 발사한다
16           if (Input.GetButtonDown("Fire1"))
17           {
18               Shoot();
19           }
20       }
21
22       void Shoot()
23       {
24           // 프리팹을 바탕으로 씬상에 총알을 생성
25           Instantiate(bulletPrefab, gunBarrelEnd.position, gunBarrelEnd.rotation);
26
27           // 발사 시 연출을 재생
28           gunParticle.Play();
29       }
30   }
```

gunParticle 프로퍼티를 추가하고 재생하는 파티클 연출을 설정할 수 있게 했으며 Shoot 함수에

서 이 연출을 재생합니다.

● 재생할 연출 설정

에디터에서 발사 시의 연출을 설정합시다. 먼저 프로젝트 창의 'Assets/VRShooting/Prefabs/GunParticles'를 하이어라키 창의 'GunBarrelEnd'에 드래그 앤 드롭하여, 'GunParticles'를 'GunBarrelEnd'의 자식 요소로 합니다(그림 6.51).

그림 6.51 ▶ GunParticles를 GunBarrelEnd의 자식 요소로 배치

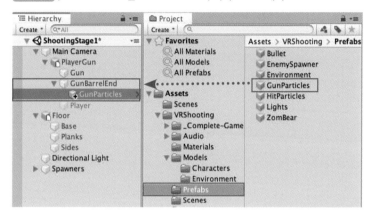

하이어라키 창에서 'PlayerGun' 게임 오브젝트를 선택하고, [GunParticle] 프로퍼티에 하이어라키 창의 'GunParticles'를 드래그 앤 드롭으로 설정합니다(그림 6.52).

그림 6.52 ▶ GunParticle 프로퍼티에 발사 시 연출을 설정

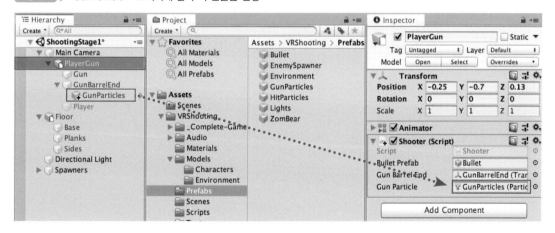

이상으로 발사 시의 연출을 설정했습니다. 실행하여 총알이 발사될 때 연출이 재생되는 것을 확인합니다.

6-4-3 발사한 총알의 적중 이펙트를 넣어 보자

계속해서 발사한 총알이 적중했을 때의 이펙트를 넣어 재생해 봅시다. 앞과는 조금 다른 방법으로, 자동 재생하도록 한 프리팹을 생성하는 형태로 재생합니다.

● Bullet 스크립트로 연출 재생

발사한 총알이 적중했을 때 연출을 재생하도록 'Bullet' 스크립트를 다음과 같이 수정합니다.

```
1   using System.Collections;
2   using System.Collections.Generic;
3   using UnityEngine;
4
5   [RequireComponent(typeof(Rigidbody))]
6   public class Bullet : MonoBehaviour
7   {
8       [SerializeField] float speed = 20f; // 총알 속도 [m/s]
9
10      [SerializeField] ParticleSystem hitParticlePrefab; // 총알이 적중할 때의 프리팹
11
12      // Use this for initialization
13      void Start()
14      {
15          // 게임 오브젝트 앞쪽 방향의 속도 벡터를 계산
16          var velocity = speed * transform.forward;
17
18          // Rigidbody 컴포넌트를 취득
19          var rigidbody = GetComponent<Rigidbody>();
20
21          // Rigidbody 컴포넌트를 사용해 시작 속도를 준다
22          rigidbody.AddForce(velocity, ForceMode.VelocityChange);
23      }
24
25      // 트리거 영역 진입 시에 호출된다
26      void OnTriggerEnter(Collider other)
27      {
28          // 충돌 대상에 "OnHitBullet" 메시지
29          other.SendMessage("OnHitBullet");
30
31          // 총알 적중 지점에 연출 자동 재생의 게임 오브젝트를 생성
32          Instantiate(hitParticlePrefab, transform.position, transform.rotation);
33
34          // 자신의 게임 오브젝트를 제거
35          Destroy(gameObject);
36      }
37  }
```

hitParticlePrefab으로서 연출이 자동 재생되는 프리팹을 프로퍼티로 설정합니다. 총알의 발사 적중 지점에 프리팹으로부터 게임 오브젝트를 생성함으로써 연출이 재생됩니다.

● 재생할 연출 설정

에디터에서 총알의 발사가 적중했을 때의 연출을 설정합시다. 먼저 프로젝트 창의 'Assets/ VRShooting/Prefabs/HitParticles' 프리팹에 다음을 설정합니다. 이번에는 게임 오브젝트를 생성하는 형태로 재생하기 때문에 자동 제거 설정도 포함합니다.

1 HitParticles 프리팹의 설정

자동 재생되도록 인스펙터 창에서 [Play On Awake]에 체크를 합니다.

2 컴포넌트 적용과 파라미터의 설정

생성한 게임 오브젝트가 자동으로 제거되도록 'AutoDestroy' 컴포넌트를 적용하고 [Lifetime] 프로퍼티를 0.4로 설정합니다(그림 6.53).

그림 6.53 ▶ HitParticles 프리팹의 설정

다음으로 'Assets/VRShooting/Prefabs/Bullet' 프리팹을 선택하고, 'Bullet' 컴포넌트의 [Hit Particle Prefab] 프로퍼티로 'Assets/VRShooting/Prefabs/HitParticles' 프리팹을 드래그 앤 드롭하여 설정합니다(그림 6.54).

그림 6.54 ▶ Bullet 프로퍼티에 총알의 발사 적중 시 연출 프리팹을 설정

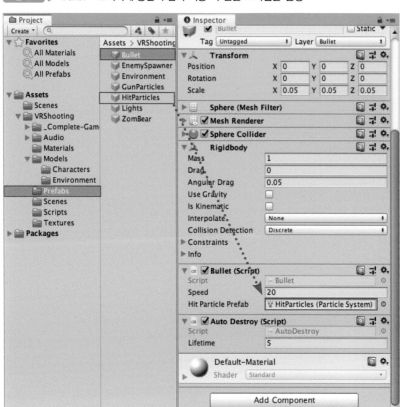

이상으로 총알 발사 적중 시의 설정을 완료했습니다. 실행해서 총알 발사가 적중했을 때 연출이 재생되는 걸 확인합시다.

6-5 소리를 넣자

이 절에서는 게임을 고조시키기 위해서 필요한 효과음(SE)이나 BGM을 재생하는 기능을 만들며 효과음이나 BGM 데이터를 유니티에서는 어떻게 다루는지를 알아봅니다.

6-5-1 유니티에서의 오디오

우선은 오디오의 개요와 유니티에서의 음성 취급에 대해 설명합니다.

● 오디오 개요

실생활에서 소리는 여러 가지 음원으로부터 발생하고, 이것이 전파되어 듣는 사람에게 도달해 들리게 됩니다. 소리가 들리는 건 음원과 듣는 사람의 위치 관계나 상대 속도, 주위 환경 등에 따라 다릅니다.

게임에서의 소리는 현장감이나 연출, 상황 설명을 위해서 이용합니다. 상황을 반영한 BGM이나 현실에는 존재하지 않는 효과음을 더함으로써 연출을 보조하거나 강화하는 경우도 있습니다. VR에서는 위치 관계 등을 바르게 반영한 소리에 의해 몰입감을 높이는 효과를 기대할 수 있습니다.

● 유니티의 오디오

유니티에서는 음원과 듣는 사람의 위치 관계 등을 반영하는 3D 오디오가 지원됩니다. 또한, 필터를 사용하여 환경에 따라 소리에 특수 효과를 줄 수도 있습니다. 여기서는 유니티에서 음성을 다루는 데 기본이 되는 에셋과 컴포넌트에 대해 설명합니다.

● AudioClip 에셋

'AudioClip' 에셋은 소리 자체를 표현하는 에셋입니다(그림 6.55). mp3, ogg, wav 등의 오디오 파일이 임포트되면 유니티에서 'AudioClip' 에셋으로 취급하며, 인스펙터 창에서는 오디오 파일을 유니티에서 취급할 때의 임포트 설정으로 변경할 수 있습니다.

그림 6.55 ▶ AudioClip 에셋

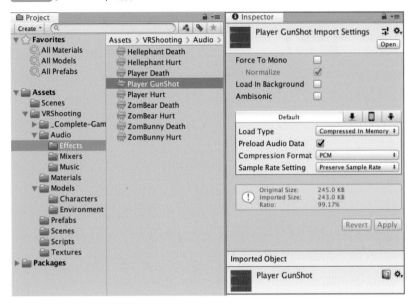

● Audio Source 컴포넌트

'Audio Source' 컴포넌트는 AudioClip을 씬 내에서 재생하는 음원에 해당하는 컴포넌트입니다(그림 6.56). 음량이나 재생 방법에 관한 설정, 3D 오디오 및 특수 효과에 관한 설정 등을 갖고 있습니다.

그림 6.56 ▶ Audio Source 컴포넌트

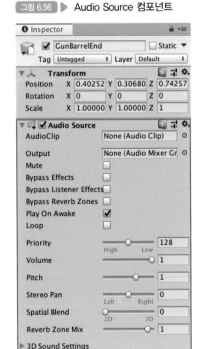

Audio Listener 컴포넌트

'Audio Listener' 컴포넌트는 씬에서 소리를 듣는 사람에 해당하는 컴포넌트입니다(그림 6.57). 1인칭 시점의 게임에서는 보통 메인 카메라에 설정합니다. 'Audio Listener' 컴포넌트는 씬에 2개 이상 존재해서는 안 됩니다.

그림 6.57 ▶ Audio Listener 컴포넌트

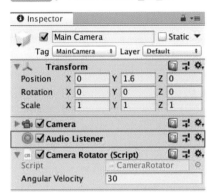

6-5-2 사격 시의 효과음을 넣자

이제부터는 실제로 게임 중에 소리를 넣어 봅시다. 우선은 사격 시에 소리를 내도록 합시다.

총구의 Audio Source 설정

우선, 총구에서 소리가 재생되도록 'Audio Source' 컴포넌트를 설정합니다. 에셋으로는 프로젝트 창의 'Assets/VRShooting/Audio/Effects/Player GunShot'을 사용합니다. 다음 순서에 따라서 컴포넌트를 설정합니다.

1 Audio Source 컴포넌트의 적용

하이어라키 창의 'GunBarrelEnd'에 'Audio Source' 컴포넌트를 적용합니다.

2 AudioClip 프로퍼티의 설정

'Audio Source' 컴포넌트의 [AudioClip] 프로퍼티에 프로젝트 창의 'Assets/VRShooting/ Audio/Effects/Player GunShot'을 설정합니다.

[Play On Awake]에 체크를 해제하고 [Spatial Blend]를 0.8로 설정합니다(그림 6.58).

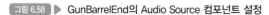

그림 6.58 ▶ GunBarrelEnd의 Audio Source 컴포넌트 설정

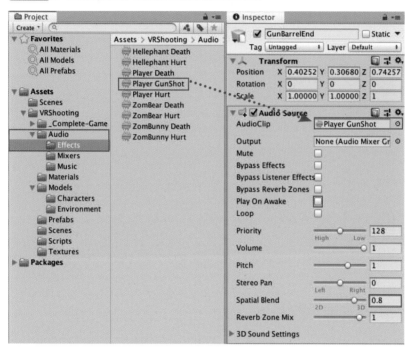

자동으로 재생되지 않게 [Play On Awake]의 체크는 해제하고, [Spatial Blend]는 음원과의 위치 관계를 어느 정도 반영시킬지를 설정하는 것입니다. 0이면 위치 관계에 관계없이 같은 소리를 듣는 것이며, 1에 가까울수록 위치 관계를 반영한 소리를 듣는 것입니다.

Shooter 스크립트에서 사격 시 소리를 재생

다음으로 'Shooter' 스크립트를 아래와 같이 수정해 사격 시에 소리를 재생하도록 합니다.

```
1   using System.Collections;
2   using System.Collections.Generic;
3   using UnityEngine;
4
5   public class Shooter : MonoBehaviour
6   {
7       [SerializeField] GameObject bulletPrefab; // 총알 프리팹
8       [SerializeField] Transform gunBarrelEnd;  // 총구(총알의 발사 위치)
```

```
 9
10        [SerializeField] ParticleSystem gunParticle; // 발사 시 연출
11        [SerializeField] AudioSource gunAudioSource; // 발사 소리의 음원
12
13        // Update is called once per frame
14        void Update()
15        {
16            // 입력에 따라 총알을 발사한다
17            if (Input.GetButtonDown("Fire1"))
18            {
19                Shoot();
20            }
21        }
22
23        void Shoot()
24        {
25            // 프리팹을 바탕으로 씬상에 총알을 생성
26            Instantiate(bulletPrefab, gunBarrelEnd.position, gunBarrelEnd.rotation);
27
28            // 발사 시 연출을 재생
29            gunParticle.Play();
30
31            // 발사 시의 소리를 재생
32            gunAudioSource.Play();
33        }
34    }
```

gunAudioSource라는 멤버를 준비해서 발사 시의 소리 AudioSource를 프로퍼티에서 지정하고, 발사 시에 gunAudioSource.Play()로 재생하는 처리를 추가하였습니다.

● Shooter 컴포넌트의 설정과 확인

'Shooter' 컴포넌트의 프로퍼티를 설정하여 확인합니다. 하이어라키 창에서 'PlayerGun' 게임 오브젝트를 선택하고, 'Shooter' 컴포넌트의 [Gun Audio Source] 프로퍼티에 하이어라키 창으로부터 'GunBarrelEnd'를 드래그 앤 드롭하여 설정합니다(그림 6.59).

그림 6.59 ▶ PlayerGun의 Shooter 컴포넌트 설정

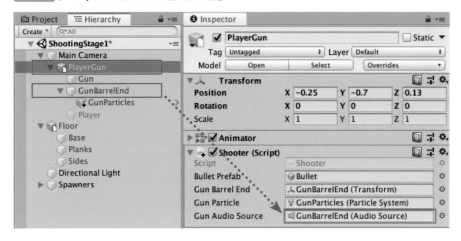

이로써 설정은 끝났습니다. 실행해서 총알이 발사할 때 소리가 재생되는지 확인해 봅니다.

6-5-3 적에 관한 효과음을 넣자

여기서는 적이 출현했을 때와 총알이 명중했을 때의 효과음을 넣습니다.

● 적의 오디오 에셋 준비

'ZomBear'의 오디오 에셋에는 'ZomBear Hurt'와 'ZomBear Death'라는 2종류가 포함되어 있는데 출현 시에 해당하는 에셋은 포함되어 있지 않습니다. 그러나 현재 만들고 있는 VR 게임에서 적이 출현했을 때 소리를 내는 것은 적의 방향을 나타내는 힌트로써의 의미를 지닙니다. 따라서 여기서는 출현 시의 소리를 'ZomBear Death'로 대용하고자 합니다. 'ZomBear Hurt'는 명중 시의 소리로 사용합니다.

● 적의 Audio Source 설정

적의 위치에서 소리가 나야 하므로 'ZomBear' 프리팹에 'Audio Source' 컴포넌트를 설정합니다. 다만 이번에는 내야 할 소리가 출현할 때와 명중할 때 2종류가 존재합니다. 'Audio Source' 컴포넌트에 사전에 소리를 설정해 놓고 낼 수는 없기 때문에, 스크립트에서 소리를 재생할 때 사용하는 AudioClip을 지정하기로 합니다. 다음의 순서로 'ZomBear' 프리팹에 'Audio Source' 컴포넌트를 설정합니다.

1 Audio Source 컴포넌트의 적용

프로젝트 창의 'Assets/VRShooting/Prefabs/ZomBear' 프리팹에 'Audio Source' 컴포넌트를 적용합니다.

2 Audio Source 컴포넌트의 설정

[Play On Awake]의 체크를 해제하고 [Spatial Blend]를 0.8로 설정합니다(그림 6.60).

그림 6.60 ▶ ZomBear 프리팹의 Audio Source 컴포넌트 설정

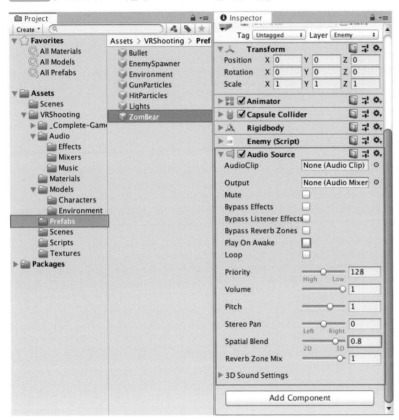

● Enemy 스크립트로 소리를 재생

'Enemy' 스크립트를 수정해서 출현 시와 명중 시에 소리를 재생하도록 해 봅시다. 수정한 'Enemy' 스크립트는 다음과 같습니다.

```
1   using System.Collections;
2   using System.Collections.Generic;
3   using UnityEngine;
4
5   [RequireComponent(typeof(AudioSource))]
6   public class Enemy : MonoBehaviour
7   {
8       [SerializeField] AudioClip spawnClip; // 출현 시의 AudioClip
9       [SerializeField] AudioClip hitClip;   // 총알 명중 시의 AudioClip
10
11      // 쓰러뜨렸을 때 무효화하기 위해서 콜라이더와 렌더러를 갖고 있는다
12      [SerializeField] Collider enemyCollider; // 콜라이더
13      [SerializeField] Renderer enemyRenderer; // 렌더러
14
15      AudioSource audioSource; // 재생에 사용하는 AudioSource
16
17      void Start()
18      {
19          // AudioSource 컴포넌트를 취득해 둔다
20          audioSource = GetComponent<AudioSource>();
21
22          // 출현 시의 소리를 재생
23          audioSource.PlayOneShot(spawnClip);
24      }
25
26      // OnHitBullet 메시지로부터 호출되는 것을 상정
27      void OnHitBullet()
28      {
29          // 총알 명중 시의 소리를 재생
30          audioSource.PlayOneShot(hitClip);
31
32          // 쓰러졌을 때의 처리
33          GoDown();
34      }
35
36      // 쓰러졌을 때의 처리
37      void GoDown()
38      {
39          // 충돌 판정과 표시를 지운다
40          enemyCollider.enabled = false;
41          enemyRenderer.enabled = false;
42
43          // 자신의 게임 오브젝트를 일정 시간 후에 제거
44          Destroy(gameObject, 1f);
45      }
46  }
```

조금 길어졌는데 순서대로 설명해 보겠습니다. 먼저 프로퍼티와 변수를 살펴보겠습니다.

```
8       [SerializeField] AudioClip spawnClip; // 출현 시의 AudioClip
9       [SerializeField] AudioClip hitClip;   // 총알 명중 시의 AudioClip
10
11      // 쓰러뜨렸을 때 무효화하기 위해서 콜라이더와 렌더러를 갖고 있다
12      [SerializeField] Collider enemyCollider; // 콜라이더
13      [SerializeField] Renderer enemyRenderer; // 렌더러
14
15      AudioSource audioSource; // 재생에 사용하는 AudioSource
```

출현 시와 총알의 명중 시에 해당하는 AudioClip을 에디터에서 설정할 수 있도록 프로퍼티로서 정의하고 있습니다. 콜라이더와 렌더러의 프로퍼티는 'ZomBear' 자신의 콜라이더와 렌더러를 지정하도록 하는데, 이는 총알을 맞았을 때의 처리에 필요하기 때문에 보유합니다. audioSource 변수는 'Audio Source' 컴포넌트를 매번 취득하지 않아도 되도록 변수로 보유하기 위해서 사용합니다.

다음으로 Start 함수를 살펴보겠습니다.

```
17      void Start()
18      {
19          // AudioSource 컴포넌트를 취득해 둔다
20          audioSource = GetComponent<AudioSource>();
21
22          // 출현 시의 소리를 재생
23          audioSource.PlayOneShot(spawnClip);
24      }
```

'Audio Source' 컴포넌트를 취득하고, 출현 시의 소리를 재생합니다. 이에 필요한 컴포넌트로 아래의 코드를 추가합니다.

```
5    [RequireComponent(typeof(AudioSource))]
```

PlayOneShot 함수를 사용하여 AudioClip을 지정해서 재생할 수 있습니다. 이제 OnHitBullet 함수를 살펴봅니다.

```
26        // OnHitBullet 메시지로부터 호출되는 것을 상정
27        void OnHitBullet()
28        {
29            // 총알 명중 시의 소리를 재생
30            audioSource.PlayOneShot(hitClip);
31
32            // 쓰러졌을 때의 처리
33            GoDown();
34        }
```

명중 시의 소리를 재생한 후에 총알을 맞았을 때 GoDown이라는 함수를 호출합니다. 여기서 총알을 맞았을 때 바로 게임 오브젝트를 제거해서는 안 된다는 점에 주의해야 합니다. 소리의 재생은 이 게임 오브젝트에 적용된 AudioSource에 의해 행해지기 때문에 게임 오브젝트를 제거해 버리면 소리가 재생되지 않게 되기 때문입니다. 그래서 여기서는 다음과 같은 GoDown이라는 함수를 호출하게 했습니다.

```
36        // 쓰러졌을 때의 처리
37        void GoDown()
38        {
39            // 충돌 판정과 표시를 지운다
40            enemyCollider.enabled = false;
41            enemyRenderer.enabled = false;
42
43            // 자신의 게임 오브젝트를 일정 시간 후에 제거
44            Destroy(gameObject, 1f);
45        }
```

이 함수에서는 콜라이더와 렌더러를 무효화함으로써 충돌 판정과 표시를 지우고, 적이 없어진 것처럼 보이게 합니다. 다만 게임 오브젝트는 1초 늦게 삭제하도록 합니다. 이로써 명중 시 효과음 재생이 끝나고 나서 게임 오브젝트를 제거할 수 있습니다.

● Enemy 컴포넌트의 설정과 확인

인스펙터 창에서 'Enemy' 컴포넌트를 설정합니다. 프로젝트 창의 'Assets/VRShooting/Prefabs/ZomBear' 프리팹의 'Enemy' 컴포넌트를 다음의 순서로 설정합니다.

1 Spawn Clip 프로퍼티의 설정

[Spawn Clip] 프로퍼티에 'Assets/VRShooting/Audio/Effects/ZomBear Death'를 설정합니다.

2 Hit Clip 프로퍼티의 설정

[Hit Clip] 프로퍼티에 'Assets/VRShooting/Audio/Effects/ZomBear Hurt'를 설정합니다.

3 Enemy Collider 프로퍼티의 설정

[Enemy Collider] 프로퍼티에 'ZomBear' 프리팹 자신을 드래그 앤 드롭으로 설정합니다.

4 Enemy Renderer 프로퍼티의 설정

[Enemy Renderer] 프로퍼티에 'ZomBear' 프리팹의 자식 요소를 드래그 앤 드롭으로 설정합니다
(그림 6.61).

그림 6.61 ▶ ZomBear 프리팹의 Enemy 컴포넌트 설정

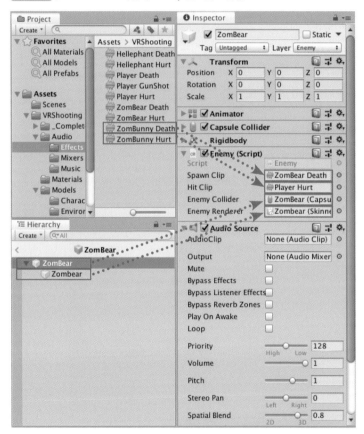

설정했으면 실행해서 확인해 봅시다. 적이 출현할 때와 적에게 총알이 명중했을 때에 소리가 재생
됩니다. 이어폰으로 들어 보면 적이 출현한 방향에서 소리가 들려오는 걸 알 수 있습니다.

● BGM의 설정

마지막으로 BGM을 설정해 봅시다. BGM은 씬에 들어간 후, 루프 반복 재생을 하여 중단되지 않게 합니다. BGM을 재생하기 위한 'BGM' 게임 오브젝트를 작성해서 설정합니다.

1 BGM의 작성

하이어라키 창에서 마우스 오른쪽 버튼을 클릭하여 [Create Empty]로 빈 게임 오브젝트를 작성하고, 이름을 'BGM'으로 합니다(그림 6.62❶).

2 Audio Source 컴포넌트의 적용

'BGM' 게임 오브젝트에 'Audio Source' 컴포넌트를 적용합니다.

3 AudioClip 프로퍼티의 설정

'Audio Source' 컴포넌트의 [AudioClip] 프로퍼티에 프로젝트 창의 'Assets/VRShooting/Audio/Music/Background Music'을 설정합니다(그림 6.62❷).

4 Audio Source 컴포넌트의 설정

'Audio Source' 컴포넌트의 [Loop] 프로퍼티에 체크를 합니다. 이대로 설정하면 볼륨이 크기 때문에 'Audio Source' 컴포넌트의 [Volume] 프로퍼티를 0.2로 설정합니다(그림 6.62❸).

그림 6.62 ▶ BGM 게임 오브젝트

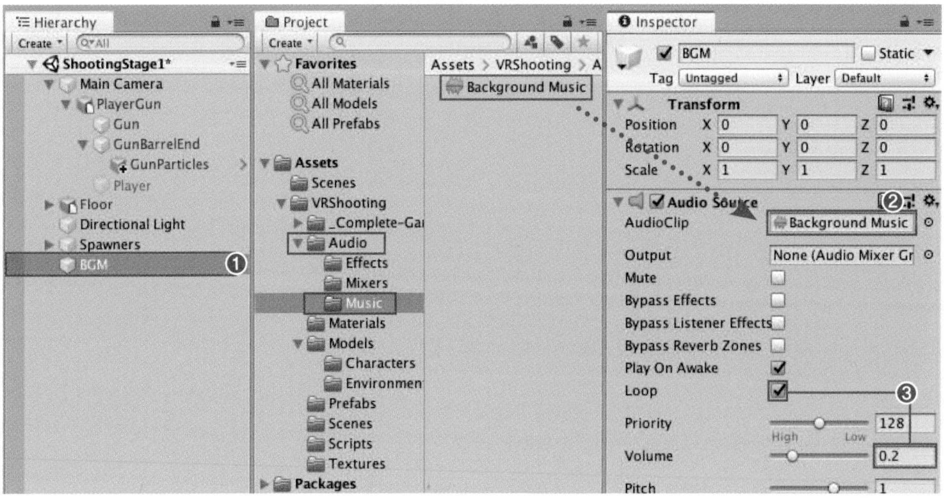

실행해서 BGM이 재생되는지 확인합시다.

게임의 규칙을 만들자

이전 장에서는 VR 슈팅 게임의 플레이어와 적의 동작을 작성하고 프리팹의
사용법에 대해 알아봤습니다. 이번 장에서는 슈팅 게임을 좀 더 게임답게
만들기 위한 게임 규칙을 작성하며 그 중에서 사용자 인터페이스(UI)의 작성
방법이나 게임의 진행을 관리하는 방법에 대해서도 다룹니다.

이 장에서 배우는 것
- UI 작성 방법
- UI 컴포넌트의 사용법
- 시간 제한의 작성 방법
- 점수의 작성 방법
- 게임의 진행 관리 방법

UI를 표시하자

이 절에서는 게임을 만드는 데 중요한 요소 중 하나인 사용자 인터페이스(UI)를 설명하고, 사용자 인터페이스의 작성 방법이나 UI 작성에서 자주 사용하는 컴포넌트 사용법에 대해서 알아봅니다.

7-1-1 유니티의 UI에 대해서

유니티에는 UI를 작성할 수 있는 시스템이 있습니다. 크게 두 가지로 나뉘는데, Canvas라는 표시 영역에 UI 요소를 배치해 나가는 UI 시스템(uGUI)과 IMGUI(Immediate Mode GUI)라는 스크립트 기반의 GUI가 있습니다(그림 7.1, 그림 7.2).

기본적으로 게임에서 사용되는 UI 작성에는 Canvas 기반의 GUI가 이용되고 IMGUI는 디버깅 용도로 사용합니다. 또한, 유니티 표준의 UI 시스템 외에도 AssetStore에 공개되어 있는 대표적인 에셋으로 'NGUI: Next-Gen UI(그림 7.3)'가 있으며, 이는 과거 유니티에 UI 시스템이 표준으로 준비되어 있지 않을 때 많이 사용됐습니다.

이 절에서는 유니티 표준 uGUI를 사용한 UI 작성에 대해 다룹니다.

그림 7.1 ▶ uGUI(Unity Samples: UI)

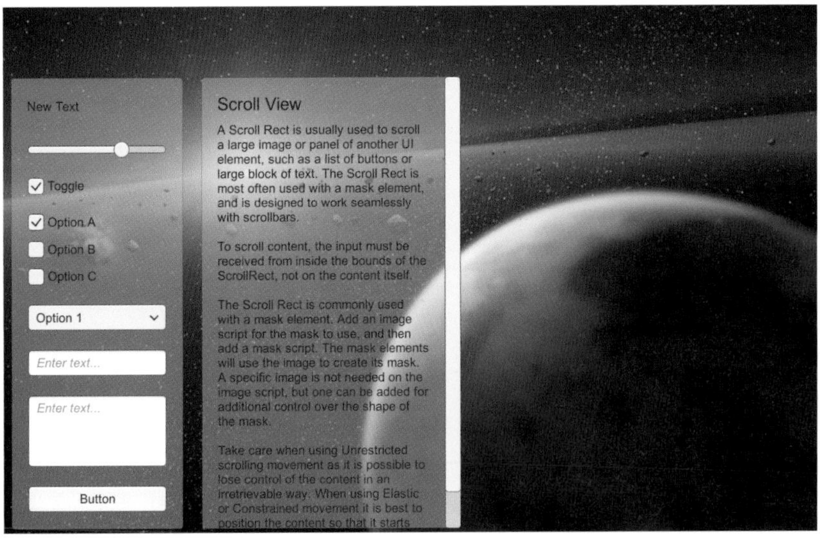

그림 7.2 ▶ IMGUI

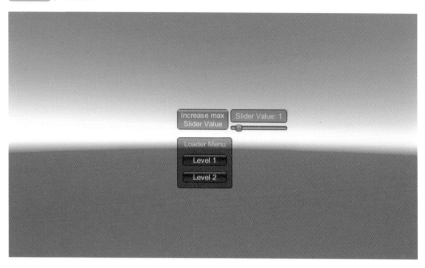

그림 7.3 ▶ NGUI(NGUI: Next-Gen UI)

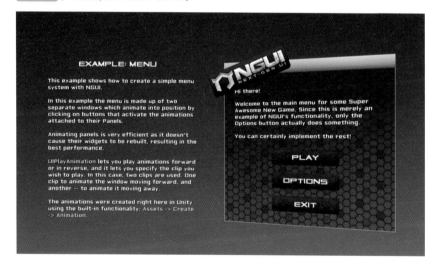

7-1-2 유니티에서 UI의 기초

유니티 UI의 기본적인 사용법을 알아봅니다.

● Text 배치

처음으로, 비주얼 컴포넌트인 'Text'를 씬에 배치합시다. 유니티의 메뉴 바 또는 하이어라키 창에서 마우스 오른쪽 버튼을 클릭하여 씬에 배치할 수 있습니다. 먼저 다음 순서로 Text를 배치합니다.

Text의 배치

메뉴 바에서 [GameObject] → [UI] → [Text]를 선택(그림 7.4) 또는 하이어라키 창에서 마우스 오른쪽 버튼을 클릭하여 [UI] → [Text]를 선택(그림 7.5)합니다.

그림 7.4 ▶ UI Text Menu　　　　　　　　　　　　　　　그림 7.5 ▶ UI Text

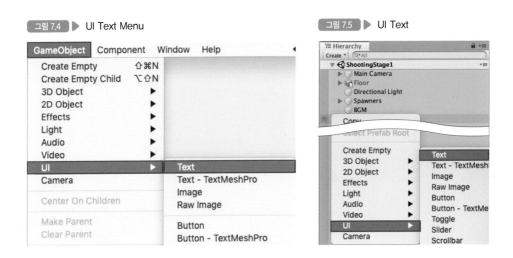

이제 Text가 씬에 표시될 것입니다(그림 7.6). 이때 하이어라키 창을 보면 Text 외에 'Canvas/EventSystem'이라는 게임 오브젝트가 배치되어 있습니다(그림 7.7).

그림 7.6 ▶ 씬 뷰의 Text 표시　　　　　　　　　　　그림 7.7 ▶ 하이어라키 창의 게임 오브젝트

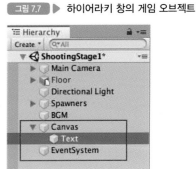

● Canvas는 UI 컴포넌트를 배치하는 틀

모든 UI 컴포넌트는 항상 'Canvas'의 자식이 됩니다. UI 컴포넌트를 작성할 때, 하이어라키 창에 'Canvas'가 없으면 자동으로 작성되며, 'Canvas'는 씬에 여러 개 배치할 수 있습니다(그림 7.8).

그림 7.8 ▶ Canvas와 UI 컴포넌트의 관계

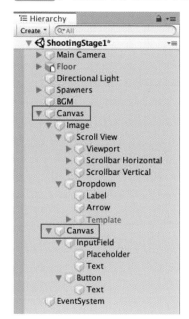

● Canvas 컴포넌트에 대해서

UI를 표시하는 데 있어서 중요한 'Canvas' 컴포넌트에 대해 조금 더 자세히 설명해 보겠습니다.

'Canvas' 컴포넌트는 Render Mode의 종류에 따라 그려지는 방법이 다릅니다. Render Mode 는 스크린에 그리는 모드와 3D 모델과 동일한 공간에 그리는 모드로 나뉩니다. 또한, 스크린에 그리는 모드에는 3D 공간에 표현되는 오브젝트의 전면에 UI를 그리는 Overlay 모드, 또는 카메라로부터 지정한 거리에 스크린을 배치하는 Camera 모드 두 가지 방식이 있습니다. 이러한 방식은 각각 'ScreenSpace-Overlay', 'ScreenSpace-Camera', 'WorldSpace' 세 가지 모드가 되며, 각각 어떻게 그려지는지는 그림 7.9에서 확인할 수 있습니다.

그림 7.9 ▶ Render Mode별 그리는 모드

■ ScreenSpace-Overlay

■ ScreenSpace-Camera(3D 모델보다 스크린을 전면에 배치한 경우)

■ ScreenSpace-Camera(3D 모델보다 스크린을 뒷면에 배치한 경우)

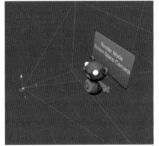

■ WorldSpace

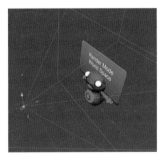

'Canvas' 컴포넌트를 Render Mode별로 그림 7.10에 나타냅니다.

그림 7.10 ▶ Canvas 컴포넌트(Render Mode별)

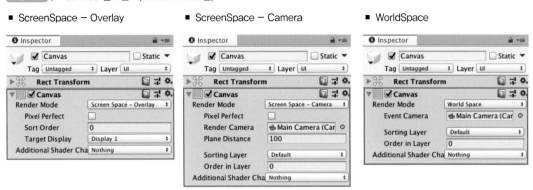

- ScreenSpace – Overlay
- ScreenSpace – Camera
- WorldSpace

'Canvas' 컴포넌트의 Render Mode별로 표시되는 프로퍼티가 바뀝니다. 각각의 프로퍼티 설명은 표 7.1을 참조하세요.

표 7.1 ▶ Canvas 컴포넌트의 프로퍼티

프로퍼티	설명
Render Mode	UI를 어떤 방식으로 그릴지를 설정할 수 있습니다.
Pixel Perfect	UI를 안티에이리어스 없이 그릴 것인지를 설정할 수 있습니다(Screen Space 모드만).
Render Camera	UI를 그리는 카메라를 지정할 수 있습니다(Screen Space–Camera 모드만).
Plane Distance	UI의 스크린이 그리는 카메라로부터 떨어진 거리를 설정할 수 있습니다 (Screen Space–Camera 모드만).
Event Camera	UI 이벤트를 처리하는 카메라를 설정할 수 있습니다(World Space 모드만).
Sort Order	Canvas의 표시 순서를 설정할 수 있습니다. 숫자가 클수록 전면에 표시됩니다(Screen Space–Overlay 모드만).
Target Display	그림을 그리는 디스플레이를 설정합니다(Screen Space–Overlay 모드만).
Sorting Layer	어떤 Sorting Layer에 속하는지를 설정할 수 있습니다(Screen Space–Overlay 모드 이외).
Order in Layer	지정된 레이어 내에서의 표시 순서를 설정할 수 있습니다. 숫자가 클수록 전면에 표시됩니다(Screen Space–Overlay 모드 이외).
Additional Shader Channels	셰이더에서 참조, 취득하는 파라미터를 추가합니다.

● UI 컴포넌트가 표시되는 순서

'Canvas' 컴포넌트의 자식으로 등록되어 있는 'UI' 컴포넌트는 하이어라키에 등록된 순서대로 표시됩니다. 하이어라키 창에 표시되어 있는 게임 오브젝트순으로 그려지므로, 위에 있는 것이 먼저 그려지고 아래로 갈수록 앞쪽에 표시됩니다(그림 7.11).

그림 7.11 ▶ 하이어라키 나열과 그리는 순서의 관계

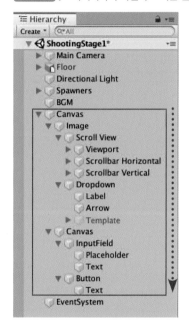

6-2-3 충돌 시의 처리를 구현하자에서 설명한 레이어 설정을 열어 봅시다. 여기에는 Layer 외에도 Tag나 Sorting Layers를 설정할 수 있습니다. 이번에는 Sorting Layers에 대해서 설명합니다(그림 7.12).

그림 7.12 ▶ Sorting Layers의 설정

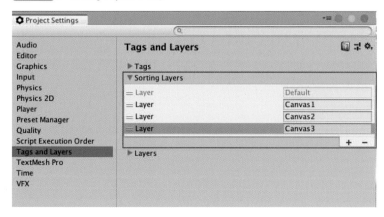

[Sorting Layers]는 그리는 순서를 제어할 수 있습니다. 'Canvas' 컴포넌트의 Render Mode 가 Screen Space—Overlay 모드 이외일 때 설정할 수 있으며, 여러 개의 Canvas가 표시되는 순 서를 간단하게 바꿀 수 있습니다. 그림 7.12와 같은 [Sorting Layers]로 설정된 상태에서, 각각의 'Canvas'의 [Sorting Layers] 프로퍼티를 표시되어 있는 문자와 같도록 설정하면 그림 7.13처럼 나 옵니다. Canvas1이 가장 안쪽에 표시되고, Canvas3이 가장 전면에 표시되는 걸 알 수 있습니다.

그림 7.13 ▶ Canvas의 표시 순서

[Sorting Layers] 나열을 그림 7.14처럼 변경하면, 그림 7.15에서 볼 수 있듯이 씬에는 그림 7.13과는 반대로 Canvas1이 가장 전면에, Canvas3이 가장 뒤쪽에 표시됩니다. 이처럼 [Sorting Layers]의 차례를 바꾸는 것만으로 간단하게 표시 순서를 변경할 수 있습니다.

이번 VR 슈팅 게임에서는 [Sorting Layers]의 기능을 사용하지 않지만 Canvas 외에도 Particle이나 Sprite 등 여러 가지 게임 오브젝트의 표시 순서를 제어할 수 있습니다.

그림 7.14 ▶ 변경한 Sorting Layers의 설정

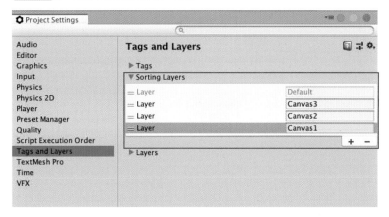

그림 7.15 ▶ 변경한 Canvas의 표시 순서

'Canvas' 컴포넌트의 Render Mode가 Screen Space-Overlay인 경우, 앞에서의 [Sorting Layer]를 사용할 수 없는데, Screen Space-Overlay일 때는 강제적으로 가장 앞쪽에 그려지기 때문입니다. 그 때문에 Screen Space-Overlay일 때는 'Canvas' 컴포넌트의 [Sort Order] 프로퍼티 값이 작은 순서대로 먼저 그려지고, 값이 클수록 앞쪽에 그려집니다. 표시 순서는 게임 개발에 있어서 중요한 처리이므로 잘 이해해 두길 바랍니다.

7-1-3 UI의 레이아웃

UI 레이아웃을 설정하는 방법과 기본적인 개념을 알아보겠습니다.

● 2D 표시 모드

유니티에는 2D의 Sprite 및 UI의 레이아웃 조작을 간단하게 할 수 있는 조작 모드가 있습니다. 이 모드로 전환해 봅시다.

1 2D 표시 모드로 변경

씬 뷰의 윗부분 메뉴에서 [2D] 버튼을 눌러 ON으로 하고 [Center] 버튼을 눌러 [Pivot]으로 변경합니다(그림 7.16).

그림 7.16 ▶ 2D 표시 모드

2 Canvas의 선택

하이어라키 창에서 앞서 작성한 'Canvas'를 선택한 후 씬 뷰에 마우스 커서를 이동시키고, 키보드의 f 키를 누릅니다(그림 7.17).

그림 7.17 ▶ Canvas의 선택

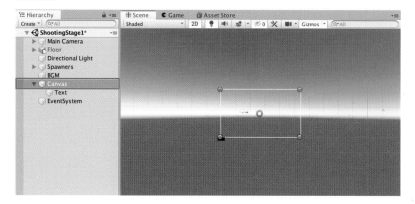

3 | Text의 이동

씬 뷰 또는 하이어라키 창에서 'Text'를 선택하고, 씬 뷰에서 Canvas 영역(흰색 사각 테두리)의 중앙
으로 텍스트를 이동시킵시다(그림 7.18).

그림 7.18 ▶ Text의 이동

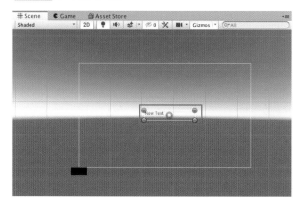

3D 모드로 되돌아가는 경우는 앞과 똑같이 '2D' 버튼을 눌러 OFF로 합니다.

● 피봇(Pivot)

씬 뷰에서 앞의 'Text'를 잘 살펴보면 중심에 파란색 원이 표시되어 있을 것입니다(그림 7.19).

▶ Text의 피봇(중앙의 파란색 원)

이것이 피봇(Pivot)이라는 기준점으로, 이 점을 중심으로 회전, 크기, 스케일의 변경이 이루어집니다. 실제로 조작하여 확인해 봅시다.

1 Text의 회전

'Text' 영역 바깥 테두리의 파란색 점 옆으로 마우스 커서를 이동시켜 회전시켜 봅시다(그림 7.20).

▶ Text의 회전

2 피봇의 이동

파란색 원을 중심으로 'Text'가 회전합니다. 다음으로 파란색 원을 마우스로 조금 이동시켜 봅시다(그림 7.21).

▶ 피봇의 이동

이 상태로 회전시켜 보면 앞과 달리 이동시킨 파란색 원을 중심으로 회전이 이루어집니다(그림 7.22). 이처럼 피봇은 회전, 크기, 스케일을 변경할 때 기준점이 됩니다.

그림 7.22 ▶ 피봇 이동 후의 회전

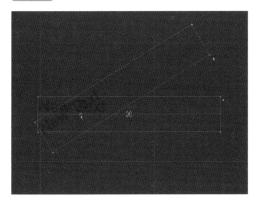

칼 럼 **'Text'가 회전하지 않는 경우**

순서 **1**의 동작 시, [BluePrint Mode]로 되어 있으면 회전할 수 없습니다. 'Text'의 'Rect Transform' 컴포넌트의
그림 7.A 부분을 확인하고 토글이 눌리지 않은 상태로 만들어 주세요.

그림 7.A ▶ Text의 Rect Transform 컴포넌트

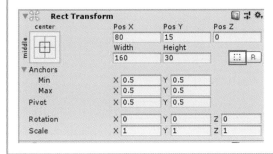

● 앵커(Anchor)

다시 한 번, 씬 뷰에서 조금 전의 'Text'를 잘 살펴봅시다. 이전 피봇과는 다른 4개의 삼각형(앵커
포인트)이 X 형태로 표시된 것을 볼 수 있습니다(그림 7.23).

그림 7.23 ▶ Text의 앵커

이것은 앵커(Anchor)라고 하며, 하이어라키의 부모에 대해서 상대적으로 배치할 수 있는 기능의 기준이 되는 점입니다. 실제로 조작을 해서 확인해 봅시다.

1 Text 앵커 포인트의 이동

하이어라키 창에서 'Text'를 선택하고, 앵커 포인트를 각각 그림 7.24와 같이 가로 세로 비율이 (30%-40%-30%)가 되게 이동시키세요.

그림 7.24 ▶ Text 앵커 포인트의 이동

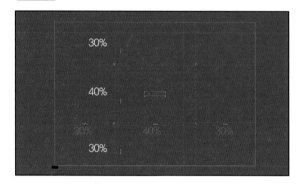

2 Text 크기의 변경

네 모퉁이의 파란색 원을 각각 앵커 포인트로부터 안쪽으로 60 위치로 이동시킵니다 (그림 7.25).

그림 7.25 ▶ Text 크기의 변경

3 Canvas 크기의 변경

'Canvas'의 흰색 테두리 아래 부분을 드래그하면서 이동시킵니다(그림 7.26).

그림 7.26 ▶ Canvas 크기의 변경

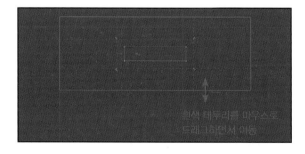

흰 테두리의 크기를 변경하면 'Text'의 크기도 자동으로 변경됨을 알 수 있으며, 앵커 포인트와 각각의 파란색 원이 'Canvas'의 상대적인 위치로 고정됩니다. 흰 테두리의 크기를 어떤 크기로 변경해도 30%-40%-30%의 비율은 변하지 않고 앵커 포인트와 파란색 원의 위치도 변하지 않습니다. 이처럼 부모의 상태에 맞추어 자신의 위치와 크기를 조정하는 기능을 앵커라고 합니다. 여기시는 앵커 지정을 수동으로 했으나 유니티에서는 프리셋이 준비되어 있어 간단하게 설정할 수 있습니다.

● Rect Transform 컴포넌트

지금까지 위치, 회전, 크기를 설정하기 위한 컴포넌트로 'Transform' 클래스를 사용했으나, UI나 Sprite 등 2D를 표시할 때는 'Rect Transform' 클래스라는 'Transform' 클래스를 상속한 특별한 컴포넌트를 사용합니다(그림 7.27).

그림 7.27 ▶ Rect Transform 컴포넌트

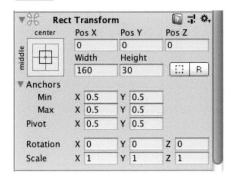

'Rect Transform' 클래스는 'Transform' 클래스와 비슷한 프로퍼티를 갖고 있고, 조금 전 설명한 피봇이나 앵커 등의 설정을 할 수 있습니다. 'Rect Transform' 컴포넌트의 왼쪽 위에 있는 앵커 프리셋을 열면 그림 7.28과 같은 화면이 열리고, 특정 위치에 앵커를 설정할 수 있습니다.

그림 7.28 ▶ 앵커 프리셋

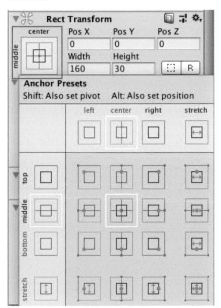

또한, Shift 를 누르면서 설정하면 피봇 위치를 동시에 변경하고, Alt 를 누르면서 설정하면 컴포넌트의 위치를 동시에 변경할 수 있습니다. Shift 와 Alt 를 동시에 눌러 모든 위치를 조정할 수도 있습니다. 'Rect Transform' 컴포넌트는 앵커의 설정에 따라 프로퍼티 내용이 변경된다는 점을 주의하세요(그림 7.29).

'Rect Transform' 컴포넌트에 준비되어 있는 프로퍼티는 표 7.2에서 설명합니다.

그림 7.29 ▶ 앵커 설정과 Rect Transform의 프로퍼티

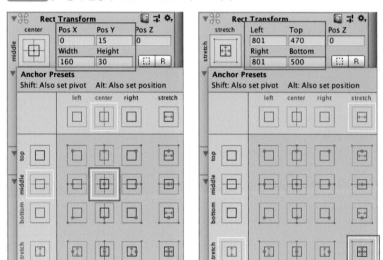

표 7.2 ▶ Rect Transform 클래스의 프로퍼티

프로퍼티	설명
pivot	자신의 직사각형의 회전 기준이 되는 점. 0.0은 왼쪽 아래의 직사각형의 각이며 1.0은 오른쪽 위의 직사각형의 각
rect	로컬 공간에서 계산된 직사각형의 정보
anchorMax	부모의 직사각형을 기준으로 한 자신의 직사각형 오른쪽 위 각의 앵커 위치의 비율. 0.0은 왼쪽 아래의 부모 직사각형의 각이며, 1.0은 오른쪽 위의 부모 직사각형의 각
anchorMin	부모의 직사각형을 기준으로 한 자신의 직사각형 왼쪽 아래 각의 앵커 위치 비율. 0.0은 왼쪽 아래의 부모 직사각형의 각이며, 1.0은 오른쪽 위의 부모 직사각형의 각
offsetMax	오른쪽 위의 앵커를 기준으로 한 자신의 직사각형의 오른쪽 위 각의 오프셋 위치
offsetMin	왼쪽 아래의 앵커를 기준으로 한 자신의 직사각형의 왼쪽 아래 각의 오프셋 위치
sizeDelta	앵커를 기준으로 한 오른쪽 위와 왼쪽 아래 각의 크기(offsetMax−offsetMin)

7-1-4 대표적인 UI 컴포넌트

유니티에는 UI를 작성하기 위해서 여러 가지 UI 컴포넌트가 준비되어 있으며, 이를 사용해서 간단하게 이미지 표시나 텍스트 표시, 버튼이나 입력 필드 등을 작성할 수 있습니다. 표 7.3은 대표적인 UI 컴포넌트이며, 그 중 비교적 자주 사용하는 것들을 소개합니다.

표 7.3 ▶ 대표적인 UI 컴포넌트

프로퍼티	설명	표시
Text	타이틀이나 설명문 등의 문자열을 표시합니다.	New Text
Image	아이콘이나 캐릭터 등의 그림을 표시합니다.	
Mask	자식 요소의 표시 영역을 한정할 수 있습니다(샘플 그림을 보면 각이 둥글게 되어 있습니다).	
Button	사용자의 입력에 반응하여 액션을 일으킬 수 있는 그림을 표시합니다.	Button
Toggle	ON/OFF를 전환하는 스위치를 표시합니다.	✓ Toggle
Slider	수치의 범위를 그래피컬하게 변경할 수 있는 바를 표시합니다.	
Scrollbar	큰 그림 등의 표시 부분을 이동할 수 있는 바를 표시합니다.	
Dropdown	사용자가 목록에서 값을 선택할 수 있는 문자열과 그림을 표시합니다.	Option A ˅ / ✓ Option A / Option B / Option C
Input Field	사용자가 편집할 수 있는 문자열을 표시합니다.	Enter text..

● Text

타이틀이나 설명문 등의 문자열 표시를 제어하는 컴포넌트입니다. 폰트 지정이나 크기, 색 등을 설정할 수 있으며, RichText라는 문자열 내에 HTML과 닮은 태그를 채워 넣어서 표시할 문자열을 꾸밀 수 있습니다. 컴포넌트는 그림 7.30에서 확인할 수 있습니다.

그림 7.30 ▶ Text 컴포넌트

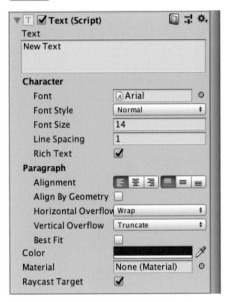

● Image

이미지나 아이콘 등의 그림 표시를 제어하는 컴포넌트로, 그림의 색을 설정할 수 있습니다. 유니티에서는 그림 데이터를 다룰 때 png나 jpeg 그림 데이터를 바탕으로 Texture라는 그림 정보를 관리하는 클래스로 취급하기 때문에, 그림 데이터를 Asset으로 임포트하면 Texture로서 등록됩니다. Texture는 주로 3D 모델 등의 표면 색이나 모양을 나타내기 위해 사용됩니다.

또한, 2D 캐릭터와 UI 등 평면 표시에 사용되는 그림 데이터는 Sprite로 취급합니다. Sprite는 2D 그래픽 오브젝트로 취급하며, 여러 개의 그림을 합해 1장의 그림으로 취급하고, 그 중 일부를 표시할 때 등에 사용됩니다. 'Image'에서 사용하는 그림은 Sprite 데이터를 사용해야 하며 Texture 데이터를 사용하는 그림은 다른 UI 컴포넌트인 'Raw Image' 컴포넌트를 사용합니다.

그림 7.31에서 'Image' 컴포넌트를 확인하세요.

그림 7.31 ▶ Image 컴포넌트

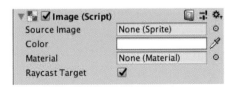

● Button

클릭하면 어떤 동작을 하는 UI 컴포넌트입니다. 'Button'은 앞서 소개한 'Text' 컴포넌트와 'Image' 컴포넌트를 사용하여 표시합니다(그림 7.32). 버튼 외에도 유니티에는 여러 개의 컴포넌트를 조합해 표현하는 UI 컴포넌트가 있습니다. 'Button' 컴포넌트는 그림 7.33에서 확인할 수 있습니다.

그림 7.32 ▶ Button 하이어라키 창의 상태

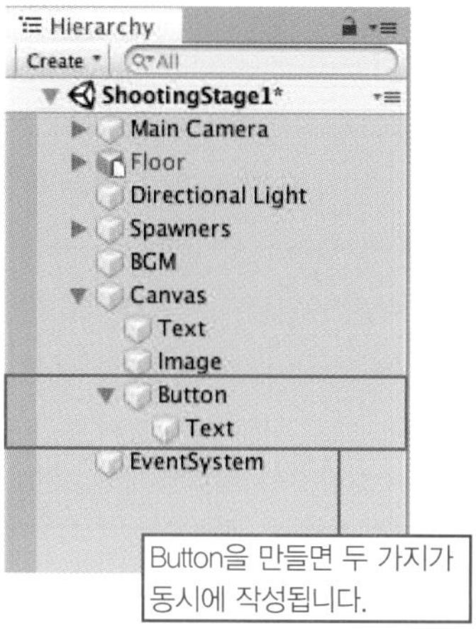

그림 7.33 ▶ Button 컴포넌트

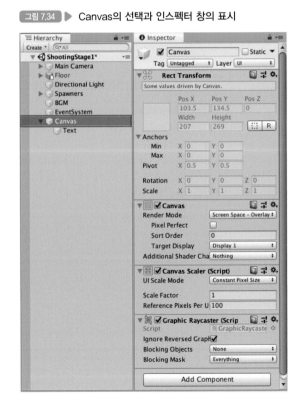

7-2 제한 시간을 만들자

게임의 흐름을 만드는 데 있어 중요한 요소 중 하나인 제한 시간과 게임 종료 시의 처리를 작성해 보며, 그 중에서 구체적인 UI 설정 방법과 스크립트에서 UI를 조작하는 방법 등에 대해서 설명합니다.

7-2-1 제한 시간을 표시하자

이전 절에서 작성한 'Text' 오브젝트를 사용해서 제한 시간을 표시해 봅시다.

● Canvas 오브젝트 설정

이전 절에서 작성한 'Canvas' 오브젝트 설정을 합니다.

1 Canvas의 선택

하이어라키 창에서 'Canvas'를 선택하고 인스펙터 창에 'Canvas'의 컴포넌트를 표시합니다(그림 7.34).

그림 7.34 ▶ Canvas의 선택과 인스펙터 창의 표시

2 Canvas의 파라미터 설정

'Canvas' 컴포넌트의 [Render Mode]를
World Space로 변경하고, 'Rect Transform'
컴포넌트의 [Pos X/Pos Y/Pos Z/Width/
Height] 프로퍼티를 그림 7.35처럼 설정합
니다.

그림 7.35 ▶ Canvas의 Rect Transform 파라미터 설정

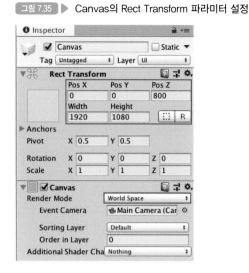

순서 **2**에서 'Canvas' 컴포넌트의 [Render Mode]를 Screen Space-Overlay에서 World
Space로 변경합니다. [Render Mode]는 설정을 변경하면 표시하는 기준이 바뀌기 때문에 오브젝트
가 원래 있던 위치와 다른 곳에 표시됩니다. 따라서 다음 장에서 진행할 VR 대응을 위해 여기서 미리
변경합니다.

● Text 오브젝트 설정

이어서 'Text' 오브젝트의 설정을 합시다.

1 Text의 파라미터 설정

하이어라키 창에서 'Text'를 선택해 인스펙
터 창에 'Text' 컴포넌트를 표시하고, [Text]
프로퍼티에 '남은 시간 : 30초'라고 입력합니
다. [Font Size/Alignment/Horizontal
Overflow/Vertical Overflow] 프로퍼티를
그림 7.36처럼 설정합니다.

그림 7.36 ▶ Text의 파라미터 설정

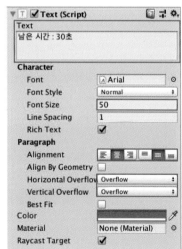

2 Text의 컬러 파라미터 설정

[Color] 프로퍼티의 컬러 바를 선택해서 그림 7.37처럼 설정합니다.

그림 7.37 ▶ Text의 컬러 파라미터 설정

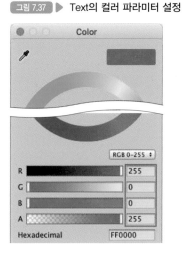

3 Text의 Rect Transform 파라미터 설정

'Rect Transform' 컴포넌트의 [Pos X/Pos Y] 프로퍼티를 그림 7.38처럼 설정합니다. 알기 쉽게 게임 오브젝트의 이름을 'Text'에서 'RemainTimer'로 변경합니다.

그림 7.38 ▶ Text의 Rect Transform 파라미터 설정

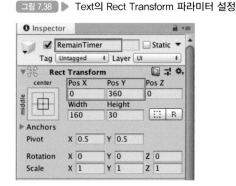

모든 설정을 완료했다면 게임 화면에 그림 7.39처럼 표시됩니다.

그림 7.39 ▶ 게임 화면의 표시 상태

7-2-2 남은 시간을 카운트해 보자

다음으로 남은 시간을 재는 스크립트를 작성합니다.

● RemainTimer 스크립트 작성

프로젝트 창의 'Assets/VRShooting/Scripts'에 'RemainTimer' 스크립트를 작성하고 다음과 같이 편집합니다.

```
1   using System.Collections;
2   using System.Collections.Generic;
3   using UnityEngine;
4   using UnityEngine.UI;
5
6   [RequireComponent(typeof(Text))]
7   public class RemainTimer : MonoBehaviour
8   {
9       [SerializeField] float gameTime = 30.0f;     // 게임 제한 시간 [초]
10      Text uiText;                                 // UIText 컴포넌트
11      float currentTime;                           // 남은 시간 타이머
12
13      void Start()
14      {
15          // Text 컴포넌트 취득
16          uiText = GetComponent<Text>();
17          // 남은 시간을 설정
18          currentTime = gameTime;
19      }
20
21      void Update()
22      {
23          // 남은 시간을 계산
24          currentTime -= Time.deltaTime;
25
26          // 0초 이하로는 안 된다
27          if (currentTime <= 0.0f)
28          {
29              currentTime = 0.0f;
30          }
31
32          // 남은 시간 텍스트 갱신
33          uiText.text = string.Format("남은 시간 : {0:F} 초", currentTime);
34      }
35
```

```
36          // 카운트다운을 하고 있는지?
37          public bool IsCountingDown()
38          {
39              // 카운터가 0이 아니면 카운트 중
40              return currentTime > 0.0f;
41          }
42      }
```

게임 제한 시간(초)을 에디터에서 설정할 수 있도록 gameTime 프로퍼티를 정의했습니다. uiText는 'Text' 컴포넌트를 참조하기 위한 변수이고 currentTime은 현재 남은 시간을 저장하기 위한 변수입니다. Start 함수는 함수 GetComponent에서 같은 게임 오브젝트에 있는 'Text' 컴포넌트를 취득합니다. GetComponent 함수는 처리가 무겁기 때문에 가능한 한 적은 횟수로 호출해야 합니다. 따라서 여기서 컴포넌트를 구해 Update 함수에서 해당 참조를 사용합니다. currentTime 에는 게임의 제한 시간을 대입합니다. Update 함수에서는 타이머의 남은 시간을 갱신하고, 0초 이하가 되지 않게 합니다. 그리고 현재 남은 시간을 'Text' 컴포넌트의 텍스트로 변경함으로써 표시를 갱신합니다. IsCountingDowm 함수는 남은 시간의 카운트 여부를 판정합니다. 나중에 사용하기 위해서 미리 작성해 둡니다.

● RemainTimer 컴포넌트의 설정과 동작 확인

작성한 'RemainTimer' 컴포넌트를 설정하여 확인합시다.

1 컴포넌트의 적용

프로젝트 창의 'RemainTimer' 스크립트를 하이어라키 창의 'RemainTimer' 위로 드래그 앤 드롭합니다(그림 7.40).

그림 7.40 ▶ RemainTimer 컴포넌트의 적용

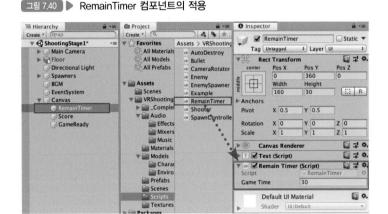

2 실행과 확인

실행해서 남은 시간이 카운트다운되어 0초에 카운트가 정지되는 걸 확인했으면 제대로 동작하는 것입니다(그림 7.41).

그림 7.41 ▶ 남은 시간의 카운트 종료 상태

점수를 도입하자

게임 플레이를 잘하는지 확인하기 위한 지표로 점수를 도입합시다. 여기서는 적을 쓰러뜨렸을 때 점수를 더하기로 합니다. 이전 절과 마찬가지로 'Text' 컴포넌트를 사용해서 점수 표시를 합니다.

7-3-1 점수를 표시하자

새롭게 Text를 작성해서 점수 표시를 합니다.

● Text 오브젝트 작성

작성한 'Text' 오브젝트를 설정합니다.

1 Text의 작성

하이어라키 창에서 'Canvas'를 선택해 마우스 오른쪽 버튼을 클릭하여 [UI] → [Text]를 선택합니다(그림 7.42).

그림 7.42 ▶ Text의 작성

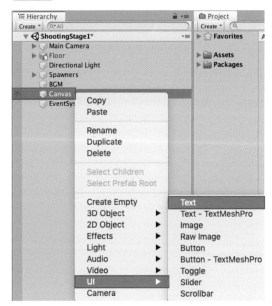

2 파라미터 설정

'Text' 컴포넌트의 [Text] 프로퍼티에 '점수 : 000점'을 입력하고, [Font Size/Alignment/ Horizontal Overflow/Vertical Overflow] 프로퍼티를 그림 7.43과 같이 설정합니다. 또한, 'Rect Transform' 컴포넌트의 [Pos X/Pos Y] 프로퍼티를 그림 7.43처럼 설정합니다.

3 이름의 변경

알기 쉽게 게임 오브젝트의 이름을 'Text'에서 'Score'로 변경합니다.

4 컬러 파라미터 설정

[Color] 프로퍼티의 컬러 바를 선택해서 그림 7.44처럼 설정합니다.

그림 7.43 ▶ Text의 파라미터 설정

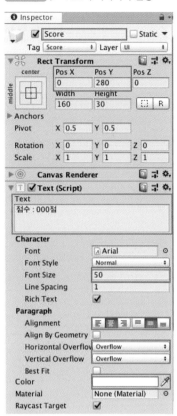

그림 7.44 ▶ Text의 컬러 파라미터 설정

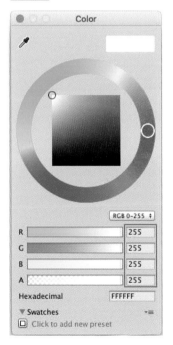

7

모든 설정을 완료했다면 게임 화면에 그림 7.45처럼 표시됩니다.

그림 7.45 ▶ 게임 화면의 표시 상태

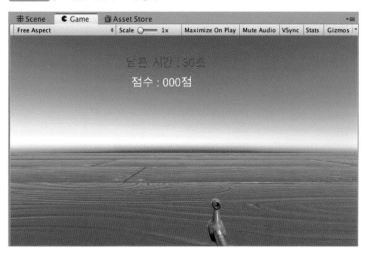

● Score 스크립트 작성

여기서는 점수를 주는 처리와 그 점수를 사용해 'Text' 컴포넌트의 표시를 갱신하는 스크립트를 작성해 봅시다. 프로젝트 창의 'Assets/VRShooting/Scripts'에 'Score' 스크립트를 작성하고 다음과 같이 편집합니다.

```
1    using System.Collections;
2    using System.Collections.Generic;
3    using UnityEngine;
4    using UnityEngine.UI;
5
6    [RequireComponent(typeof(Text))]
7    public class Score : MonoBehaviour
8    {
9        Text uiText;    // UIText 컴포넌트
10
11       public int Points { get; private set; }    // 현재의 점수 포인트
12
13       void Start()
14       {
15           uiText = GetComponent<Text>();
```

```
16        }
17
18        public void AddScore(int addPoint)
19        {
20            // 현재의 포인트에 더함
21            Points += addPoint;
22
23            // 점수 갱신
24            uiText.text = string.Format("점수:{0:D3}점", Points);
25        }
26    }
```

Points는 현재 점수를 저장하기 위한 자동 프로퍼티입니다. RemainTimer와 비슷한 처리로 되어 있으나 이번에는 Update 함수는 없고 AddScore 함수가 호출되면 점수 텍스트가 갱신됩니다. AddScore 함수는 Public 함수로 적을 쓰러뜨렸을 때의 처리에서 점수를 더할 때 사용합니다. 이 함수는 인수로서 더할 득점 addPoint를 갖고, 함수가 호출되면 인수 addPoint의 점수가 현재 점수인 Points에 더해집니다. 또한, UIText를 통해서 점수 표시도 갱신됩니다.

이 스크립트도 지금까지 했던 것처럼, 프로젝트 창의 'Score' 스크립트를 하이어라키 창의 'Score'로 드래그 앤 드롭합니다.

● 태그의 설정

태그란 프로젝트 내에 있는 오브젝트를 식별하기 위해 사용자가 자유롭게 붙일 수 있는 이름입니다. 태그를 사용하면 실행 중에 씬의 오브젝트를 검색해 사용할 수 있습니다. 유니티에 이와 유사한 기능으로 충돌 판정에서 설명한 레이어가 있는데, 서로 다른 기능이므로 주의하세요. 표 7.4에 태그와 레이어의 차이를 간단히 소개합니다.

표 7.4 ▶ 태그와 레이어의 차이

설정	가능 수	용도
태그	사용자 정의한 만큼의 수	게임 오브젝트의 식별에 사용하며 주로 검색에 사용합니다.
레이어	32개(그 중 8개는 고정)	그림이나 물리 처리에 사용되며, 연산을 실행하는 대상인지 여부 판별을 위해 사용합니다.

그럼 태그를 설정해 봅시다.

1 태그 설정의 표시

하이어라키 창에서 'Score'를 선택하고, 인
스펙터 창의 [Tag]를 클릭해서 'Add Tag'
를 선택합니다(그림 7.46).

그림 7.46 ▶ 태그의 선택

2 태그의 추가

[Tags] 그룹의 [+] 버튼을 클릭해서
'New Tag Name'에 'Score'라고 입력하고
[Save] 버튼을 클릭합니다(그림 7.47).

그림 7.47 ▶ Score 태그의 추가

3 태그의 설정

하이어라키 창에서 다시 'Score'를 선택하
고, 인스펙터 창의 [Tag]를 클릭해서 추가
된 'Score' 태그를 선택합니다(그림 7.48).

그림 7.48 ▶ Score 태그의 설정

● 적이 쓰러졌을 때 점수를 더해 보자

'Enemy' 스크립트를 수정해서 적이 쓰러졌을 때 점수를 더하도록 합시다. 수정한 'Enemy' 스크립트
는 아래와 같습니다.

```
1    using System.Collections;
2    using System.Collections.Generic;
3    using UnityEngine;
4
5    [RequireComponent(typeof(AudioSource))]
6    public class Enemy : MonoBehaviour
7    {
8        [SerializeField] AudioClip spawnClip; // 출현 시의 AudioClip
```

```
 9      [SerializeField] AudioClip hitClip;              // 총알 명중 시의 AudioClip
10
11      // 쓰러졌을 때에 무효화하기 위해서 콜라이더와 렌더러를 갖고 있다
12      [SerializeField] Collider enemyCollider;         // 콜라이더
13      [SerializeField] Renderer enemyRenderer;         // 렌더러
14
15      AudioSource audioSource;                         // 재생에 사용하는 AudioSource
16
17      [SerializeField] int point = 1;        // 쓰러졌을 때의 점수 포인트
18      Score score;                           // 점수
19
20      void Start()
21      {
22          // AudioSource 컴포넌트를 취득해 둔다
23          audioSource = GetComponent<AudioSource>();
24
25          // 출현 시의 소리를 재생
26          audioSource.PlayOneShot(spawnClip);
27
28          // 게임 오브젝트를 검색
29          var gameObj = GameObject.FindWithTag("Score");
30
31          // gameObj에 포함되는 Score 컴포넌트를 취득
32          score = gameObj.GetComponent<Score>();
33      }
34
35      // OnHitBullet 메시지로부터 호출되는 것을 상정
36      void OnHitBullet()
37      {
38          // 총알 명중 시의 소리를 재생
39          audioSource.PlayOneShot(hitClip);
40
41          // 쓰러졌을 때의 처리
42          GoDown();
43      }
44
45      // 쓰러졌을 때의 처리
46      void GoDown()
47      {
48          // 점수를 더함
49          score.AddScore(point);
50
51          // 충돌 판정과 표시를 지운다
52          enemyCollider.enabled = false;
53          enemyRenderer.enabled = false;
```

```
54
55          // 자신의 게임 오브젝트를 일정 시간 후에 제거
56          Destroy(gameObject, 1f);
57      }
58  }
```

새롭게 추가된 프로퍼티와 변수입니다.

```
17          [SerializeField] int point = 1;    // 쓰러졌을 때의 점수 포인트
18          Score score;                       // 점수
```

적을 쓰러뜨렸을 때 더해지는 점수를 에디터에서 설정할 수 있게 합니다. 이로써 적의 종류가 증가했을 때, 각각에 더하는 점수를 설정할 수 있습니다. 또한, 조금 전 작성한 Score를 참조하는 변수를 추가합니다.

다음으로 Start 함수에 새롭게 추가된 부분입니다.

```
28          // 게임 오브젝트를 검색
29          var gameObj = GameObject.FindWithTag("Score");
30
31          // gameObj에 포함되는 Score 컴포넌트를 취득
32          score = gameObj.GetComponent<Score>();
```

지금까지는 에디터에서 컴포넌트의 참조를 설정했지만 소스 코드상에서도 컴포넌트를 얻을 수 있습니다. 조금 전에 태그를 설정한 'Score' 오브젝트를 FindWithTag 함수로 검색합니다. 씬 안에 Score 태그가 붙은 게임 오브젝트는 'Score'밖에 없기 때문에 이 게임 오브젝트를 찾을 수 있습니다. 찾은 게임 오브젝트에 붙어 있는 'Score' 컴포넌트를 취득합니다.

이처럼 게임 오브젝트를 검색하여 필요한 컴포넌트 등을 취득할 수 있습니다. 이 함수 외에도 오브젝트를 검색할 수 있는 함수는 표 7.5에 정리합니다.

GoDown 함수에서는 에디터에서 지정한 점수를 더합니다.

표 7.5 ▶ 오브젝트 검색 함수

함수명	처리
GameObject.FindWithTag	인수에 태그명을 지정해서 검색하고, 가장 먼저 찾은 지정 태그가 붙어 있는 GameObject를 반환합니다.
GameObject. FindGameObjectsWithTag	인수에 태그명을 지정해서 검색하고, 지정된 태그가 붙어 있는 모든 GameObject를 반환합니다.
GameObject.Find	인수에 오브젝트명을 지정해서 검색하고, 찾았으면 GameObject를 반환합니다.
Transform.Find	인수에 오브젝트명을 지정해 자신의 자식에 대해서 검색하고, 찾았으면 그 Transform을 반환합니다.

● 동작의 확인

실행하여 총알을 쏴서 적을 쓰러뜨려 봅시다. 적을 쓰러뜨려서 점수가 더해지는 걸 확인했다면 제대로 동작하는 것입니다.

7-4 시작과 결과 표시를 만들자

게임의 흐름을 알기 쉽도록 시작 화면과 결과 화면을 작성해 보며, 게임 진행 관리 방법이나 새로운 UI 컴포넌트 사용법에 대해 알아봅니다.

7-4-1 게임의 진행 관리

게임에는 플레이 상태에 따라 몇 가지 정해진 상태 전환이 있습니다. 그림 7.49에 가위바위보의 상태 전환을 간단히 나타냈습니다.

그림 7.49 ▶ 가위바위보의 상태 전환

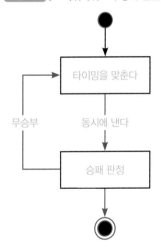

복잡한 게임은 가위바위보처럼 단순한 상태 전환이 아닌 여러 가지 상태 변화가 필요합니다. 또한, 게임의 진행만이 아닌 플레이어나 적의 상태, 애니메이션의 상태, UI 상태 등 여러 가지 상태 변화를 관리하게 됩니다.

● 게임의 상태 전환을 생각하자

어떻게 게임의 상태를 전환할지 생각해 봅시다. 먼저 지금까지 작성했던 게임의 상태 전환은 그림 7.50과 같습니다.

그림 7.50 ▶ 지금까지 작성한 게임의 상태 전환

제한 시간을 추가해서 게임 종료를 실시할 수 있으나, 지금 상태에서 다시 게임을 실행하면 갑자기 게임이 시작됩니다. 조금 더 게임답게 만들기 위해서는 게임을 시작하기 전에 준비 시간과 게임 시작 신호를 추가하고, 시작할 때와 마찬가지로 종료 시에도 게임 종료 신호와 이전 절에서 작성한 점수 결과를 표시합니다. 이로써 새로운 게임 상태 전환은 그림 7.51과 같습니다.

그림 7.51 ▶ 새로운 게임의 상태 전환

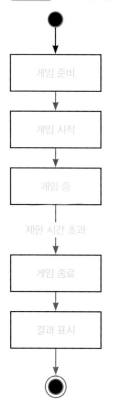

7-4-2 게임 준비·시작·종료 표시를 만들자

● GameReady의 표시

지금까지 배운 것을 복습할 겸, 'Text' 컴포넌트를 사용해 표시를 만들어 봅시다. 먼저 아래와 같은 순서로 작성합니다.

1 Text의 작성

하이어라키 창에서 마우스 오른쪽 버튼을 클릭하여 [UI] → [Text]를 선택하고, 작성된 'Text'를 선택해서 인스펙터 창에 'Text' 컴포넌트를 표시합니다.

2 표시하는 문자열의 설정

'Text' 컴포넌트의 [Text] 프로퍼티로 'Ready?'라고 입력합니다(그림 7.52❶).

3 컬러 프로퍼티 설정

[Color] 프로퍼티의 컬러 바를 그림 7.52❷처럼 설정합니다.

4 Text의 파라미터 설정

[Font Style/Font Size/Alignment/Horizontal Overflow/Vertical Overflow] 프로퍼티를 그림 7.52❸처럼 설정합니다.

5 Rect Transform의 파라미터 설정

'Rect Transform' 컴포넌트의 [Pos X/Pos Y] 프로퍼티를 그림 7.52❹처럼 설정합니다.

6 이름의 변경

알기 쉽게 게임 오브젝트의 이름을 'Text'에서 'GameReady'로 변경합니다(그림 7.52❺).

그림 7.52 ▶ GameReady의 각종 파라미터 설정

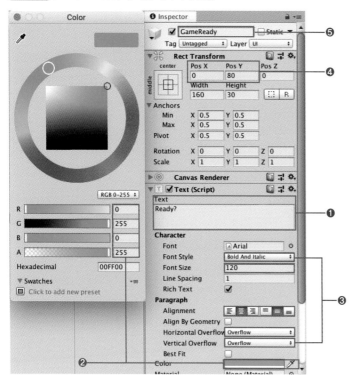

● GameStart, GameOver의 표시

마찬가지로 'GameStart'와 'GameOver' 표시를 만드는데, 위에서 작성한 'GameReady'를 복사해서 작성합니다.

1 GameReady의 복사

하이어라키 창에서 'GameReady'를 선택하고, 마우스 오른쪽 버튼을 클릭하여 [Copy]를 선택합니다(그림 7.53).

그림 7.53 ▶ GameReady의 복사

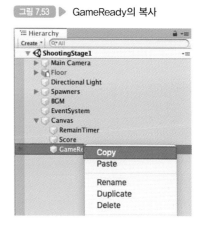

2 GameReady의 붙여넣기

하이어라키 창에서 마우스 오른쪽 버튼을 클릭하여 [Paste]를 선택합니다(그림 7.54).

그림 7.54 ▶ GameReady의 붙여넣기

3 복사된 게임 오브젝트

오브젝트가 복사되어 'GameReady (1)'이 작성되었습니다(그림 7.55).

그림 7.55 ▶ 복사&붙여넣기로 작성된 GameReady(1)

이처럼 복사&붙여넣기로 새롭게 게임 오브젝트를 만들 수 있습니다. 또한, 그림 7.55의 인스펙터 창을 보면 조금 전 입력한 파라미터가 그대로 반영되어 있습니다. 비슷한 게임 오브젝트를 작성할 때에 효과적인 수단이므로 부디 유용하게 사용하세요. 하이어라키 창에서 마우스 오른쪽 클릭뿐만 아니라 키보드의 command + C , command + V 단축키로도 가능합니다(윈도의 경우 Ctrl + C / Ctrl + V).

● 파라미터 설정

계속해서 파라미터를 설정합니다.

1 GameReady의 복사

키보드 단축키 또는 하이어라키 창에서 오른쪽 버튼을 클릭하여 [Paste]를 선택, 'GameReady (2)'를 작성합니다 (그림 7.56).

그림 7.56 복사&붙여넣기로 작성된 GameReady(2)

2 GameStart의 파라미터 설정

하이어라키 창에서 'GameReady (1)'을 선택하고, 인스펙터 창에서 그림 7.57처럼 게임 오브젝트의 이름과 [Text] 파라미터를 변경합니다.

그림 7.57 GameStart의 파라미터 설정

3 GameOver의 파라미터 설정

하이어라키 창에서 'GameReady (2)'를 선택하고 인스펙터 창에서 그림 7.58처럼 게임 오브젝트의 이름과 [Text], [Color] 파라미터를 변경합니다.

그림 7.58 GameOver의 파라미터 설정

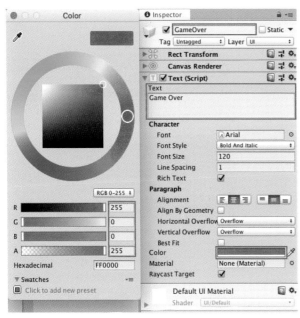

이때 게임 뷰에서는 그림 7.59처럼 문자가 전부 겹쳐 표시됩니다.

그림 7.59 ▶ 게임 뷰의 표시 상태

이러한 'Text' 컴포넌트는 필요할 때만 표시되면 되므로, 우선 표시가 안 되도록 설정합니다.

1 GameReady의 숨김

하이어라키 창에서 'GameReady'를 선택하고 인스펙터 창에서 그림 7.60의 체크를 해제합니다.

그림 7.60 ▶ GameReady의 표시 숨김

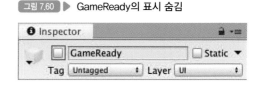

2 GameStart와 GameOver의 숨김

마찬가지로 'GameStart'와 'GameOver'도 순서 1처럼 설정합니다.

이로써 전체 'Text' 컴포넌트 표시는 사라졌습니다. 이때, 하이어라키 창을 확인하면 그림 7.61처럼 'GameReady', 'GameStart', 'GameOver'의 문자가 조금 옅어진 걸 볼 수 있는데, 이것으로 게임 오브젝트의 체크가 해제되어 있는지 여부를 금방 확인할 수 있습니다.

그림 7.61 ▶ 하이어라키 창의 표시 상태

7-4-3 결과 표시를 만들자

'UI' 컴포넌트를 사용해서 결과 화면을 만들어 봅시다. 조금 절차가 많으니 힘내세요.

1 UI 컴포넌트의 작성

하이어라키 창에서 마우스 오른쪽 버튼을 클릭하여 [UI] → [Panel]을 선택합니다. 그런 다음 작성된 'Panel'을 선택하고 마우스 오른쪽 버튼을 클릭하여 [UI] → [Text]를 선택하는 절차를 2회 반복합니다. 한 번 더 'Panel'을 선택하고 마우스 오른쪽 버튼을 클릭하여 [UI] → [Button]을 선택합니다(그림 7.62).

그림 7.62 ▶ 하이어라키 창의 상태

2 Panel의 파라미터 설정

'Panel'을 선택한 후, 인스펙터 창에서 게임 오브젝트의 이름을 'Panel'에서 'Result'로 변경합니다. 또한, [Anchor Presets]를 'Center/Middle'로 변경하고 [Width/Height]를 그림 7.63처럼 설정합니다.

그림 7.63 ▶ Panel의 파라미터 설정

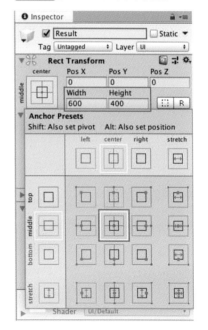

3 Image의 파라미터 설정

프로젝트 창의 'Assets/VRShooting/Textures/UIPanel'을 인스펙터 창의 [Source Image] 파라미터로 드래그 앤 드롭하여 설정하고(그림 7.64), [Color] 파라미터를 그림 7.65처럼 설정합니다.

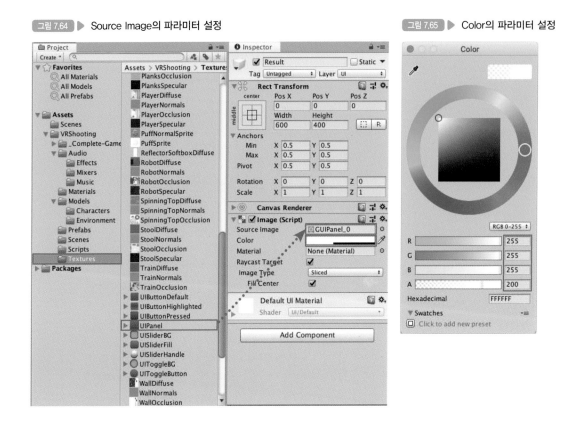

그림 7.64 ▶ Source Image의 파라미터 설정　　　　그림 7.65 ▶ Color의 파라미터 설정

4 Title의 파라미터 설정

하이어라키 창에서 'Text'를 선택한 후, 인스펙터 창에서 게임 오브젝트의 이름을 'Text'에서 'Title'로 변경합니다. 또한, [Text] 프로퍼티에 '결과'라고 입력하고 [Font Size/Alignment/Horizontal Overflow/Vertical Overflow/Color] 프로퍼티를 그림 7.66처럼 설정합니다.

5 Score의 파라미터 설정

하이어라키 창에서 'Text(1)'을 선택하고 인스펙터 창에서 게임 오브젝트의 이름을 'Text'에서 'Score'로 변경합니다. 또한, [Text] 프로퍼티에 '점수 : 000점'이라고 입력하고 [Pos Y/Font Size/Alignment/Horizontal Overflow/Vertical Overflow/Color] 프로퍼티를 그림 7.67처럼 설정합니다.

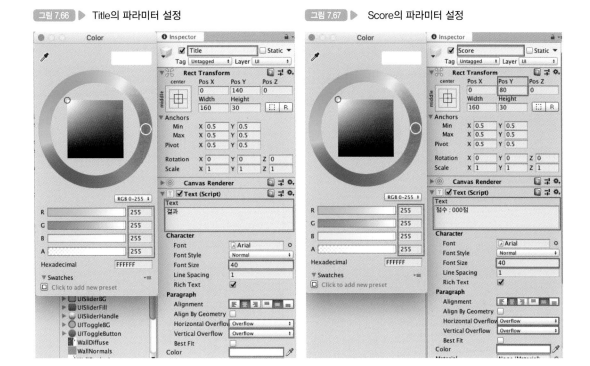

그림 7.66 ▶ Title의 파라미터 설정

그림 7.67 ▶ Score의 파라미터 설정

6 Score 컴포넌트의 적용

프로젝트 창의 'Assets/VRShooting/Scripts/Score'를 인스펙터 창으로 드래그 앤 드롭해서 'Score' 컴포넌트를 적용합니다(그림 7.68).

그림 7.68 ▶ Score 컴포넌트의 적용

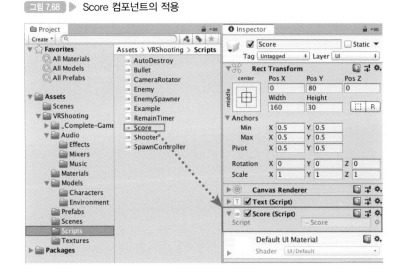

7 | Retry 버튼의 작성

하이어라키 창에서 'Button'을 선택한 후, 인스펙터 창에서 게임 오브젝트의 이름을 'Button'에서 'Retry'로 변경하고, [Width/Height/Transition] 프로퍼티를 그림 7.69처럼 설정합니다.

8 | Retry 이미지의 설정

프로젝트 창의 'Assets/VRShooting/Textures/UIButtonDefault, UIButtonHighlighted, UIButtonPressed'를 인스펙터 창의 [Source Image], [Highlighted Sprite], [Pressed Sprite]로 각각 드래그 앤 드롭하여 설정합니다.

그림 7.69 ▶ Retry의 설정

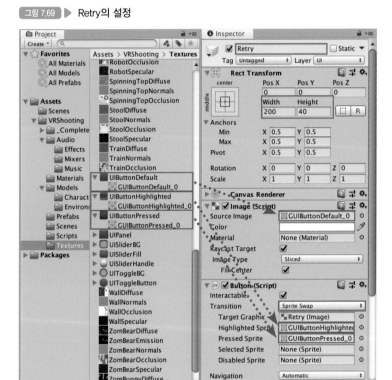

9 | Text의 설정

하이어라키 창에서 'Retry'의 자식인 'Text'를 선택, [Text/Font Size/Color] 프로퍼티를 그림 7.70 처럼 설정합니다.

그림 7.70 ▶ Retry의 자식인 Text 설정

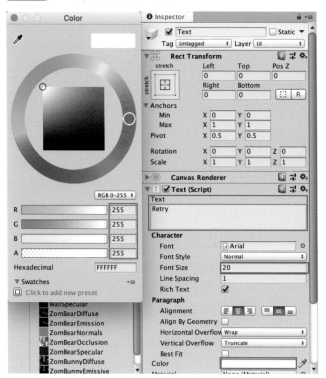

● Retry 버튼을 동작시키자

실행해 보면, 결과 표시가 화면 중앙에 표시됩니다. 'Retry' 버튼을 누를 수 있게 됐는데 아무 일도 일어나지 않는 것은, 작성한 'Retry' 버튼은 표시 기능만 있을 뿐 눌렀을 때의 이벤트가 아무 것도 설 정되어 있지 않기 때문입니다. 그러면 버튼이 동작할 수 있게 스크립트를 작성합시다. 프로젝트 창의 'Assets/VRShooting/Scripts'에 'SceneChanger' 스크립트를 작성하고 다음과 같이 편집합니다.

```
1    using System.Collections;
2    using System.Collections.Generic;
3    using UnityEngine;
4    using UnityEngine.SceneManagement;
5
```

```
6    public class SceneChanger : MonoBehaviour
7    {
8        public void ReloadScene()
9        {
10           // 현재의 씬을 취득
11           var scene = SceneManager.GetActiveScene();
12
13           // 현재의 씬을 다시 로드한다
14           SceneManager.LoadScene(scene.name);
15       }
16   }
```

● 씬의 관리

유니티에는 SceneManager라는 씬을 관리하는 기능이 있으며, 여러 개의 씬을 바꾸거나 동시에 여러 개의 씬을 읽어 들일 수 있습니다. ReloadScene 함수는 현재 사용 중인 씬을 SceneManager 로부터 취득하여 다시 읽어 들이기를 합니다. 씬을 다시 읽어 들임으로써 씬을 초기 상태로 되돌릴 수 있습니다. 그럼 새롭게 게임 오브젝트를 작성해서 'SceneChanger' 컴포넌트를 설정해 봅시다.

1 SceneChanger의 작성

하이어라키 창에 마우스 오른쪽 버튼을 클릭하여 [Create Empty]로 빈 오브젝트를 작성하고, 'SceneChanger'라는 이름을 붙입니다.

2 SceneChanger 컴포넌트의 적용

프로젝트 창의 'Assets/VRShooting/Scripts/SceneChanger' 스크립트를 하이어라키 창의 'SceneChanger'로 드래그 앤 드롭합니다(그림 7.71).

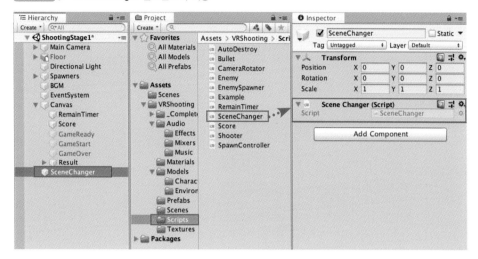

그림 7.71 ▶ SceneChanger 컴포넌트의 적용

3 OnClick 이벤트의 추가

하이어라키 창에서 'Retry'를 선택한 다음, 인스펙터 창에서 'Button'의 [On Click ()]의 [+] 버튼을
클릭하여 이벤트를 추가합니다(그림 7.72).

그림 7.72 ▶ Button 컴포넌트의 이벤트 추가

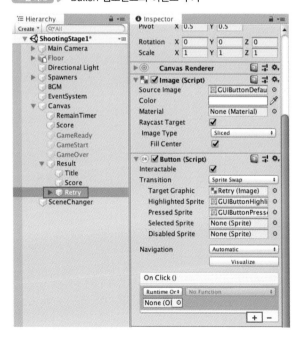

4 이벤트의 설정

추가한 이벤트에 하이어라키 창의 'SceneChanger'를 드래그 앤 드롭하고 [No Function]을 선택한 다음 [SceneChanger] → [ReloadScene()]을 선택합니다(그림 7.73).

그림 7.73 ▶ Button 컴포넌트의 이벤트 설정

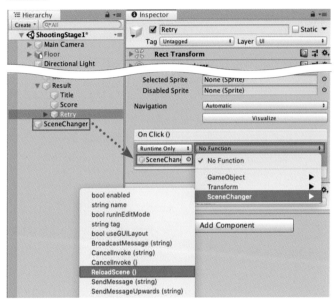

5 프리팹화

하이어라키 창의 'SceneChanger'를 프로젝트 창의 'Assets/VRShooting/Prefabs'으로 드래그 앤 드롭하여, 공통으로 사용할 수 있도록 프리팹화를 합니다(그림 7.74).

그림 7.74 ▶ SceneChanger의 프리팹화

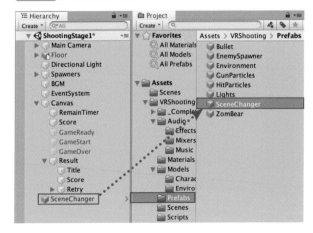

다시 한번 실행해 봅시다. 조금 전과 같이 'Retry' 버튼을 누르세요. 이번에는 버튼을 누르면 제한 시간이 초기화되는 것을 확인할 수 있을 겁니다. 제대로 움직이는 것을 확인했으면 조금 전과 같이 'Result' 게임 오브젝트의 체크를 해제해 둡시다(그림 7.75).

그림 7.75 ▶ Result 오브젝트의 표시 숨김

● 득점 반영

여기서는 획득한 점수를 결과 표시의 득점에 반영하는 처리를 작성합시다. 프로젝트 창의 'Assets/VRShooting/Scripts'에 'ResultScore' 스크립트를 작성하고 다음과 같이 편집합니다.

```
1   using System.Collections;
2   using System.Collections.Generic;
3   using UnityEngine;
4   using UnityEngine.UI;
5
6   [RequireComponent(typeof(Text))]
7   public class ResultScore : MonoBehaviour
8   {
9       void Start()
10      {
11          // 게임 오브젝트를 검색
12          var gameObj = GameObject.FindWithTag("Score");
13
14          // gameObj에 포함되는 Score 컴포넌트를 취득
15          var score = gameObj.GetComponent<Score>();
16
17          // Text 컴포넌트의 취득
18          var uiText = GetComponent<Text>();
19
20          // 점수 갱신
21          uiText.text = string.Format("점수 : {0:D3}점", score.Points);
22      }
23  }
```

Start 함수에서 이전 절에서 사용한 태그 검색을 사용해 'Score' 컴포넌트를 구합니다. 이 'Score' 컴포넌트에 저장되어 있는 Points 프로퍼티 값을 'Text' 컴포넌트의 text 프로퍼티에 대입함으로써

점수 표시를 갱신합니다. 그러면 'Canvas/Result/Score' 게임 오브젝트에 'ResultScore' 컴포넌트를 적용해 봅시다.

1 컴포넌트의 적용

프로젝트 창의 'Assets/VRShooting/Scripts/ResultScore'를 하이어라키 창의 'Canvas/Result/Score' 게임 오브젝트로 드래그 앤 드롭합니다(그림 7.76).

그림 7.76 ▶ ResultScore 컴포넌트의 적용

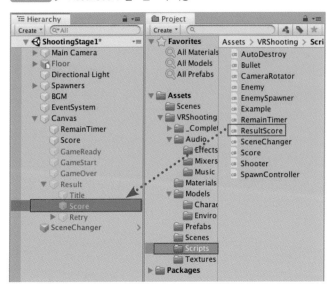

7-4-4 게임의 진행 관리를 만들자

앞의 그림 7.51처럼 게임의 상태 전환을 생각했으므로 이를 따라 게임을 진행시켜 봅시다. 게임의 상태를 관리하는 방법은 여러 가지가 있습니다. 이 책에서는 스테이트 머신이라는 방법으로 상태 관리를 실시하는데, 코드가 조금 복잡해지므로 가능한 알기 쉽게 간략화해서 구현합니다. 스테이트 머신은 상태를 하나의 클래스로 표현해 그 클래스를 전환함으로써 동작을 변화시킵니다. 유니티에서는 스테이트 머신을 애니메이션으로 사용하고 있으며, 애니메이션의 변경 등을 GUI로 설정할 수 있습니다.

● GameStateController 스크립트 작성

'Assets/VRShooting/Scripts'에 'GameStateController' 스크립트를 작성하고 다음과 같이 편집합니다. 자세한 내용은 샘플 파일 GameStateController.cs에서 확인하세요. 게임의 진행 관리를 제어하기 위해서 지금까지와 달리 코드량이 많지만 처리 자체는 단순합니다.

■ 씬 내의 게임 오브젝트 참조

지금까지 작성한 오브젝트 참조를 에디터에서 설정할 수 있게 합니다. 이 참조를 사용해 표시를 하거나 지우기도 합니다.

```
7        [SerializeField] GameObject gameReady;    // GameReady 게임 오브젝트 참조
8        [SerializeField] RemainTimer timer;       // RemainTimer 컴포넌트 참조
9        [SerializeField] GameObject gameStart;    // GameStart 게임 오브젝트 참조
10       [SerializeField] GameObject gameOver;     // GameOver 게임 오브젝트 참조
11       [SerializeField] GameObject result;       // Result 게임 오브젝트 참조
12       [SerializeField] GameObject player;       // PlayerGun 게임 오브젝트 참조
13       [SerializeField] GameObject spawners;     // Spawner 게임 오브젝트 참조
```

■ 추상 클래스의 정의

게임 상태를 나타내기 위해 BaseState 클래스라는 추상 클래스를 정의합니다. 이 클래스는 부모 클래스인 GameStateController의 멤버 변수를 취급하기 위하여 Controller 변수를 갖습니다.

```
15       // 스테이트 베이스 클래스
16       abstract class BaseState
17       {
18           public GameStateController Controller { get; set; }
19
20           public enum StateAction
21           {
22               STATE_ACTION_WAIT,
23               STATE_ACTION_NEXT
24           }
25
26           public BaseState(GameStateController c) { Controller = c; }
27
28           public virtual void OnEnter() { }
29           public virtual StateAction OnUpdate() { return StateAction.STATE_ACTION_NEXT; }
30           public virtual void OnExit() { }
31       }
```

이 클래스의 처리를 그림으로 나타나면 그림 7.77과 같습니다.

그림 7.77 ▶ BaseState 클래스의 처리 흐름

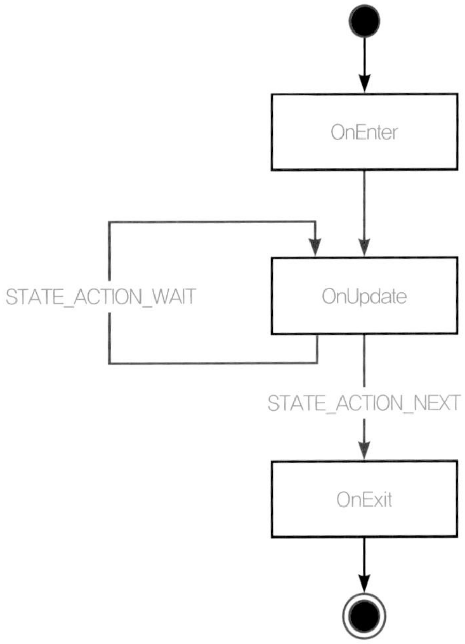

각 게임의 상태는 각 클래스인 ReadyState, StartState, PlayingState, GameOverState, ResultState에서 구현했으며 처음에 생각한 게임의 상태 전환과 같습니다.

■ **ReadyState 클래스**

ReadyState 클래스는 처음에 호출되는 게임의 상태에서 'Ready' 오브젝트를 5초간만 표시하고 다음 상태로 전환합니다. 경과 시간을 유지하기 위해서 timer 변수를 갖고 OnUpdate 함수에서 시간을 더해 5초 이상이 되면 StateAction.STATE_ACTION_NEXT를 반환하고 다음 상태로 진행합니다.

```
33    // 게임 시작 준비 스테이트
34    class ReadyState : BaseState
35    {
36        float timer;
37
38        public ReadyState(GameStateController c) : base(c) { }
39        public override void OnEnter()
40        {
41            // ready 문자열을 표시
42            Controller.gameReady.SetActive(true);
43        }
44        public override StateAction OnUpdate()
45        {
46            timer += Time.deltaTime;
47            // 5초 후에 나음으로
```

```
48              if (timer > 5.0f)
49              {
50                  return StateAction.STATE_ACTION_NEXT;
51              }
52              return StateAction.STATE_ACTION_WAIT;
53          }
54          public override void OnExit()
55          {
56              // ready 문자열을 숨김
57              Controller.gameReady.SetActive(false);
58          }
59      }
```

■ StartState 클래스

StartState 클래스는 'Timer', 'GameStart', 'PlayerGun', 'Spawners' 오브젝트를 표시하며, 'GameStart' 오브젝트를 1초만 표시하고 다음의 상태로 전환합니다.

```
61      // 게임 시작 표시 스테이트
62      class StartState : BaseState
63      {
64          float timer;
65
66          public StartState(GameStateController c) : base(c) { }
67          public override void OnEnter()
68          {
69              // 타이머를 표시
70              Controller.timer.gameObject.SetActive(true);
71
72              // start 문자열을 표시
73              Controller.gameStart.SetActive(true);
74
75              // player를 표시
76              Controller.player.SetActive(true);
77
78              // spawners를 표시
79              Controller.spawners.SetActive(true);
80          }
81          public override StateAction OnUpdate()
82          {
83              timer += Time.deltaTime;
84              // 1초 후에 다음으로
```

```
85              if (timer > 1.0f)
86              {
87                  return StateAction.STATE_ACTION_NEXT;
88              }
89              return StateAction.STATE_ACTION_WAIT;
90          }
91      public override void OnExit()
92      {
93          // Start 문자열을 숨김
94          Controller.gameStart.SetActive(false);
95      }
96  }
```

■ **PlayingState 클래스**

PlayingState 클래스는 OnUpdate 함수에서 제한 시간이 끝나기를 기다립니다. 제한 시간이 종료되면 다음 상태로 전환합니다. 또한, OnExit 함수에서 PlayerGun, Spawners 오브젝트를 비표시로 해서 처리를 멈춥니다.

```
98      // 게임 중 스테이트
99      class PlayingState : BaseState
100     {
101         public PlayingState(GameStateController c) : base(c) { }
102         public override StateAction OnUpdate()
103         {
104             // 타이머가 종료하면 게임 오버
105             if (!Controller.timer.IsCountingDown())
106             {
107                 return StateAction.STATE_ACTION_NEXT;
108             }
109             return StateAction.STATE_ACTION_WAIT;
110         }
111
112         public override void OnExit()
113         {
114             // 플레이어를 숨김
115             Controller.player.SetActive(false);
116
117             // 적의 발생을 멈춘다
118             Controller.spawners.SetActive(false);
119         }
120     }
```

■ GameOverState 클래스

GameOverState 클래스는 'GameOver' 오브젝트를 2초간만 표시하고 다음 상태로 전환합니다.

```
122    // 게임 오버 표시 스테이트
123    class GameOverState : BaseState
124    {
125        float timer;
126        public GameOverState(GameStateController c) : base(c) { }
127        public override void OnEnter()
128        {
129            // 게임 오버를 표시
130            Controller.gameOver.SetActive(true);
131        }
132        public override StateAction OnUpdate()
133        {
134            timer += Time.deltaTime;
135            // 2초 후에 다음으로
136            if (timer > 2.0f)
137            {
138                return StateAction.STATE_ACTION_NEXT;
139            }
140            return StateAction.STATE_ACTION_WAIT;
141        }
142        public override void OnExit()
143        {
144            // 게임 오버를 숨김
145            Controller.gameOver.SetActive(false);
146        }
147    }
```

■ ResultState 클래스

ResultState 클래스는 'Result' 오브젝트를 표시하고 이 이상 상태를 전환하지 않게 합니다.

```
149    // 결과 표시 스테이트
150    class ResultState : BaseState
151    {
152        public ResultState(GameStateController c) : base(c) { }
153        public override void OnEnter()
154        {
155            // 결과 표시
156            Controller.result.SetActive(true);
```

```
157          }
158          public override StateAction OnUpdate() { return StateAction.STATE_ACTION_WAIT; }
159      }
```

이상의 상태를 제어하는 것이 GameStateController 클래스로, 어떠한 상태인지를 state 변수로 보유하며 현재 상태를 currentState에 저장합니다. Start 함수에서 게임의 상태를 차례대로 등록하고, Update 함수로 상태를 갱신함과 동시에 다음 상태로 전환할지를 판정합니다. 이번 게임은 단순하기 때문에 게임 상태를 나타내는 클래스를 정리해 GameStateController에 기술하는데, 실제 게임 제작에서는 복잡한 변화가 많기 때문에 각 상태를 나타내는 클래스는 별도의 파일로 관리해야 합니다.

● GameStateController 컴포넌트 설정

새롭게 게임 오브젝트를 작성하고 'GameStateController' 컴포넌트를 설정합시다.

1 GameStateController의 작성

하이어라키 창에서 마우스 오른쪽 버튼을 클릭하여 [Create Empty]로 빈 오브젝트를 작성하고, 'GameStateController'라고 이름을 붙입니다.

2 GameStateController 컴포넌트의 적용

프로젝트 창의 'Assets/VRShooting/Scripts/GameStateController' 스크립트를 하이어라키 창의 'GameStateController'로 드래그 앤 드롭합니다(그림 7.78).

 그림 7.78 ▶ GameStateController 컴포넌트의 적용

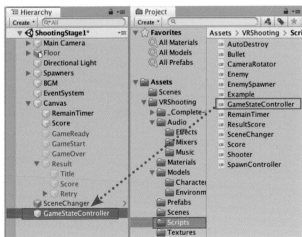

GameStateController 컴포넌트의 설정

그림 7.79처럼 하이어라키 창에서 드래그 앤 드롭으로 각 프로퍼티를 설정합니다.

그림 7.79 ▶ GameStateController 프로퍼티의 설정

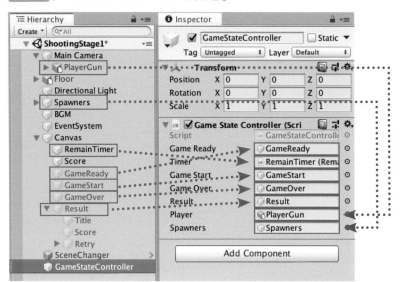

게임 오브젝트 숨기기

순서 **3**에서 설정한 'PlayerGun', 'Spawners' 등의 게임 오브젝트의 체크를 해제하고 숨깁니다.

● 동작 확인

실행해서 동작을 확인합시다. 게임의 상태 전환이 상정한 대로 게임 준비 → 게임 시작 → 게임 중 → 게임 종료 → 결과 표시 순서로 작동하는 걸 확인할 수 있으면 제대로 된 것입니다(그림 7.80).

그림 7.80 ▶ 게임이 끝난 후의 결과 화면

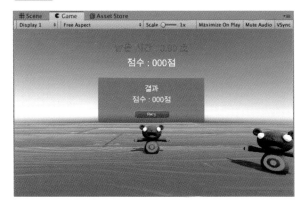

VR에 대응하자

이전 장에서는 VR 슈팅 게임 사용자 인터페이스(UI)의 작성 방법이나 게임의 진행을 관리하는 방법에 대해 설명했습니다. 이 장에서는 지금까지 작성한 슈팅 게임을 VR로 플레이할 수 있게 해 보며, VR 특유의 사용자 인터페이스(UI) 작성 방법이나 유니티에서의 자세한 설정 방법에 대해 다룹니다.

이 장에서 배우는 것
- VR에서의 UI의 대응 방법
- VR의 설정 방법

VR로 확인하자

이제까지 작성한 슈팅 게임을 VR로 만들어 가는 방법을 배우며, VR 환경에서의 사용자 인터페이스(UI)를 생각해 봅시다. 평상시 하는 조작과 VR로 할 수 있는 조작의 차이를 확인합니다.

8-1-1 VR 고글로 보자

이전 장까지 작성한 슈팅 게임을 VR 고글로 봅시다.

● 빌드

Chapter 4 스마트폰을 사용해서 VR로 보자에서 설명한 대로 빌드해 봅시다. 여기서는 빌드에 대한 자세한 설명은 생략하므로, 기억이 나지 않는다면 **Chapter 4**를 확인하세요. 안드로이드의 빌드 방법을 기준으로 설명하겠습니다.

1 휴대 단말의 연결

휴대 단말을 PC에 연결합니다.

2 빌드와 실행

메뉴 바의 [File] → [Build Settings]에서 빌드 화면을 연 다음, [Build And Run]을 선택하고 vrtraining.apk라는 이름으로 저장합니다(그림 8.1).

그림 8.1 ▶ 빌드 메뉴

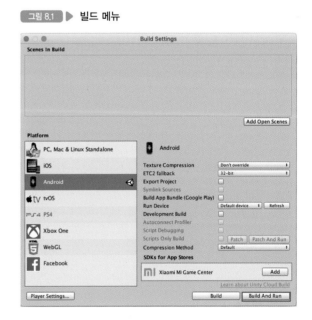

빌드와 설치가 끝나면 앱이 자동으로 실행됩니다.

● VR 고글로 확인

VR 고글에서 확인해 보면 그림 8.2와 같은 화면이 표시되고 이전 장까지 작성한 슈팅 게임이 동작하는 것을 알 수 있을 것입니다. 그러나 VR 고글을 장착한 상태로는 총알을 쏘거나 재시도 버튼을 누르는 조작을 할 수 없습니다. 한 번, VR 고글에서 휴대전화를 떼고 재시도 버튼을 눌러 봅시다. 화면을 탭하면 총알을 쏠 수 있습니다. 이처럼 VR 고글을 부착한 상태에서는 평상시에 하듯이 화면을 터치하는 조작이나 휴대 단말의 버튼을 누를 수 없는 상태가 되기 때문에 게임을 할 수 없습니다.

그림 8.2 ▶ 실행 후의 화면

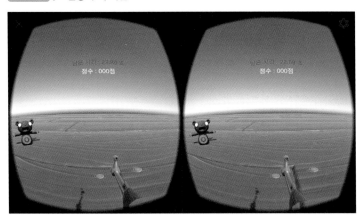

8-1-2 VR에서의 조작을 생각해 보자

5-1 게임 기획을 생각해 보자에서 생각한 조작 방법을 어떻게 구체적으로 구현할지 생각해 봅시다.

● 입력 디바이스를 사용할 수 없다

컨슈머 게임기나 VR 전용 하드(HTC VIVE/Oculus Rift 등)로 조작을 할 때는 마우스나 키보드, 컨트롤러 등 입력 디바이스를 사용해 조작할 수 있습니다(그림 8.3). 그러나 일반적인 VR 고글과 스마트폰을 이용한 VR 환경에서는 그러한 입력 디바이스가 표준은 아닙니다. 이번에는 입력 디바이스를 사용하지 않는 수단을 고려합니다.

그림 8.3 ▶ VR 전용 하드의 입력 디바이스

● VR 고글로 할 수 있는 입력 조작

우선, 이번 VR 슈팅 게임에서 필요한 입력 조작을 생각해 봅시다. 이제까지 작성한 슈팅 게임의 조작을 유니티 에디터에서 하는 조작과 휴대전화로 하는 조작으로 정리하면 표 8.1과 같습니다.

표 8.1 ▶ VR 슈팅 게임의 입력 조작

조작 종류	에디터에서의 조작	휴대전화에서의 조작
적을 겨냥한다	마우스 커서를 이동시킨다	휴대전화를 기울인다
총알을 발사한다	화면 어딘가에서 마우스 왼쪽 버튼 클릭	화면의 어딘가를 탭한다
재시도 버튼을 누른다	버튼 영역에서 마우스 왼쪽 버튼 클릭	버튼을 탭한다

표 8.1의 조작 방법은 다음의 두 가지 기능으로 구현할 수 있을 것 같습니다.

• 조작① 임의의 장소를 지정할 수 있게 한다.
• 조작② 마우스 왼쪽 버튼 클릭 또는, 탭에 해당하는 조작

이 조작을 VR 고글에서 구현할 수 있을지를 생각해 봅시다.

조작①은 임의의 장소를 자신이 향하고 있는 방향(얼굴의 정면 방향)으로 대용해서 실현할 수 있을지 생각해 봅시다. 마우스 커서처럼 자신이 마주하고 있는 방향을 알기 쉽게 포인터로 표시하면, 자신의 얼굴 방향을 바꾸는 것만으로 임의의 장소를 지정할 수 있습니다(그림 8.4).

그림 8.4 ▶ 자신이 향하고 있는 방향을 표시(중앙의 동그란 점)

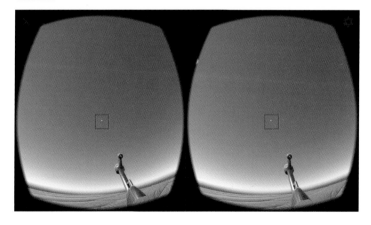

조작②는 하나의 예로 일정 시간이 경과할 때마다 자동으로 탭 되는 방법으로 구현할 수 있을지 생각해 봅시다. 지금 작성한 슈팅 게임의 조작은 표 8.1에 있듯이 '총알을 발사한다'와 '재시도 버튼을 누른다' 두 가지 기능과 관련이 있습니다. 이 중에서 '총알을 발사한다'는 '일정 시간 경과마다 자동으로 탭 된다'의 방법으로 구현할 수 있을 것입니다.

'재시도 버튼을 누른다'는 조작①과 조합하여 '재시도 버튼의 영역을 지정'(조작①)과 '일정 시간 경과마다 자동으로 탭 된다'로 구현할 수 있을 것 같은데, 여기서 약간의 문제가 있습니다. 자동으로 탭이 되기 때문에, 재시도 버튼의 영역으로 조작①의 포인터가 들어가면 타이밍에 따라 의도하지 않게 버튼이 탭 될 수가 있다는 것입니다(그림 8.5).

그림 8.5 ▶ 버튼의 오작동

이 방법으로는 기능을 구현할 수 있다 해도 의도하지 않는 조작이 발생할 수도 있으므로 사용자 인터페이스로서는 문제가 있습니다. 지금까지 생각해 온 '일정 시간이 경과할 때마다 자동으로 탭 되는 것'에 영역의 개념을 넣고, '어느 영역에 들어가고 나서 일정 시간이 경과하면 탭 된다'로 수정해 봅시다. 그러면 '재시도 버튼이 눌린다'는 문제 없이 실현할 수 있습니다. 이 방법으로는 일정 간격으로 탭이 되지 않기 때문에 '총알을 발사한다'를 구현할 수 없게 되겠지만, 과감히 조작을 변경하여 총알이 자동으로 발사되도록 사양을 변경합시다.

정리하면, 앞으로의 VR 슈팅 게임의 조작은 다음과 같습니다.

• 얼굴이 향하고 있는 방향으로 자동으로 총알을 쏜다.
• 버튼은 포인터가 일정 시간 그 영역에 있으면 눌린다.

그러면 다음 절에서 이를 작성해 나갑시다.

칼럼 기타 조작 방법

이번에 생각한 방법은 단순하고 간단하게 구현할 수 있는 방법을 선택하였습니다. 이 외에도 휴대전화로 사용할 수 있는 입력 방법은 많습니다. 컨트롤러, 마우스, 키보드 등의 기존 입력 장치를 사용하는 방법이나 아이폰 사용자에게는 친숙한 'siri'나 안드로이드 사용자로는 'Google 음성 입력' 등의 음성 입력을 사용하는 방법 등이 있기 때문에, 이번 방법으로 부족한 분들은 꼭 도전해 보세요.

또한, 휴대전화 이외의 VR 전용 하드로는 위 내용 외에도 얼굴의 방향이 아닌 눈의 움직임을 읽어내 시선의 위치를 검출할 수 있는 장치나 사람의 뇌파, 얼굴 근육 운동으로부터 감정을 인식하는 장치 등 여러 가지 기술이 연구되고 있습니다. 가까운 미래에 VR로도 이처럼 여러 가지 입력 방법을 사용할 수 있게 될 것입니다.

8-2 VR로 조작할 수 있게 해 보자

이전 절에서 생각한 VR에서의 입력 조작을 구현해 보며, 그 중에서 총알의 자동 발사나 유니티의 EventSystem을 사용해 버튼을 누르는 기능을 작성합니다.

8-2-1 포인터를 표시하자

그럼 먼저 향하고 있는 방향을 알 수 있도록 포인터를 표시해 봅시다.

● 포인터 작성

유니티의 3D 오브젝트인 스프라이트를 사용해 포인터를 표시해 봅시다. 스프라이트는 카메라의 자식으로 작성함으로써 카메라의 이동을 따라 포인터가 이동하게 됩니다.

1 Sprite의 작성

하이어라키 창에서 'Main Camera'를 선택하고 마우스 오른쪽 버튼 클릭 메뉴에서 [2D Object] → [Sprite]를 선택합니다(그림 8.6).

그림 8.6 ▶ 스프라이트의 작성

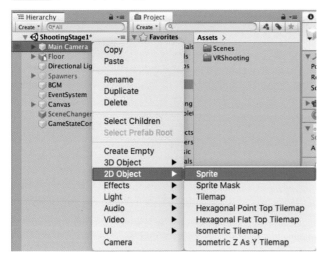

2

Sprite의 파라미터 설정

프로젝트 창의 'Assets/VRShooting/Textures/UISliderHandle' 스프라이트를 인스펙터 창의 [Sprite]로 드래그 앤 드롭하고 'Transform' 컴포넌트의 [Position/Scale] 프로퍼티를 그림 8.7처럼 설정합니다.

이름의 변경

인스펙터 창에서 이름을 'Pointer'로 변경합니다.

그림 8.7 ▶ 스프라이트의 파라미터 설정

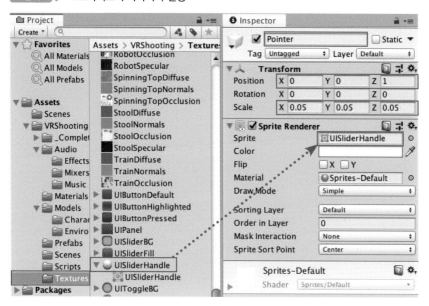

8-2-2 총알을 자동으로 발사하게 해 보자

여기서는 유니티의 InvokeRepeating 함수를 사용해서 총알을 자동으로 발사하게 해 봅시다.

● Shooter 스크립트로 자동으로 발사하게 한다

지금까지 Update 함수에서 입력에 따라 총알을 발사하게 했는데 지정된 시간마다 총알을 발사하도록 'Shooter' 스크립트를 다음과 같이 수정합니다.

```
1    using System.Collections;
2    using System.Collections.Generic;
3    using UnityEngine;
4
5    public class Shooter : MonoBehaviour
6    {
7        [SerializeField] GameObject bulletPrefab;        // 총알의 프리팹
8        [SerializeField] Transform gunBarrelEnd;         // 총구(총알의 발사 위치)
9
10       [SerializeField] ParticleSystem gunParticle;     // 발사 시 연출
11       [SerializeField] AudioSource gunAudioSource;     // 발사 소리의 음원
12
13       [SerializeField] float bulletInterval = 0.5f;  // 총알을 발사하는 간격
14
15       void OnEnable()
16       {
17           // 2초 후에 총알을 연속으로 발사한다
18           InvokeRepeating("Shoot", 2.0f, bulletInterval);
19       }
20
21       void OnDisable()
22       {
23           // Shoot 처리를 정지한다
24           CancelInvoke("Shoot");
25       }
26
27       // 총알을 쐈을 때의 처리
28       void Shoot()
29       {
30           // 프리팹을 바탕으로 씬상에 총알을 생성
31           Instantiate(bulletPrefab, gunBarrelEnd.position, gunBarrelEnd.rotation);
32
33           // 발사 시 연출을 재생
34           gunParticle.Play();
35
36           // 발사 시의 소리를 재생
37           gunAudioSource.Play();
38       }
39   }
```

에디터에서 발사 간격을 설정할 수 있도록 bulletInterval 변수를 정의했으며, 이제까지 있었던 Update 함수가 없어지고 OnEnable 함수, OnDisable 함수가 새롭게 작성됐습니다. OnEnable 함수와 OnDisable 함수는 이 게임 오브젝트의 enabled 프로퍼티가 변경되면 호출되는 이벤트 함

수입니다. OnEnable 함수는 enabled 프로퍼티가 true가 되었을 때 호출되며, OnDisable 함수는 false가 되었을 때 호출됩니다. OnEnable 함수는 InvokeRepeating 함수를 사용해 일정 간격으로 Shoot 함수를 호출하고, OnDisable 함수는 CancelInvoke 함수에서 일정 간격으로 호출하는 Shoot 함수의 호출을 정지합니다.

표 8.2에 유니티에서 사용할 수 있는 지연 처리를 수행하는 함수와 비슷한 처리를 할 수 있는 병렬 처리 함수를 소개합니다.

표 8.2 ▶ 지연 처리를 할 수 있는 함수

함수	설명
Invoke	첫 번째 인수에서 지정한 함수를 두 번째 인수에서 설정한 시간(초)에 호출합니다.
InvokeRepeating	첫 번째 인수에서 지정한 함수를 두 번째 인수에서 설정한 시간(초)에 호출하고, 그 후 세 번째 인수에서 설정한 시간(초)마다 반복해 함수를 호출합니다.
CancelInvoke	전체 Invoke 또는 함수를 지정한 Invoke를 정지합니다.
StartCoroutine	코루틴과 WaitForSeconds 함수 등을 사용해 지연 실행을 할 수 있습니다.
StopCoroutine	지정된 코루틴을 정지합니다.
StopAllCoroutines	전체 코루틴을 정지합니다.

8-2-3 버튼을 누를 수 있게 해 보자

버튼의 영역으로 포인터를 이동시켰을 때 지정된 시간이 경과되면 버튼을 누를 수 있게 해 봅시다.

● 버튼 위에 포인터가 있는지 알아보자

유니티에는 키보드, 마우스, 터치 등의 입력에 근거해 애플리케이션 내의 오브젝트에 이벤트를 송신할 수 있는 EventSystem이라는 기능이 있습니다. 이는 통상의 입력 디바이스뿐만 아니라 사용자가 자체 처리로 사용할 수 있습니다. 이번에는 이 기능을 이용해 구현합니다.

프로젝트 창의 'Assets/VRShooting/Scripts'에 'PointerInputModule' 스크립트를 작성하고 다음과 같이 편집합니다.

```
1   using System.Collections;
2   using System.Collections.Generic;
3   using UnityEngine;
4   using UnityEngine.EventSystems;
```

```
 5    using UnityEngine.XR;
 6    using System.Linq;
 7
 8    public class PointerInputModule : BaseInputModule
 9    {
10        RaycastResultComparer comparer = new RaycastResultComparer();
                            // RaycastResult 데이터의 비교 처리
11        PointerEventData pointerData;        // 포인터용의 이벤트 데이터
12        List<RaycastResult> resultList;      // Raycast 결과
13        Vector2 viewportCenter;              // 화면 중심 위치
14
15        // RaycastResult 데이터의 비교 처리 클래스
16        class RaycastResultComparer : EqualityComparer<RaycastResult>
17        {
18            public override bool Equals(RaycastResult a, RaycastResult b)
19            {
20                return a.gameObject == b.gameObject;
21            }
22
23            public override int GetHashCode(RaycastResult r)
24            {
25                return r.gameObject.GetHashCode();
26            }
27        }
28
29        protected override void Start()
30        {
31            // 이벤트 데이터의 작성
32            pointerData = new PointerEventData(eventSystem);
33            // 화면의 중심 위치를 설정
34            viewportCenter = GetViewportCenter();
35        }
36
37        public override void Process()
38        {
39            // Raycast의 결과 데이터
40            resultList = new List<RaycastResult>();                    ❶
41
42            // 화면 센터 위치 설정
43            pointerData.Reset();                                       ❷
44            pointerData.position = viewportCenter;
45
46            // 카메라에서 포인터를 향해 Raycast를 실시
47            eventSystem.RaycastAll(pointerData, resultList);           ❸
48
```

```
49    // 포인터가 이 프레임에서 UI 영역에 들어간 것을 빼내어 리스트화
50    var enterList = resultList.Except<RaycastResult>(m_RaycastResultCache, comparer);
51    // 대상 UI에 대해서 PointerEnter 이벤트를 실행
52    foreach (var r in enterList)
53    {
54        ExecuteEvents.Execute(r.gameObject, pointerData, ExecuteEvents.
          pointerEnterHandler);
55    }
56
57    // 포인터가 이 프레임에서 UI 영역에서 나온 것을 빼내어 리스트화
58    var exitList = m_RaycastResultCache.Except<RaycastResult>(resultList, comparer);
59    // 대상 UI에 대해서 PointerExit 이벤트를 실행
60    foreach (var r in exitList)
61    {
62        ExecuteEvents.Execute(r.gameObject, pointerData, ExecuteEvents.
                                pointerExitHandler);
63    }
64
65        // 이번 결과를 저장
66        m_RaycastResultCache = resultList;
67    }
68
69    // 화면의 중심 위치를 계산
70    public Vector2 GetViewportCenter()
71    {
72        // 화면의 크기
73        var viewportWidth = Screen.width;
74        var viewportHeight = Screen.height;
75
76        // VR로 보고 있을 때
77        if (XRSettings.enabled)
78        {
79            // 표시용 텍스처의 크기
80            viewportWidth = XRSettings.eyeTextureWidth;
81            viewportHeight = XRSettings.eyeTextureHeight;
82        }
83
84        // XY 크기의 반이 화면의 중심 위치
85        return new Vector2(viewportWidth * 0.5f, viewportHeight * 0.5f);
86    }
87 }
```

PointerInputModule 클래스에서는 카메라에서 화면 중앙을 향해 레이캐스트(Raycast)를 쏘고, 레이캐스트를 맞은 UI 파트의 정보를 저장합니다. 레이캐스트란 물리 처리에서 사용할 수 있는

충돌 판정 처리 기법으로 길이, 방향, 굵기를 지정해서 광선(Ray)을 비추어(cast) 지정한 조건에 맞는 오브젝트를 취득할 수 있습니다. 이 기능을 사용해 UI 파트를 얻습니다. 그림 8.8은 이 클래스가 실시하고 있는 처리를 나타냅니다.

그림 8.8 ▶ PointerInputModule의 처리

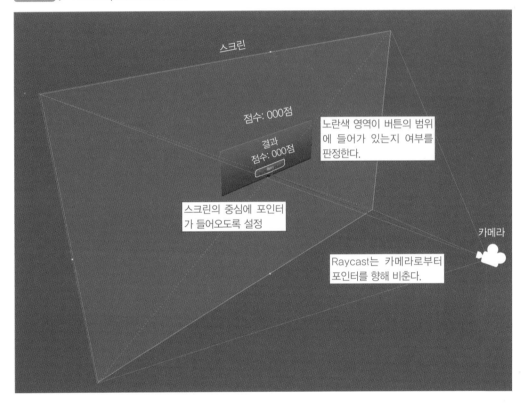

그럼, 클래스 내의 처리를 살펴봅시다. 이 클래스는 BaseInputModule을 상속하고 있습니다. EventSystem으로 입력을 다루는 클래스는 모두 BaseInputModule 클래스에서 파생 클래스를 작성하고 처리를 구현합니다. BaseInputModule은 이벤트를 발생시켜 필요한 게임 오브젝트로 전달하는 기능을 합니다.

리스트의 요소를 독자적으로 비교하기 위한 RaycastResultComparer 클래스를 참조하는 comparer 변수를 정의하였으며, 포인터 이벤트의 데이터를 저장하기 위한 pointerData 변수, Process 함수에서 처리한 결과를 저장하기 위한 resultList 변수, 화면의 중심 계산 결과를 저장하기 위한 viewportCenter 변수를 각각 정의하고 있습니다. 이 클래스에서만 사용하기 때문에 클래스 내에서 RaycastResultComparer 클래스를 정의하고, 레이캐스트의 결과 RaycastResult 요소를 비교합니다.

Start 함수에서는 pointerData 변수를 작성하고 viewportCenter를 계산합니다. 화면 중심을

계산하는 처리는 GetViewportCenter 함수로 하며, 에디터에서 동작하고 있을 때는 스크린 크기의 중심 좌표를 구합니다. 또한, VR 환경에서는 스크린의 크기가 아닌 표시하기 위한 텍스처의 중심 좌표를 구합니다.

Process 함수는 모듈이 갱신될 때 호출되는 함수로, 이 안에서 레이캐스트를 처리하고 그 대상이 되는 오브젝트에 대해서 이벤트를 실행합니다. Process 함수에서의 처리는 조금 복잡하기 때문에 나눠서 설명하겠습니다.

■ ①저장하는 리스트의 작성

함수가 호출될 때마다 새롭게 결과를 저장하는 리스트를 작성합니다. 이는 이전 회의 리스트와 비교해야 하기 때문에 매회 작성됩니다.

```
39          // Raycast의 결과 데이터
40          resultList = new List<RaycastResult>();
```

■ ②이벤트 데이터 초기화

이벤트 데이터를 초기화합니다. 이벤트 데이터는 이후의 RaycastAll 함수의 처리 내에서 변경되므로 여기서 초기화를 합니다.

```
42          // 화면 센터 위치 설정
43          pointerData.Reset();
44          pointerData.position = viewportCenter;
```

■ ③레이캐스트의 실행

RaycastAll 함수는 카메라에서 포인터(pointerData 변수로 지정된 포인트)를 향해 레이캐스트를 쏘고, 해당 레이캐스트의 판정에 포함되는 모든 오브젝트가 resultList 변수로 반환됩니다.

```
46          // 카메라에서 포인터를 향해서 Raycast를 실시
47          eventSystem.RaycastAll(pointerData, resultList);
```

■ ④레이캐스트 결과로부터 Enter 이벤트 호출

여기서는 RaycastAll 함수로 얻어진 판정 결과의 resultList 변수로부터 이전 회의 결과인

m_RaycastResultCache 변수에 포함되지 않는 요소를 C#의 LINQ 처리를 사용해 뽑아냅니다. 이
처리에 의해 이번에 처음으로 포인터가 대상인 UI의 영역에 들어간 게임 오브젝트가 enterList 변수
에 들어갑니다.

m_RaycastResultCache 변수는 상속처인 BaseInputModule의 멤버 변수로 이전 회
의 결과를 Process 함수의 마지막에 저장합니다. 그리고 enterList 변수의 모든 요소에 대해
ExecuteEvents.Execute 함수를 실행하고, pointerEnterHandler 이벤트를 통지합니다. 이번에
사용하고 있는 통지는 포인터가 들어갔을 때의 이벤트가 통지되며, IPointerEnterHandler를 상속
하고 있는 클래스의 OnPointerEnter 함수를 호출합니다. 이 밖에도 사용할 수 있는 이벤트 통지가
있으니 표 8.3에 일부 소개하겠습니다.

```
49    // 포인터가 이 프레임에서 UI 영역에 들어간 것을 빼내어 리스트화
50    var enterList = resultList.Except<RaycastResult>(m_RaycastResultCache, comparer);
51    // 대상 UI에 대해서 PointerEnter 이벤트를 실행
52    foreach (var r in enterList)
53    {
54        ExecuteEvents.Execute(r.gameObject, pointerData, ExecuteEvents.
                                pointerEnterHandler);
55    }
```

표 8.3 ▶ 이벤트 통지

이벤트	인터페이스 클래스	호출되는 콜백 함수	설명
pointerEnterHandler	IPointerEnterHandler	OnPointerEnter	대상 UI의 영역에 들어갔을 때 호출됩니다.
pointerExitHandler	IPointerExitHandler	OnPointerExit	대상 UI의 영역에서 나왔을 때 호출됩니다.
beginDragHandler	IBeginDragHandler	OnBeginDrag	대상 UI가 드래그됐을 때 호출됩니다.
dragHandler	IDragHandler	OnDrag	대상 UI가 드래그되고 있고, 포인터가 이동하고 있을 때 호출됩니다.
endDragHandler	IEndDragHandler	OnEndDrag	대상 UI의 드래그가 끝났을 때 호출됩니다.
dropHandler	IDropHandler	OnDrop	드롭됐을 때 호출됩니다.

■ ⑤레이캐스트 결과로부터 Exit 이벤트 호출

조금 전과 같이 여기서는 이전 회의 결과의 m_RaycastResultCache 변수로부터 이번 결과의
resultList 변수에 포함되지 않는 요소를 뽑아냈습니다. 이 처리에 의해 이번 포인터는 대상의 UI 영

역에서 나온 게임 오브젝트가 exitList 변수에 저장됩니다. 그리고 exitList 변수의 모든 요소에 대해 ExecuteEvents.Execute 함수를 실행해 포인터가 나왔을 때의 이벤트로서 pointerExitHandler 이벤트를 통지해 IPointerExitHandler를 상속하는 클래스의 OnPointerExit 함수를 호출합니다.

```
57        // 포인터가 이 프레임에서 UI 영역에서 나온 것을 빼내어 리스트화
58        var exitList = m_RaycastResultCache.Except<RaycastResult>(resultList, comparer);
59        // 대상 UI에 대해서 PointerExit 이벤트를 실행
60        foreach (var r in exitList)
61        {
62            ExecuteEvents.Execute(r.gameObject, pointerData, ExecuteEvents.
                             pointerExitHandler);
63        }
```

● 버튼을 눌러 보자

앞서 이벤트의 통지 부분을 작성했으므로 이번에는 이벤트의 수신 부분을 작성합니다. 프로젝트 창의 'Assets/VRShooting/Scripts'에 'GazeHoldEvent' 스크립트를 작성하고 다음과 같이 편집합니다.

```
1    using UnityEngine;
2    using UnityEngine.Events;
3    using UnityEngine.EventSystems;
4
5    public class GazeHoldEvent : MonoBehaviour, IPointerEnterHandler, IPointerExitHandler
6    {
7        [SerializeField] float gazeTapTime = 2.0f;    // 버튼을 탭하는 시간
8        [SerializeField] UnityEvent onGazeHold;       // 버튼을 탭했을 때의 이벤트
9
10       float timer;    // 포인터가 UI 영역에 있는 시간
11       bool isHover;   // 포인터가 UI 영역에 있는가?
12
13       // 포인터가 UI 영역에 들어왔을 때의 이벤트 처리
14       public void OnPointerEnter(PointerEventData eventData)
15       {
16           // 타이머를 0으로
17           timer = 0.0f;
18
19           // Hover 상태로
20           isHover = true;
21       }
```

```
22
23      // 포인터가 UI 영역에서 나왔을 때의 이벤트 처리
24      public void OnPointerExit(PointerEventData eventData)
25      {
26          // Hover 상태 해제
27          isHover = false;
28      }
29
30      public void Update()
31      {
32          // Hover 상태가 아니면 처리를 하지 않는다
33          if (!isHover)
34          {
35              return;
36          }
37
38          // 경과 시간
39          timer += Time.deltaTime;
40
41          // 지정 시간 이상 지난 경우
42          if (gazeTapTime < timer)
43          {
44              // 이벤트 실행
45              onGazeHold.Invoke();
46
47              // Hover 상태 해제
48              isHover = false;
49          }
50      }
51  }
```

GazeHoldEvent 클래스에서는 조금 전의 이벤트 수신과 이전 절에서 생각한 '어떤 영역에 들어가고 나서 일정 시간이 경과하면 탭 된다'를 구현합니다. GazeHoldEvent 클래스는 IPointerEnterHandler와 IPointerExitHandler 클래스를 상속하고 있으니 조금 전의 PointerInputModule 클래스에서 이벤트 통지가 오면 이 클래스의 OnPointerEnter 함수와 OnPointerExit 함수에서 이벤트를 수신합니다. 프로퍼티로는 gazeTapTime을 정의하고, 버튼을 탭할 때까지의 시간을 설정할 수 있게 합니다. 또한, onGazeHold를 정의하고, 버튼이 탭되었을 때 실행되는 콜백 함수를 정의합니다. onGazeHold는 UnityEvent라는 형태로 정의해 두면, 이벤트 발생 시에 호출되는 함수를 그림 8.9처럼 에디터에서 설정할 수 있습니다.

그림 8.9 ▶ 에디터에서 콜백 함수를 설정

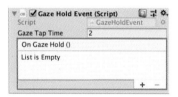

시간을 저장하는 timer 변수와 UI 영역 내에 포인터가 있는지 여부의 플래그로서 isHover 변수를 정의합니다. 포인터가 UI 영역에 들어갔을 때 호출되는 OnPointerEnter 함수는 경과 시간을 리셋해서 isHover 변수를 true로 설정합니다. 포인터가 UI 영역에서 나왔을 때 호출되는 OnPointerExit 함수는 isHover 변수를 false로 설정합니다. Update 함수는 isHover 변수가 true일 때 처리되도록 합니다. 이때, gazeTapTime 프로퍼티로 지정된 시간이 경과하면 onGazeHold에 등록되어 있는 콜백이 실행됩니다.

● PointerInputModule과 GazeHoldEvent 배치

그럼, 지금까지 작성한 PointerInputModule 클래스와 GazeHoldEvent 클래스를 배치해 봅시다.

1 PointerInputModule 컴포넌트의 적용

프로젝트 창의 'Assets/VRShooting/Scripts/PointerInputModule'을 하이어라키 창의 'EventSystem'에 드래그 앤 드롭하여 'PointerInputModule' 컴포넌트를 적용합니다(그림 8.10❶).

2 GazeHoldEvent 컴포넌트의 적용

프로젝트 창의 'Assets/VRShooting/Scripts/GazeHoldEvent'를 하이어라키 창의 'Canvas/Result/Retry'에 드래그 앤 드롭하여 'GazeHoldEvent' 컴포넌트를 적용합니다(그림 8.10❷).

그림 8.10 ▶ PointerInputModule과 GazeHoldEvent 컴포넌트의 적용

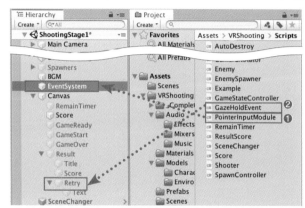

이벤트의 추가

하이어라키 창의 'Canvas/Result/Retry'를 선택
하고 인스펙트 창에서 'Gaze Hold Event'의 [On
Gaze Hold()]에서 [+] 버튼을 눌러 이벤트를 추가
합니다(그림 8.11).

그림 8.11 ▶ GazeHoldEvent 컴포넌트의 이벤트 추가

4 **이벤트의 설정**

추가한 이벤트에 하이어라키 창의 'SceneChanger'를 드래그 앤 드롭하고 [No Function]을 선택하
여 [SceneChanger] → [ReloadScene()]을 선택합니다(그림 8.12).

그림 8.12 ▶ GazeHoldEvent 컴포넌트의 Retry 이벤트의 설정

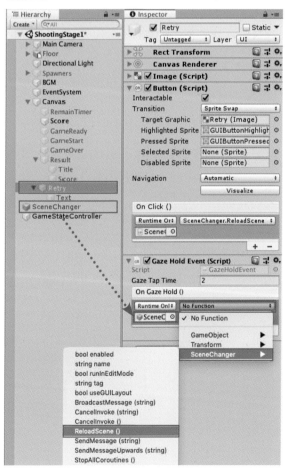

8-2-4 동작을 확인해 보자

먼저 에디터에서 실행하여 동작을 확인해 봅시다. 게임 뷰를 확인하면 중심에 포인터가 표시될 것입니다. 포인터를 재시도 버튼에 맞춰 봅시다. 어떠세요? 버튼 위로 포인터를 이동시키면 색이 바뀌고 설정한 2초가 경과하면 재시도가 실행되는 것을 확인할 수 있을 것입니다(그림 8.13).

그림 8.13 ▶ 에디터에서 확인

에디터에서 확인했으므로 이전 절에서 했던 대로 빌드하여 VR 고글에서도 확인합시다(그림 8.14).

그림 8.14 ▶ VR 고글로 확인

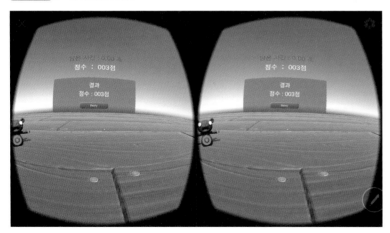

8-3 VR 설정을 하자

유니티에서는 몇 가지 설정만으로 VR 앱을 만들 수 있습니다. 유니티에서 VR 설정을 하면 어떤 동작의 변화가 일어나는지를 알아보며, 카메라 컴포넌트의 동작 변화나 스크립트에서의 VR 설정 취득 방법에 대해 다룹니다.

8-3-1 유니티의 VR 설정

이미 **Chapter 4**에서 설정을 했으므로 다시 한 번 확인합니다(그림 8.15).

그림 8.15 ▶ PlayerSettings의 설정(왼쪽: 안드로이드, 오른쪽: iOS)

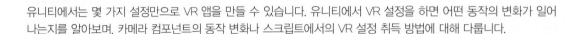

유니티에서는 이 두 가지 설정만으로 이제까지 작성했던 휴대전화용 VR 앱을 개발 및 실행할 수 있습니다.

8-3-2 유니티의 동작의 변화

조금 전의 VR 설정을 하면 유니티는 자동으로 몇 가지 변경을 합니다.

• VR 디바이스의 헤드 마운트 디스플레이에 렌더링을 실시합니다.
• VR 디바이스로부터 헤드 트래킹 정보를 반영합니다.

위의 영향을 크게 받는 컴포넌트가 'Camera' 컴포넌트입니다(그림 8.16).

그림 8.16 ▶ Camera 컴포넌트

VR 설정을 하면 그림 8.16의 빨간 테두리 부분의 프로퍼티가 추가됩니다. 이 중 [Stereo Separation]과 [Stereo Convergence] 프로퍼티는 하드웨어의 설정 값을 사용하기 때문에 에디터에서 설정해도 반영되지 않습니다. [Target Eye] 프로퍼티는 헤드 마운트 디스플레이의 렌더링을 변경하기 위해 있으며 양쪽 눈, 오른쪽 눈, 왼쪽 눈, 그리지 않는다 네 가지로 전환할 수 있습니다.

그림 8.16의 녹색 테두리 부분의 프로퍼티도 있지만, VR 설정을 한 앱의 경우 이 정보는 헤드 트래킹 정보가 반영되어, 사용자가 설정한 값을 무효화합니다. 따라서 카메라를 자유롭게 움직일 수 없게 됩니다. 만약, 헤드 트래킹과는 별개로 카메라를 움직이고자 하면 카메라를 다른 게임 오브젝트의 자식으로 두고 그 부모의 'Transform'을 변경함으로써 움직여야 합니다.

8-3-3 스크립트에서의 VR 설정

유니티에서는 대부분 VR 설정에 신경 쓰지 않고 스크립트를 쓸 수 있습니다. 그러나 조금 전 작성한 'PointerInputModule' 스크립트처럼 VR이 유효한가 등의 판정을 하고 싶을 때가 있는데, 그때 VR의 상태를 취득할 수 있는 클래스 몇 가지를 표 8.4에 소개합니다.

표 8.4 ▶ VR 정보를 취득하는 클래스

클래스명	프로퍼티 또는 함수명	설명
XRSettings	enabled	VR의 유효·무효를 취득·설정할 수 있습니다.
	eyeTextureHeight	VR 디바이스에 그려지는 텍스처의 높이를 얻을 수 있습니다.
	eyeTextureWidth	VR 디바이스에 그려지는 텍스처의 폭을 얻을 수 있습니다.
	loadedDeviceName	현재 사용하는 VR 디바이스의 명칭을 얻을 수 있습니다.
XRDevice	isPresent	정상으로 VR 디바이스가 검출되고, 올바르게 동작하는지를 확인할 수 있습니다.
	model	현재 사용되는 VR 디바이스의 모델명을 얻을 수 있습니다.
	refreshRate	렌더링의 갱신 레이트를 얻을 수 있습니다.
InputTracking	GetLocalPosition	트래킹 공간을 로컬 좌표에 넣은 '왼쪽 눈, 오른쪽 눈, 양쪽 눈의 간격, 머리' 위치를 얻을 수 있습니다.
	GetLocalRotation	트래킹 공간을 로컬 좌표에 넣은 '왼쪽 눈, 오른쪽 눈, 양쪽 눈의 간격, 머리' 방향을 얻을 수 있습니다.
	Recenter	헤드 마운트 디스플레이의 위치와 방향을 중심으로 리셋합니다.

게임의 콘텐츠를 늘리자

최소한의 필요한 기능을 갖춘 VR 슈팅 게임이 완성되었습니다. 이 장에서는 응용편으로써 게임의 모양새를 좋게 하거나 다양성을 늘려서 게임을 확장해 봅시다. 지금까지 작성한 VR 슈팅 게임을 개량해 가면서 지금까지 접하지 않았던 유니티의 기능에 대해서 설명합니다.

이 장에서 배우는 것
- UI 애니메이션
- 'DOTween' 에셋의 소개
- 씬 취급법과 등록 방법
- 경로 탐색과 내비게이션

9-1 애니메이션을 붙여 보자

이 절에서는 지금까지 작성한 VR 슈팅 게임의 캐릭터나 UI에 움직임을 추가합니다. 캐릭터에 움직임을 추가하는 방법을 설명하고 애니메이션을 간단하게 작성할 수 있는 에셋을 소개합니다.

9-1-1 적 캐릭터에 애니메이션을 추가하자

지금 나오고 있는 적 캐릭터에 애니메이션을 추가해 봅시다.

1 프리팹의 선택

프로젝트 창에서 'Assets/VRShooting/Prefabs/ZomBear'를 선택합니다.

2 AnimationController의 설정

프로젝트 창에서 'Assets/VRShooting/_Complete-Game/Animation/EnemyAnimator Controller'를 'Animator' 컴포넌트의 [Controller] 프로퍼티에 드래그 앤 드롭으로 설정합니다 (그림 9.1).

그림 9.1 ▶ 애니메이션 컨트롤러의 설정

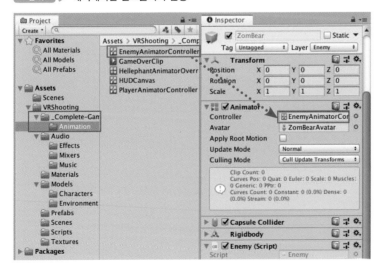

실행해서 'ZomBear'가 동작하는지 확인합니다(그림 9.2).

▶ ZomBear의 애니메이션

● 애니메이션 제어

유니티에는 캐릭터의 애니메이션을 제어하기 위한 메카님이라는 애니메이션 시스템이 있습니다. 이 기능은 단순한 애니메이션의 재생만이 아니라 '애니메이션의 흐름 제어', '두 가지 애니메이션의 보간', '애니메이션 부분 재생', '휴머노이드 애니메이션의 리타겟팅', 'GUI에 의한 시각적인 설정' 등 많은 기능의 시스템으로 구성되어 있습니다. 이 책에서는 기본적인 사용법만을 설명할 예정으로, 좀 더 자세한 사용법은 유니티의 애니메이션 매뉴얼을 참고하세요.

조금 전의 프로젝트 창에서 'Assets/VRShooting/_Complete-Game/Animation/ EnemyAnimatorController'를 더블 클릭하면 그림 9.3처럼 애니메이션 화면이 열립니다. 이 애니메이터 화면에서 '애니메이션 스테이트 머신(Animation State Machine)'을 사용하여 복잡한 애니메이션을 제어할 수 있습니다.

▶ Animator 화면

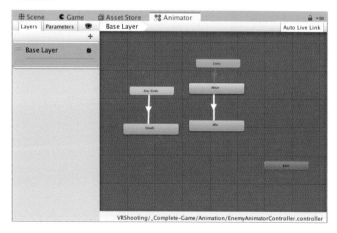

애니메이터 창의 'Move' 스테이트를 선택하고 인스펙터 창을 봅시다(그림 9.4). 인스펙터 창에

Motion 프로퍼티가 있고 애니메이션 클립으로 'Move'가 설정되어 있습니다. 애니메이션 클립은 유니티가 관리하는 애니메이션의 최소 단위 데이터로, 이 클립을 다양한 방법으로 편집하고 조합해서 다양한 애니메이션을 생성할 수 있습니다. 애니메이션 클립은 마야나 블렌더 등의 외부 툴을 사용해 작성된 애니메이션 데이터를 FBX 데이터*로 유니티에 임포트하는 형태로 작성하는 것이 일반적입니다.

 그림 9.4 ▶ Move 스테이트를 선택

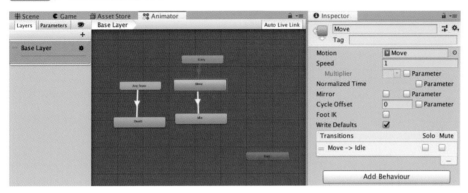

다음으로 프로젝트 창에서 'Assets/VRShooting/Models/Characters/Zombunny'를 선택하고 인스펙터 창을 봅시다. 윗부분의 탭을 Animation으로 바꿔 주세요(그림 9.5). 가운데에 표시된 Clips 프로퍼티의 맨 위에 설정되어 있는 'Move'라는 것이 조금 전의 'Move' 애니메이션 클립에 해당합니다. 이 밖에 'Idle', 'Death'가 설치되어 있는데 조금 전의 애니메이션 화면을 확인하면 'Idle', 'Death' 스테이트가 있고 이 데이터를 참조하도록 설정되어 있습니다.

 그림 9.5 ▶ 애니메이션 클립

---

* FBX는 Autodesk가 권리를 소유하고 있으며 여러 디자인 툴 간에 디자인 데이터를 상호 운용할 수 있도록 한 범용 형식입니다.

이처럼 외부 툴에서 작성한 애니메이션을 FBX 데이터로서 유니티로 임포트하여 애니메이션 클립으로 등록할 수 있습니다. 애니메이션 클립을 애니메이션 컨트롤러에 스테이트로 배치함으로써 애니메이션을 간단하게 재생할 수 있습니다.

9-1-2 UI를 움직여 보자

여기서는 애니메이션을 간단하게 할 수 있는 'DOTween'이라는 플러그인을 에셋 스토어에서 임포트하여 UI에 애니메이션을 추가합니다.

● DOTween 임포트

5-2-3 에셋 스토어를 사용해 보자에서 했던 것처럼 에셋 스토어에서 'DOTween'을 임포트해 봅시다.

1 Asset Store 열기

메뉴에서 [Window] → [AssetStore]를 선택합니다.

2 DOTween의 검색

에셋 스토어의 검색 박스에 'DOTween'를 검색합니다(그림 9.6).

그림 9.6 ▶ 에셋 스토어

3 DOTween 다운로드

'DOTween' 무료판이 있으므로 이를 선택해서 다운로드합니다(그림 9.7). 'DOTween Pro'도 있으므로 실수하지 않도록 합니다.

4 DOTween 임포트

다운로드가 완료되면 완성 프로젝트의 임포트에 관한 확인이 표시되므로 '임포트'를 선택합니다.

그림 9.7 ▶ DOTween의 임포트

메뉴의 [Tools] → [Demigiant] → [DOTween Utility
Panel]을 선택하여 그림 9.8의 대화상자를 표시한 후,
[Setup DOTween...] 버튼을 눌러 설정을 합니다.

그림 9.8 ▶ DOTween 설정

이로써 'DOTween'을 사용할 수 있게 되었습니다. 이 에셋을 사용해서 UI에 애니메이션을 추가합
니다.

● Game Over를 페이드로 표시

먼저 'GameOver' 게임 오브젝트로 설정할 스크립트를 작성합시다. 프로젝트 창의 'Assets/
VRShooting/Scripts'에 'CanvasGroupFade' 스크립트를 작성하고 다음과 같이 편집합니다.

```
1   using System.Collections;
2   using System.Collections.Generic;
3   using UnityEngine;
4   using DG.Tweening;
5
6   [RequireComponent(typeof(CanvasGroup))]
7   public class CanvasGroupFade : MonoBehaviour
8   {
9       void Start()
10      {
11          // CanvasGroup의 취득
12          var canvasGroup = GetComponent<CanvasGroup>();
13
14          // CanvasGroup을 Fade 애니메이션 시킨다
15          canvasGroup.DOFade(1.0f, 1.0f).SetEase(Ease.InOutQuart).
            SetLoops(2, LoopType.Yoyo);
16      }
17  }
```

조금 전 임포트한 'DOTween'을 스크립트로 사용할 수 있도록 using DG.Tweening;을 추가합니다.

필요 컴포넌트로는 다음과 같이 'CanvasGroup'을 정의합니다.

```
6    [RequireComponent(typeof(CanvasGroup))]
```

이 'CanvasGroup'이 실제로 페이드를 하는 컴포넌트로, 'CanvasGroup' 컴포넌트의 [Alpha] 파라미터를 'DOTween'을 사용해 애니메이션으로 만듭니다.

```
14   // CanvasGroup을 Fade 애니메이션 시킨다
15   canvasGroup.DOFade(1.0f, 1.0f).SetEase(Ease.InOutQuart).SetLoops(2, LoopType.Yoyo);
```

'DOTween'은 유니티 표준의 각 컴포넌트를 확장하여 애니메이션을 간단하게 설정할 수 있게 되어 있으며, 설정하고자 하는 파라미터를 메서드 체인(메서드 호출을 연결하는 형태로 호출하는 것)으로 할 수 있습니다. DOFade 함수는 인수에 변경하는 값의 최종값과 그때까지 걸리는 시간을 설정할 수 있습니다. SetEase 함수는 파라미터를 어떤 커브로 변경할지를 설정할 수 있습니다. 여기서는 그림 9.9의 InOutQuart 커브를 사용합니다. 그 밖에도 여러 가지로 커브 설정을 할 수 있습니다.

그림 9.9 ▶ SetEase의 커브

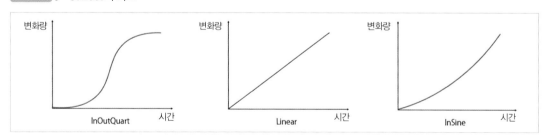

SetLoops 함수에서는 루프의 설정을 수행하여 루프 횟수와 루프 방법을 설정할 수 있습니다. 여기서는 2회 째의 루프를 거꾸로 재생하는 LoopType.Yoyo라는 루프 방법을 지정하고 '초깃값 → 최종값 → 초깃값'으로 변화하는 요요와 같은 움직임을 설정합니다.

이처럼 'DOTween'을 사용함으로써 간단하게 애니메이션을 설정할 수 있습니다. 지금은 무료판을 사용하고 있기 때문에 에디터에서 설정하지 못하지만, 프로판(유료)을 사용하면 에디터에서 설정할 수 있고 스크립트를 작성하지 않아도 애니메이션을 설정할 수 있습니다.

● Game Over 설정

그러면 스크립트를 'GameOver' 게임 오브젝트에 설정하고 실행합시다.

1 **GameOver의 선택**

하이어라키 창에서 'Canvas/GameOver'를 선택합니다.

2 **GameOver의 설정**

프로젝트 창에서 'Assets/VRShooting/Scripts/CanvasGroupFade'를 인스펙터 창으로 드래그 앤 드롭하고, 자동으로 설정된 'CanvasGroup' 컴포넌트의 [Alpha] 프로퍼티 값을 0으로 설정합니다(그림 9.10).

그림 9.10 ▶ CanvasGroupFade의 설정

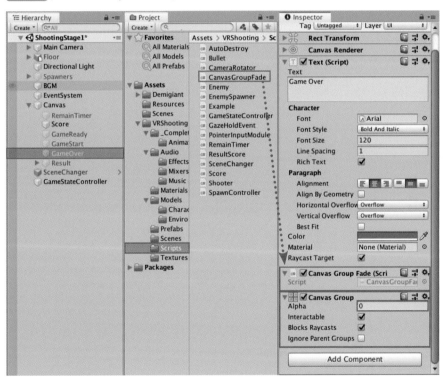

실행해서 'Game Over' 문자가 떠오르고 사라지는 것을 확인합니다.

● Game Start를 가로로 흘러가게 하자

다음은 'GameStart' 게임 오브젝트에 설정할 스크립트를 작성합시다. 프로젝트 창의 'Assets/VRShooting/Scripts'에 'SlideInOut' 스크립트를 작성하고 다음과 같이 편집합니다.

```
1    using System.Collections;
2    using System.Collections.Generic;
3    using UnityEngine;
4    using DG.Tweening;
5
6    [RequireComponent(typeof(RectTransform))]
7    public class SlideInOut : MonoBehaviour
8    {
9        void Start()
10       {
11           // rectTranform 컴포넌트 취득
12           var rectTranform = GetComponent<RectTransform>();
13
14           // DOTween의 시퀀스를 작성
15           var sequence = DOTween.Sequence();
16
17           // 화면 오른쪽에서 슬라이드인한다
18           sequence.Append(rectTranform.DOMoveX(0.0f, 1.0f));
19
20           // 화면 왼쪽으로 슬라이드아웃한다
21           sequence.Append(rectTranform.DOMoveX(-1400.0f, 0.8f));
22       }
23   }
```

조금 전과 같이 'DOTween'을 사용하기 위해서 using DG.Tweening;을 설정합니다. 이번에는 'RectTransform' 컴포넌트의 Position 프로퍼티를 변화시킵니다. 'DOTween'에는 여러 개의 애니메이션을 관리할 수 있는 기능인 'Sequence'가 있습니다. 이 기능을 사용해서 애니메이션을 여러 번 계속해서 재생하거나 동시에 재생할 수 있습니다. 표 9.1에 'Sequence'의 함수와 이벤트 함수 몇 가지를 소개합니다.

표 9.1 ▶ Sequence의 함수 및 이벤트 함수

함수 및 이벤트 함수	설명
Append	가장 마지막에 애니메이션을 추가합니다.
Insert	지정한 초 수를 기다렸다가 애니메이션을 추가합니다.
Join	가장 마지막에 추가된 애니메이션과 동시에 재생하는 애니메이션을 추가합니다.
AppendInterval	지정한 초 수 동안 애니메이션을 대기시킵니다.
OnComplete	모든 애니메이션의 재생이 끝나면 호출되고 루프 시는 호출되지 않습니다.
OnStepComplete	애니메이션의 재생이 끝나면 호출됩니다.

```
17        // 화면 오른쪽에서 슬라이드인한다
18        sequence.Append(rectTranform.DOMoveX(0.0f, 1.0f));
19
20        // 화면 왼쪽으로 슬라이드아웃한다
21        sequence.Append(rectTranform.DOMoveX(-1400.0f, 0.8f));
```

　DOMoveX 함수는 인수에 변경하는 값의 최종값과 그때까지 걸리는 시간을 설정할 수 있습니다. 이번에는 Poistion의 X를 초기 위치에서 0 위치까지 1초로 이동하고, 이후 X 값을 −1400까지 0.8초로 이동합니다.

● Game Start 설정

　그러면 스크립트를 'GameStart' 게임 오브젝트에 설정하고 실행해 봅시다.

1 GameStart의 선택

하이어라키 창에서 'Canvas/GameStart'를 선택합니다.

2 SlideInOut 컴포넌트의 적용

프로젝트 창에서 'Assets/VRShooting/Scripts/SlideInOut'을 인스펙터 창으로 드래그 앤 드롭하여 설정합니다(그림 9.11).

'RectTransform' 컴포넌트의 [Pos X] 프로퍼티 값을 1400으로 설정합니다.

그림 9.11 ▶ SlideInOut의 설정

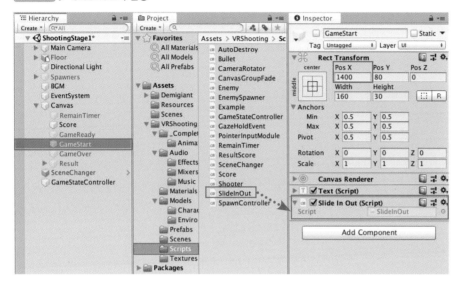

실행하여 'GameStart' 문자가 오른쪽 끝에서 출현해 왼쪽 끝으로 사라지는 걸 확인합시다.

9

9-1-3 DOTween의 확장 함수

지금까지 소개한 DOFade 함수나 DOMoveX 함수 외에도 'DOTween'에는 여러 가지 확장 함수가 있습니다. 표 9.2는 자주 사용하는 몇 가지 함수를 소개합니다(각 컴포넌트에 따라 사용할 수 있는 함수가 다르다는 점에 주의하세요).

표 9.2 ▶ DOTween의 함수

함수	설명
DOMove	Position의 파라미터 애니메이션을 설정할 수 있습니다.
DOLocalMove	LoaclPosition의 파라미터 애니메이션을 설정할 수 있습니다.
DORotate	Rotation의 파라미터 애니메이션을 설정할 수 있습니다.
DOScale	Scale의 파라미터 애니메이션을 설정할 수 있습니다.
DOColor	Light나 Material 등의 Color 파라미터 애니메이션을 설정할 수 있습니다.
DOFade	Color의 Alpha나 AudioSouce의 volume 등의 애니메이션을 설정할 수 있습니다.

● CanvasGroup 컴포넌트

조금 전의 'CanvasGroupFade' 스크립트에서 사용한 'CanvasGroup' 컴포넌트는 각 UI 요소를 그룹화하여 그룹 전체의 특정 기능에 영향을 줄 수 있습니다. 'CanvasGroup' 컴포넌트의 파라미터를 변경하여 그룹 전체의 불투명도를 일괄 변경하거나 그룹 전체의 UI 입력을 하지 못하게 설정할 수 있습니다(그림 9.12, 표 9.3).

그림 9.12 ▶ CanvasGroup 컴포넌트

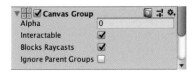

표 9.3 ▶ CanvasGroup 컴포넌트의 프로퍼티

프로퍼티	설명
Alpha	이 그룹의 UI 요소의 불투명도를 설정합니다. 이 값은 각 UI 요소의 불투명도와 곱합니다.
Interactable	이 그룹의 컴포넌트가 입력을 받을 수 있을지 여부를 설정할 수 있습니다.
Block Raycasts	이 그룹을 Raycast 대상으로 할 것인지 여부를 설정할 수 있습니다.
Ignore Parent Groups	이 그룹이 하이어라키의 부모의 'Canvas Group' 영향을 받을지 여부를 설정할 수 있습니다.

9-2

타이틀과 스테이지 선택의 표시를 만들자

지금까지 작성한 슈팅 게임 타이틀의 씬과 스테이지 선택 씬을 추가해 나가며, 유니티에서의 여러 개의 씬 취급법이나 각각의 씬으로 전환시키는 방법을 설명합니다.

9-2-1 여러 개의 스테이지를 선택할 수 있게 하자

지금까지는 실행하면 바로 슈팅 게임이 실행되었으나 여기서는 보통의 게임처럼 타이틀 화면으로 게임을 시작하고, 플레이하고 싶은 스테이지를 선택하도록 플레이 메뉴를 만들어 봅시다(그림 9.13).

그림 9.13 ▶ 게임의 메뉴 전환

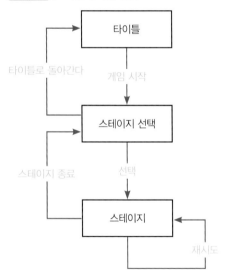

9-2-2 타이틀 화면을 만들어 보자

타이틀 화면을 작성해 봅니다. 절차가 많은데 이제까지 해왔던 것을 떠올리면서 작성해 나갑시다.

● 새로운 씬의 작성

먼저 새로운 씬을 작성합니다.

1 씬의 작성

메뉴 바에서 [File] → [New Scene]을 선택하고 새로운 씬으로 전환합니다. 만약 이때 저장을 하라는 대화상자가 뜬다면 이전 씬을 저장합니다(그림 9.14).

그림 9.14 ▶ 저장되어 있지 않은 씬의 저장 확인 대화상자

2 신규 씬의 저장

메뉴 바에서 [File] → [Save As]를 선택하고 'Assets/VRShooting/Scenes/Title'로 저장합니다. 실제로는 Title.unity로 저장됩니다.

● Canvas와 UI의 배치

다음으로 필요한 UI 파트를 배치합니다.

1 Text의 작성

하이어라키 창에서 아무 것도 선택하지 않은 상태에서 마우스 오른쪽 버튼을 클릭하고 [UI] → [Text]를 선택합니다.

2 Button의 작성

하이어라키 창에서 작성된 'Canvas'를 선택하고, 마우스 오른쪽 버튼을 클릭하여 [UI] → [Button]을 선택합니다. 같은 방법으로 'Button'을 2개 작성합니다(그림 9.15).

그림 9.15 ▶ 버튼을 두 개 작성했을 때의 하이어라키 창

3 Canvas의 컴포넌트 설정

하이어라키 창의 'Canvas'를 선택하고 인스펙터 창에서 그림 9.16처럼 'Canvas' 컴포넌트와 'RectTransform' 컴포넌트를 설정합니다.

그림 9.16 ▶ Canvas의 컴포넌트 설정

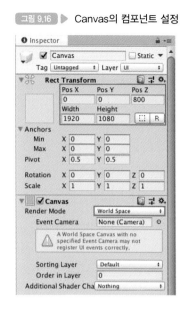

4 Text의 컴포넌트 설정

하이어라키 창의 'Canvas/Text'를 선택하고 인스펙터 창에서 그림 9.17처럼 'RectTransform' 컴포넌트와 'Text' 컴포넌트를 설정합니다.

그림 9.17 ▶ Text의 컴포넌트 설정

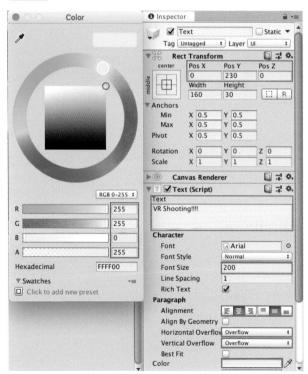

5 Outline 컴포넌트 추가

인스펙터 창의 [Add Component] 버튼을
누르고 검색 창에 'Outline'이라고 입력한
후 'Outline' 컴포넌트를 선택하여 추가합니
다(그림 9.18).

그림 9.18 ▶ Outline 컴포넌트 추가

6 Outline 컴포넌트 설정

'Outline' 컴포넌트를 그림 9.19처럼 설정합니다.

그림 9.19 ▶ Outline 컴포넌트 설정

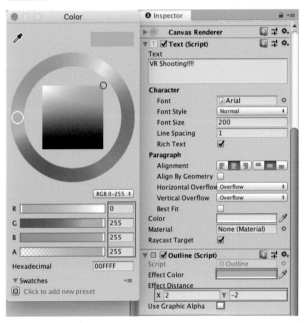

7 StartButton의 설정

하이어라키 창에서 작성된 'Button'을 선택하고, 게임 오브젝트 이름을 'StartButton'으로 변경
합니다. 그리고 인스펙터 창에서 그림 9.20처럼 'RectTransform' 컴포넌트와 'Image' 컴포넌트,
'Button' 컴포넌트를 설정합니다. 또한, 그 자식의 'Text'를 선택하고 그림 9.21처럼 'Text' 컴포넌트
를 설정합니다.

그림 9.20 ▶ Button의 컴포넌트 설정

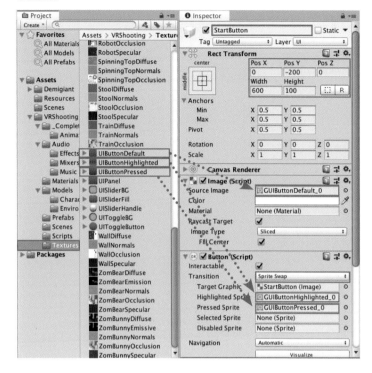

그림 9.21 ▶ Button의 자식 Text의 컴포넌트 설정

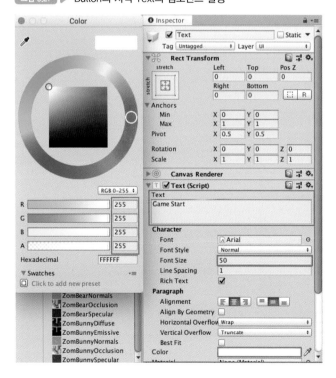

QuitButton의 설정

하이어라키 창에서 'Button(1)'을 선택하고, 게임 오브젝트 이름을 'QuitButton'으로 변경합니다. 그리고 인스펙터 창에서 그림 9.22처럼 'RectTransform' 컴포넌트와 'Image' 컴포넌트, 'Button' 컴포넌트를 설정합니다. 또한, 그 자식의 'Text'를 선택하고 그림 9.23처럼 'Text' 컴포넌트를 설정합니다.

 **Button(1)의 컴포넌트 설정**

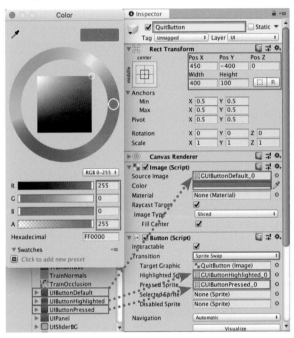

 **Button(1)의 자식 Text 컴포넌트의 설정**

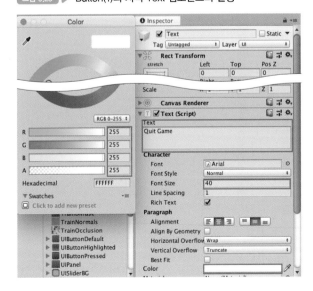

9 CameraRotator 컴포넌트의 적용

프로젝트 창의 'Assets/VRShooting/Scripts/CameraRotator'를 하이어라키 창의 'Main Camera'에 드래그 앤 드롭하여 'CameraRotator' 컴포넌트를 적용합니다.

10 포인터의 작성

8-2-1 포인터를 표시하자를 참고하여 포인터를 작성합니다.

11 PointerInputModule 컴포넌트의 적용

프로젝트 창의 'Assets/VRShooting/Scripts/PointerInputModule'을 하이어라키 창의 'Event System'에 드래그 앤 드롭하여 'PointerInputModule' 컴포넌트를 적용합니다.

● 버튼을 기능시켜 보자

버튼으로 씬 전환을 하기 위해 7-4 시작과 결과 표시를 만들자에서 작성한 'SceneChanger' 스크립트를 다음과 같이 수정합니다.

```
1   using System.Collections;
2   using System.Collections.Generic;
3   using UnityEngine;
4   using UnityEngine.SceneManagement;
5
6   public class SceneChanger : MonoBehaviour
7   {
8       public void LoadScene(string sceneName)
9       {
10          // 지정된 씬을 로드한다
11          SceneManager.LoadScene(sceneName);
12      }
13
14      public void QuitGame()
15      {
16          // 애플리케이션 종료
17          Application.Quit();
18      }
19
20      public void ReloadScene()
21      {
22          // 현재의 씬을 취득
23          var scene = SceneManager.GetActiveScene();
```

```
24
25          // 현재 씬을 다시 로드한다
26          SceneManager.LoadScene(scene.name);
27      }
28  }
```

LoadScene 함수를 추가하여 에디터에서 지정된 이름의 씬을 로드할 수 있게 합니다. QuitGame 함수는 애플리케이션의 종료를 호출해서 앱을 종료시킵니다. 그러면 씬에 'SceneChanger' 스크립트를 배치하고 버튼의 OnClick에 설정해 봅시다.

1   SceneChanger의 작성

프로젝트 창의 'Assets/VRShooting/prefabs/SceneChanger'를 하이어라키 창으로 드래그 앤 드롭합니다.

2   이름의 선택

하이어라키 창에서 'StartButton'을 선택합니다.

3   이벤트의 추가

인스펙터 창에서 'Button'의 [On Click ()]의 [+] 버튼을 눌러 이벤트를 추가합니다.

4   이벤트의 설정

하이어라키 창의 'SceneChanger'를 추가한 이벤트에 드래그 앤 드롭하고, [No Function]을 선택해서 [Scene Changer] → [LoadScene(string)]을 선택합니다 (그림 9.24).

그림 9.24 ▶ StartButton의 OnClick 설정

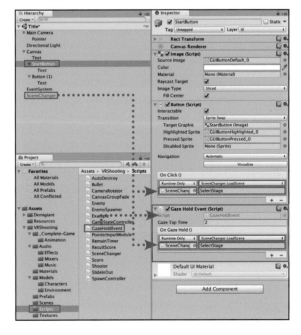

5 씬 전환 위치의 설정

그림 9.24처럼 씬 이름 'SelectStage'를 에디터에 설정합니다.

6 포인터 이벤트의 설정

포인터로도 입력할 수 있도록 프로젝트 창의 'Assets/VRShooting/Scripts/GazeHoldEvent' 스크립트를 인스펙터 창의 'StartButton'으로 드래그 앤 드롭하고, 순서 **3** ~ **5**와 같이 설정합니다.

7 이름의 선택

'QuitButton'을 선택합니다.

8 이벤트의 추가

인스펙터 창에서 'Button'의 [On Click ()]의 [+] 버튼을 눌러 이벤트를 추가합니다.

9 이벤트의 설정

추가한 이벤트에 하이어라키 창의 'Scene Changer'를 드래그 앤 드롭하고, [No Function]을 선택하고 [SceneChanger] → [QuitGame]을 선택합니다(그림 9.25).

10 포인터 이벤트의 설정

포인터로도 입력할 수 있도록 프로젝트 창의 'Assets/VRShooting/Scripts/GazeHoldEvent' 스크립트를 인스펙터 창의 'QuitButton'으로 드래그 앤 드롭하고 순서 **8**, **9**처럼 설정합니다.

그림 9.25 ▶ QuitButton의 OnClick 설정

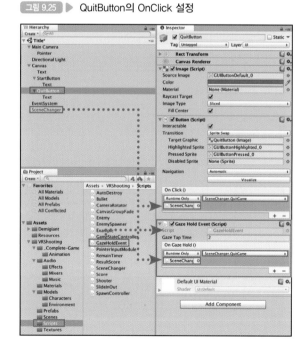

● 캐릭터 배치

캐릭터를 배치해 타이틀 화면을 보기 좋게 하고, 카메라 설정을 변경해서 화면을 보기 쉽게 합니다.

1 프리팹의 배치

프로젝트 창의 'Assets/VRShooting/Models/Characters'의 'Player', 'ZomBear', 'Zombunny'
를 하이어라키 창으로 드래그 앤 드롭합니다(그림 9.26).

그림 9.26 ▶ 캐릭터를 배치

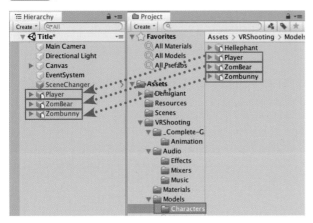

2 컨트롤러의 설정

하이어라키 창에서 'Player'를 선택하고, 인스펙터 창에서 'Transform' 컴포넌트의 [Rotation Y]를
그림 9.27처럼 설정합니다. 프로젝트 창의 'Assets/VRShooting/_CompleteGame/Animation/
PlayerAnimationController'를 'Animation' 컴포넌트의 [Controller] 프로퍼티로 드래그 앤 드
롭합니다.

그림 9.27 ▶ Player의 설정

'ZomBear', 'Zombunny'의 설정을 순서 **2**와 마찬가지로 그림 9.28과 그림 9.29와 같이 합니다. 다만, 이번에는 'PlayerAnimationController'가 아닌 'EnemyAnimation Controller'를 드래그 앤 드롭합니다.

그림 9.28 ▶ ZomBear의 설정

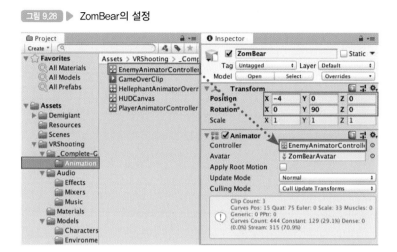

그림 9.29 ▶ Zombunny의 설정

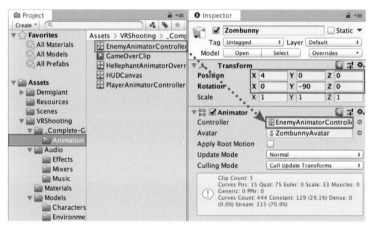

4 카메라 설정

하이어라키 창에서 'Main Camera'를 선택하고 [Clear Flags] 프로퍼티를 'Solid Color'로 설정한 후 [Background] 프로퍼티를 그림 9.30처럼 설정합니다.

그림 9.30 ▶ Main Camera의 설정

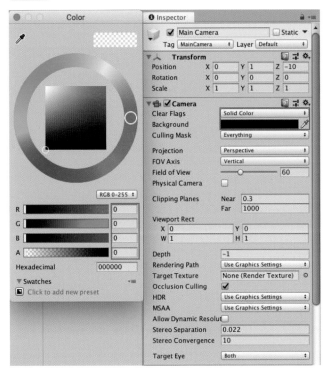

5 컴포넌트의 적용

프로젝트 창의 'Assets/VRShooting/Scripts/CameraRotator'를 하이어라키 창의 'Main Camera'에 드래그 앤 드롭해서 'CameraRotator' 컴포넌트를 적용합니다.

● 씬의 실행

그럼, 실행해 봅시다. 캐릭터가 애니메이션 되는 것을 확인할 수 있습니다. 여기까지 설정을 했다면 화면은 그림 9.31과 같습니다. 이 시점에서는 버튼을 눌러도 아무 일도 일어나지 않습니다. 이후, 스테이지 선택 화면의 씬을 작성해야 동작하게 됩니다. 씬을 저장하고 다음 스테이지 선택 화면으로 진행합시다.

그림 9.31 ▶ 게임 뷰의 표시

9-2-3 스테이지 선택 화면을 만들자

스테이지 선택 화면을 만듭니다. 조금 전의 타이틀 화면과 같은 절차가 많이 나오므로 잘 모를 때는 이전 절을 참고하세요.

● 씬의 작성과 필요한 게임 오브젝트의 배치

우선은 필요한 게임 오브젝트를 작성합니다.

1 새로운 씬의 작성

메뉴 바에서 [File] → [New Scene]을 선택하고, 새로운 씬의 메뉴 바에서 [File] → [Save As]를 선택해 'Assets/VRShooting/Scenes/SelectStage'로 저장합니다.

2 Text의 작성

하이어라키 창에서 아무 것도 선택하지 않은 상태로 마우스 오른쪽 버튼 클릭 메뉴의 [UI] → [Text]를 선택합니다.

3 게임 오브젝트의 작성

하이어라키 창에서 작성된 'Canvas'를 선택하고 마우스 오른쪽 버튼 클릭 메뉴의 [Create Empty]를 선택합니다.

4 Button의 작성

하이어라키 창에서 'Canvas/GameObject'를 선택하고, 마우스 오른쪽 버튼 클릭 메뉴의 [UI] → [Button]을 선택합니다.

5 Button의 작성

하이어라키 창의 'Canvas'를 선택하고, 마우스 오른쪽 버튼 클릭 메뉴의 [UI] → [Button]을 선택합니다.

6 SceneChanger의 작성

하이어라키 창에 프로젝트 창의 'Assets/VRShooting/
Prefabs/SceneChanger'를 드래그 앤 드롭합니다.

그림 9.32 ▶ 순서 6까지의 하이어라키 창의 상태

● 각 게임 오브젝트의 설정

조금 전에 작성한 게임 오브젝트 설정을 순서대로 해 나갑니다. **9-2-2 타이틀 화면을 만들어 보자**와 같은 파라미터를 사용하므로 이전 페이지의 그림을 참고하세요.

1 카메라의 설정

하이어라키 창의 'Main Camera'를 선택하고 그림 9.30처럼 설정을 합니다.

2 컴포넌트의 적용

프로젝트 창의 'Assets/VRShooting/Scripts/CameraRotator'를 하이어라키 창의 'Main Camera'에 드래그 앤 드롭하여 'CameraRotator' 컴포넌트를 적용합니다.

3 포인터의 작성

8-2-1 포인터를 표시하자를 참고하여 포인터를 작성합니다.

4 컴포넌트의 적용

프로젝트 창의 'Assets/VRShooting/Scripts/PointerInputModule'을 하이어라키 창의 'EventSystem'에 드래그 앤 드롭해서 'PointerInputModule' 컴포넌트를 적용합니다.

5 Canvas의 설정

하이어라키 창의 'Canvas'를 선택하고 그림 9.16처럼 설정합니다.

6 Text의 파라미터 설정

하이어라키 창의 'Canvas/Text'를 선택해 게임 오브젝트명을 'SelectStage'로 변경합니다. 인스펙터 창의 [Add Component] 버튼을 눌러 'Outline' 컴포넌트를 추가하고, 그림 9.33처럼 'RectTransform' 컴포넌트와 'Text' 컴포넌트, 'Outline' 컴포넌트를 설정합니다.

그림 9.33 ▶ Text의 파라미터 설정

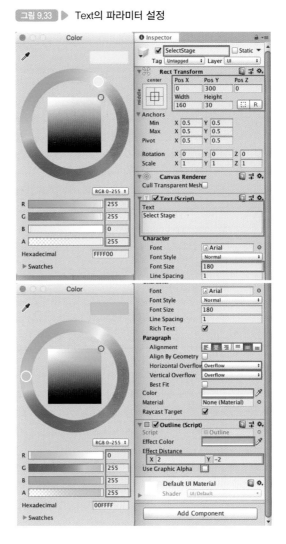

7 GameObject의 파라미터 설정

하이어라키 창의 'Canvas/GameObject'를 선택해 게임 오브젝트명을 'Stage'로 변경합니다. 그리고 인스펙터 창의 [Add Component] 버튼을 눌러 'Vertical Layout Group' 컴포넌트를 추가하고, 그림 9.34처럼 'RectTransform' 컴포넌트와 'Vertical Layout Group' 컴포넌트를 설정합니다.

그림 9.34 ▶ GameObject의 파라미터 설정

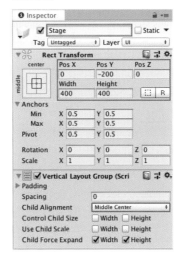

8 **Button의 파라미터 설정**

하이어라키 창의 'Canvas/Stage/Button'을 선택하고 프로젝트 창의 'Assets/VRShooting/
Scripts/GazeHoldEvent' 스크립트를 인스펙터 창에 드래그 앤 드롭해서 'GazeHoldEvent' 컴포넌
트를 추가합니다. 그리고 그림 9.35처럼 'RectTransform' 컴포넌트와 'Image' 컴포넌트, 'Button' 컴
포넌트를 설정합니다.

그림 9.35 ▶ Canvas/Stage/Button의 컴포넌트 설정

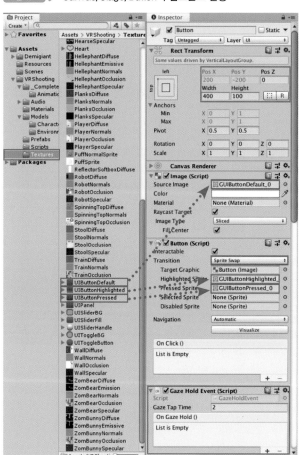

9 **이벤트의 추가 및 설정**

'Button' 컴포넌트와 'GazeHoldEvent' 컴포넌트의 [On Click ()]/[On Gaze Hold ()]의 [+] 버튼
을 클릭하고, 이벤트를 그림 9.36처럼 추가 및 설정합니다.

그림 9.36 ▶ Canvas/Stage/Button의 On Click()과 On Gaze Hold() 파라미터의 설정

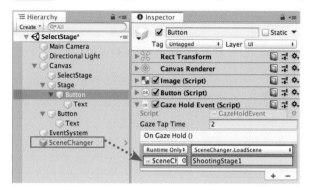

10 Text의 파라미터 설정

하이어라키 창의 'Canvas/Stage/Button/Text'를 선택하고 그림 9.37처럼 'Text' 컴포넌트를 설정
합니다.

그림 9.37 ▶ Canvas/Stage/Button/Text의 컴포넌트 설정

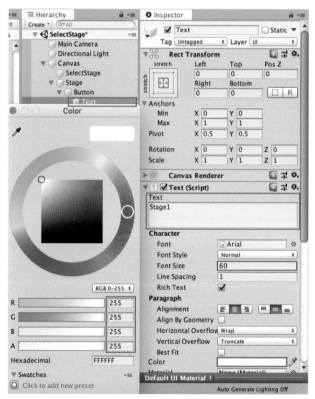

Button의 파라미터 설정

하이어라키 창의 'Canvas/Button'을 선택하고 프로젝트 창의 'Assets/VRShooting/Scripts/
GazeHoldEvent' 스크립트를 인스펙터 창에 드래그 앤 드롭해 'GazeHoldEvent' 컴포넌트를 추가합
니다. 그리고 그림 9.38처럼 'RectTransform' 컴포넌트와 'Image' 컴포넌트, 'Button' 컴포넌트를 설
정합니다.

그림 9.38 ▶ Canvas/Button 컴포넌트의 설정

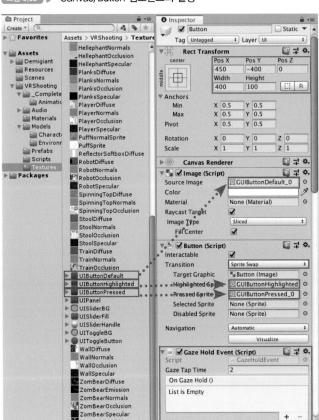

12 **이벤트의 추가 및 설정**

'Button' 컴포넌트와 'GazeHoldEvent' 컴포넌트의 [On Click ()]/[On Gaze Hold ()]의 [+] 버튼
을 클릭하고, 이벤트를 그림 9.39처럼 추가 및 설정합니다.

그림 9.39 ▶ Canvas/Button의 On Click()과 On Gaze Hold() 파라미터의 설정

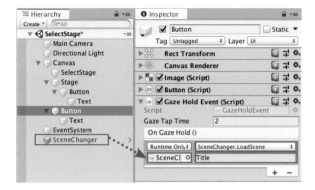

13 Text의 파라미터 설정

하이어라키 창의 'Canvas/Button/Text'를 선택하고, 그림 9.40처럼 'Text' 컴포넌트를 설정합니다.

그림 9.40 ▶ Canvas/Button/Text 컴포넌트의 설정

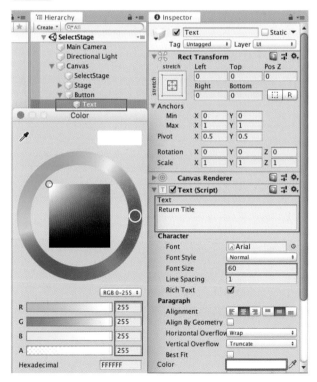

9-2-4 결과 표시에 스테이지 종료 버튼을 추가하자

이제까지의 결과 화면에는 재시도 버튼밖에 없으니, 스테이지 선택 화면으로 되돌아오기 위한 버튼을 추가합시다.

● 스테이지 종료 버튼을 만들자

여기서는 ShootingStage1 씬을 열고 버튼을 복제합니다.

1 씬 열기

프로젝트 창의 'Assets/VRShooting/Scenes/ShootingStage1'을 더블 클릭하여 씬을 엽니다.

2 활성화

하이어라키 창의 'Canvas/Result'를 선택하고 인스펙터 창에서 게임 오브젝트를 활성화합니다(그림 9.41).

그림 9.41 ▶ Canvas/Result 인스펙터의 설정

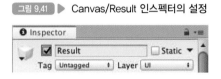

3 게임 오브젝트의 복사

하이어라키 창의 'Canvas/Result/Retry'를 선택하고 command + C , command + V (윈도에서는 Ctrl + C , Ctrl + V)를 눌러 복사&붙여넣기를 합니다(그림 9.42).

그림 9.42 ▶ Retry 오브젝트가 복사된 하이어라키의 상태

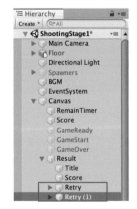

4 파라미터의 설정

하이어라키 창의 'Canvas/Result/Retry'
를 선택하고 'RectTransform'의 파라미터
를 설정합니다(그림 9.43).

그림 9.43 ▶ Retry 오브젝트의 파라미터 설정

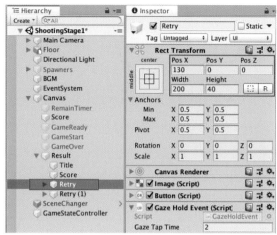

5 파라미터의 설정

하이어라키 창의 'Canvas/Result/Retry (1)'
을 선택하고, 그림 9.44처럼 게임 오브젝트
이름을 'End'로 변경, 'RectTransform'의 파
라미터를 설정합니다.

그림 9.44 ▶ Retry(1) 오브젝트의 파라미터 설정

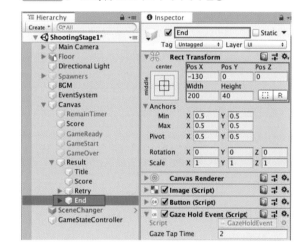

6 이벤트의 추가 및 설정

'Button' 컴포넌트와 'GazeHoldEvent' 컴포
넌트의 [On Click ()]과 [On Gaze Hold ()]
이벤트를 [Reload]에서 [LoadScene]으로
변경, 'SelectStage'를 입력합니다.

그림 9.45 ▶ Retry(1)의 On Click ()과 On Gaze Hold () 파라미터
의 변경

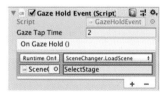

7 Text의 파라미터 설정

하이어라키 창의 'Canvas/Result/End/ Text'를 선택하고, 인스펙터 창의 'Text' 컴 포넌트의 [Text] 파라미터를 'End'로 입력 합니다(그림 9.46).

8 비활성화

하이어라키 창의 'Canvas/Result'를 선택 하고, 인스펙터 창에서 게임 오브젝트를 비 활성화합니다.

그림 9.46 ▶ Canvas/Result/End/Text 오브젝트의 파라미터 설정

9-2-5 씬을 등록하자

유니티에서 여러 개의 씬을 다룰 때는 Build Settings에 등록해야 합니다. 등록 설정을 하면서 동 작을 확인해 봅시다.

1 Build Settings 열기

메뉴 바에서 [File] → [Build Settings]를 선택하고 빌드 설정 화면을 엽니다.

2 Scenes In Build로 씬 등록

프로젝트 창의 'Assets/VRShooting/Scenes/'의 3개 파일(Title, SelectStage, ShootingStage1) 을 선택하고 빌드 설정 화면의 [Scenes In Build]로 드래그 앤 드롭합니다(그림 9.47).

3 순서 변경

[Scenes In Build]의 등록 순서를 드래그 앤 드롭으로 그림 9.47처럼 합니다. 여기에 등록된 가장 위의 씬이 앱을 실행했을 때에 최초로 실행되는 씬입니다.

그림 9.47 ▶ Build Settings의 설정

● 동작 확인

프로젝트 창의 'Assets/VRShooting/Scenes/Title'을 더블 클릭하여, 씬을 열고 실행해 봅시다. 각각의 씬의 포인터를 버튼 위에 맞춰, 순서대로 화면이 바뀌어 가는 걸 확인할 수 있으면 제대로 동작하는 것입니다.

칼 럼 스크립트로 씬을 다룬다

유니티에는 'SceneChanger' 스크립트에서 다뤘던 것처럼, 스크립트에서 씬을 다루기 위한 SceneManager가 준비되어 있습니다. SceneManager 클래스로 씬의 전환이나 여러 개의 씬을 읽을 수 있습니다. 표 9.A에 Scene Manager 클래스에서 자주 사용하는 함수를 소개합니다.

또한, 씬은 게임 오브젝트 관리나 리소스 관리와 크게 연관되어 있습니다. 따라서 씬을 읽고 제거할 때는 여러 가지 처리가 이뤄져 동작이 무거워지거나 화면의 갱신이 이뤄지지 않는 여러 가지 문제가 일어날 수 있으므로 주의가 필요합니다.

표 9.A ▶ SceneManager 클래스의 함수

함수명	설명
GetActiveScene	현재 활성화한 씬을 취득합니다.
LoadScene	씬을 새롭게 읽거나 추가로 읽습니다.
LoadSceneAsync	비동기로 씬을 새롭게 읽거나 추가로 읽습니다.
UnloadSceneAsync	읽어 들인 씬을 제거합니다.

9-3 적의 종류를 늘리자

적의 종류를 3개로 늘려서 각각의 적은 체력과 득점을 따로 설정할 수 있도록 하고 이동할 적도 만듭니다. 새로운 스테이지의 추가와 캐릭터의 경로 탐색에 대해서도 설명합니다.

9-3-1 적 캐릭터를 늘리자

'ZomBear' 이외의 캐릭터로 체력이 높은 'Hellephant'와 이동하는 'Zombunny'를 작성합니다.

● Hellephant 프리팹을 만들자

먼저 'Hellephant'의 프리팹을 작성합니다. **6-3 적을 랜덤으로 출현시켜 보자**의 3절에서 한 것을 복습하면서 따라 해 봅시다.

1 Hellephant의 작성

프로젝트 창의 'Assets/VRShooting/Models/Characters/Hellephant'를 하이어라키 창에 드래그 앤 드롭합니다.

2 파라미터의 설정

인스펙터 창의 [Add Component]에서 'SphereCollider' 컴포넌트와 'Rigidbody' 컴포넌트, 'Audio Source' 컴포넌트를 적용하고 그림 9.48처럼 파라미터를 설정합니다.

그림 9.48 ▶ Hellephant의 파라미터 설정

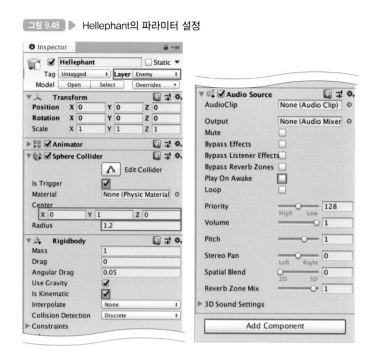

3 컨트롤러의 설정

프로젝트 창의 'Assets/VRShooting/_Complete-Game/Animations/HellephantAnimator
OverrideController'를 'Animator' 컴포넌트의 [Controller] 프로퍼티에 드래그 앤 드롭으로 설
정합니다(그림 9.49).

그림 9.49 ▶ Hellephant의 애니메이션 설정

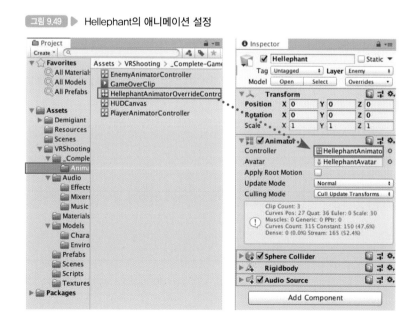

4 **Enemy 컴포넌트의 적용 및 설정**

프로젝트 창의 'Assets/VRShooting/Scripts/Enemy'를 인스펙터 창에 드래그 앤 드롭하고 그림 9.50처럼 설정합니다.

그림 9.50 ▶ Hellephant의 Enemy 컴포넌트 설정

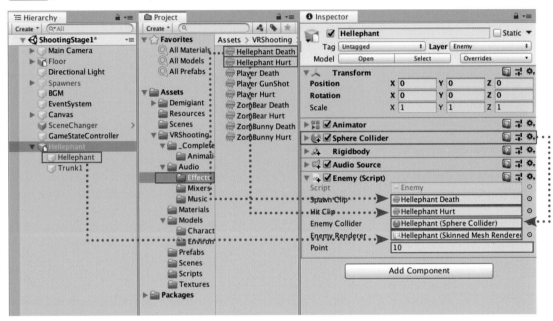

5 **프리팹화**

하이어라키 창에 배치된 'Hellephant' 게임 오브젝트를 프로젝트 창의 'Assets/VRShooting/ Prefabs'에 드래그 앤 드롭해 프리팹화하고, 하이어라키 창의 'Hellephant'를 삭제합니다.

● 적에게 체력을 붙이자

적의 체력을 설정할 수 있도록 'Enemy' 스크립트를 다음과 같이 수정합니다.

```
1    using System.Collections;
2    using System.Collections.Generic;
3    using UnityEngine;
4
5    [RequireComponent(typeof(AudioSource))]
6    public class Enemy : MonoBehaviour
7    {
```

```
 8        [SerializeField] AudioClip spawnClip;   // 출현 시의 AudioClip
 9        [SerializeField] AudioClip hitClip;     // 총알 명중 시의 AudioClip
10
11        // 쓰러졌을 때 무효화하기 위해서 콜라이더와 렌더러를 갖고 있는다
12        [SerializeField] Collider enemyCollider; // 콜라이더
13        [SerializeField] Renderer enemyRenderer; // 렌더러
14
15        AudioSource audioSource;                 // 재생에 사용하는 AudioSource
16
17        [SerializeField] int point = 1;          // 쓰러졌을 때의 점수 포인트
18        Score score;                             // 점수
19
20        [SerializeField] int hp = 1;             // 적의 히트 포인트
21
22        void Start()
23        {
24            // AudioSource 컴포넌트를 취득해 둔다
25            audioSource = GetComponent<AudioSource>();
26
27            // 출현 시의 소리를 재생
28            audioSource.PlayOneShot(spawnClip);
29
30            // 게임 오브젝트를 검색
31            var gameObj = GameObject.FindWithTag("Score");
32
33            // gameObj에 포함되는 Score 컴포넌트를 취득
34            score = gameObj.GetComponent<Score>();
35        }
36
37        // OnHitBullet 메시지로부터 호출되는 것을 상정
38        void OnHitBullet()
39        {
40            // 총알 명중 시의 소리를 재생
41            audioSource.PlayOneShot(hitClip);
42
43            // HP 감산
44            --hp;
45
46            // HP가 0이 되면 쓰러짐
47            if (hp <= 0)
48            {
49                // 쓰러졌을 때의 처리
50                GoDown();
51            }
52        }
```

```
53
54          // 쓰러졌을 때의 처리
55          void GoDown()
56          {
57              // 점수를 가산
58              score.AddScore(point);
59
60              // 충돌 판정과 표시를 지운다
61              enemyCollider.enabled = false;
62              enemyRenderer.enabled = false;
63
64              // 자신의 게임 오브젝트를 일정 시간 후에 제거
65              Destroy(gameObject, 1f);
66          }
67      }
```

적의 체력을 에디터에서 설정할 수 있도록 아래와 같이 hp 변수를 추가합니다.

```
20          [SerializeField] int hp = 1;        // 적의 히트 포인트
```

OnHitBullet 함수에서는 총을 맞을 때마다 체력을 감산해서 체력이 0 이하가 되면 쓰러지는 처리가 이뤄지도록 수정합니다.

```
43          // HP 감산
44          --hp;
45
46          // HP가 0이 되면 쓰러짐
47          if (hp <= 0)
48          {
49              // 쓰러졌을 때의 처리
50              GoDown();
51          }
```

프로젝트 창의 'Assets/VRShooting/Prefabs/Hellephant'를 선택하고, 인스펙터 창의 'Enemy' 컴포넌트의 [Hp]를 그림 9.51처럼 설정합니다. 이로써 총을 맞아도 체력이 있는 한 쓰러지지 않게 됩니다.

그림 9.51 ▶ Hellephant의 Enemy 컴포넌트 설정

● Zombunny 프리팹을 만들자

'Hellephant'의 프리팹을 작성했을 때처럼 'Zombunny'의 프리팹을 작성해 봅시다.

1 Zombunny의 작성

프로젝트 창의 'Assets/VRShooting/Models/Characters/Zombunny'를 하이어라키 창에 드래 그 앤 드롭합니다.

2 컴포넌트의 적용

인스펙터 창의 [Add Component]에서 'Capsule Collider' 컴포넌트와 'Rigidbody' 컴포넌트, 'Audio Source' 컴포넌트를 적용합니다.

3 컨트롤러의 설정

프로젝트 창의 'Assets/VRShooting/_Complete-Game/Animations/EnemyAnimator Controller'를 'Animator' 컴포넌트의 [Controller] 프로퍼티에 드래그 앤 드롭으로 설정합니다.

4 Enemy 컴포넌트의 적용

프로젝트 창의 'Assets/VRShooting/Scripts/Enemy'를 인스펙터 창에 드래그 앤 드롭합니다.

그림 9.52처럼 각 컴포넌트를 설정합니다.

그림 9.52 ▶ Zombunny의 파라미터 설정

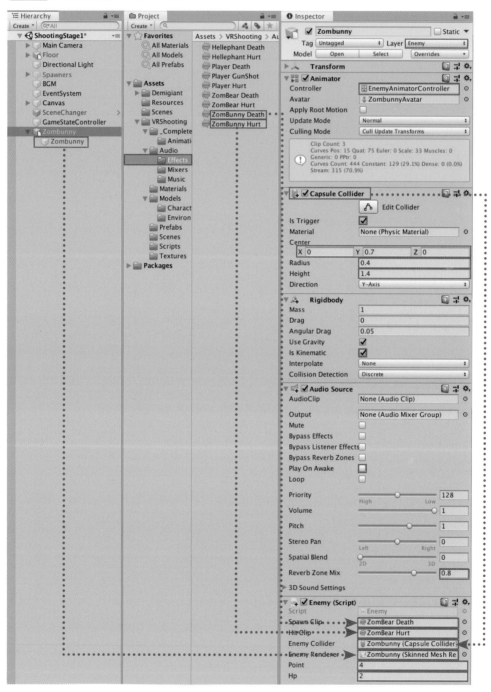

프리팹화

하이어라키 창에 배치된 'Zombunny' 게임 오브젝트를 프로젝트 창의 'Assets/VRShooting/Prefabs'에 드래그 앤 드롭하여 프리팹화합니다.

● Zombunny를 걷게 하자

유니티의 내비게이션 기능을 사용해서 'Zombunny'를 걷게 합니다. 먼저 설정을 합니다.

1 내비게이션 화면 열기

메뉴 바의 [Window] → [AI] → [Navigation]을 선택하여, 내비게이션 화면을 엽니다(그림 9.53).

그림 9.53 ▶ Navigation 메뉴

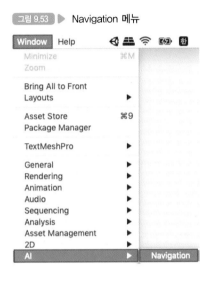

2 Agents의 설정

내비게이션 화면의 [Agents] 탭을 선택하고 그림 9.54처럼 설정합니다.

그림 9.54 ▶ Agents의 파라미터 설정

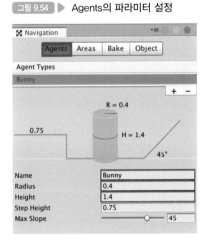

3 Object의 파라미터 설정

내비게이션 화면의 [Object] 탭을 선택하고 Scene Filter의 [Mesh Renderers]를 선택, 하이어라키 창에서 'Planks'를 선택하고 내비게이션 화면의 'Navigation Static' 박스에 체크를 합니다(그림 9.55).

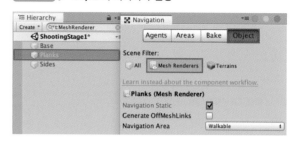
그림 9.55 ▶ Object의 파라미터 설정

4 Bake의 실행

내비게이션 화면의 [Bake] 탭을 선택하고 [Bake] 버튼을 누릅니다(그림 9.56).

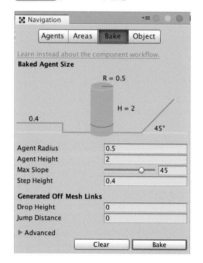
그림 9.56 ▶ Bake의 실행

5 Scene Filter의 클리어

내비게이션 화면의 [Object] 탭을 선택, Scene Filter의 [All]을 선택해서 하이어라키 창을 평상시대로 되돌립니다.

6 파라미터의 설정

하이어라키 창의 'Zombunny' 게임 오브젝트를 선택하고 인스펙터 창의 [Add Component]에서 'Nav Mesh Agent' 컴포넌트를 적용해 [Speed] 프로퍼티를 1로 설정합니다(그림 9.57).

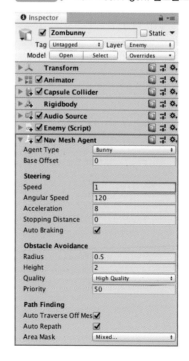
그림 9.57 ▶ Nav Mesh Agent 컴포넌트

● Zombunny의 이동 장소를 결정하자

'Zombunny'의 이동 장소를 결정하기 위한 'MoveAgent' 스크립트를 작성해 봅시다. 'Assets/VRShooting/Scripts'에 'MoveAgent' 스크립트를 작성하고 다음과 같이 편집합니다.

```csharp
1  using System.Collections;
2  using System.Collections.Generic;
3  using UnityEngine;
4  using UnityEngine.AI;
5
6  [RequireComponent(typeof(NavMeshAgent))]
7  public class MoveAgent : MonoBehaviour
8  {
9      NavMeshAgent agent;       // 내비메시 에이전트
10
11     void Start()
12     {
13         // 내비메시 에이전트를 취득
14         agent = GetComponent<NavMeshAgent>();
15
16         // 다음 지점으로 이동
17         GotoNextPoint();
18     }
19
20     void Update()
21     {
22         // 목적지 부근에 도착했는지?
23         if (agent.remainingDistance < 0.5f)
24         {
25             // 다음 지점으로 이동
26             GotoNextPoint();
27         }
28     }
29
30     void GotoNextPoint()
31     {
32         // 바닥의 이동 지점을 랜덤으로 작성
33         var nextPoint = new Vector3(Random.Range(-20.0f, 20.0f), 0.0f,
           Random.Range(-20.0f, 20.0f));
34
35         // 내비메시 에이전트에 목적지를 설정
36         agent.SetDestination(nextPoint);
37     }
38 }
```

Start 함수에서는 'NavMeshAgent' 컴포넌트를 취득해 agent 변수에 저장하고, GotoNextPoint 함수를 호출해 최초의 목적지를 결정했습니다. Update 함수에서는 'NavMeshAgent'를 갖고 있는 게임 오브젝트가 목적지까지 거리가 0.5m 이내가 되면 다음 이동 장소가 되는 새로운 목적지를 결정합니다. GotoNextPoint 함수에서는 'Planks' 게임 오브젝트의 크기인 X좌표(-20.0, 20.0)와 Z좌표(-20.0, 20.0)의 범위에서 무작위로 목적지를 정하고, agent.SetDestination 함수에서 'NavMeshAgent' 컴포넌트의 새로운 목적지를 설정하여 이동 경로를 재계산합니다.

그러면 이제 컴포넌트를 적용합시다.

1 스크립트를 적용

작성한 'MoveAgent' 스크립트를 'Zombunny' 게임 오브젝트로 드래그 앤 드롭해 적용합니다(그림 9.58).

그림 9.58 ▶ MoveAgent 컴포넌트의 적용

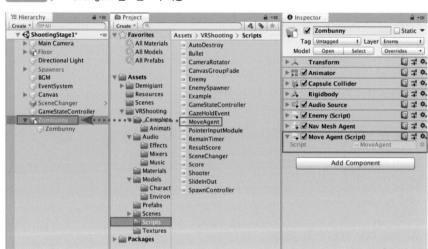

이 상태로 실행해서 'Zombunny'가 돌아다니는지 확인합시다.

9-3-2 내비게이션 시스템

여기서는 'Zombunny'에서 사용하는 내비게이션에 대해 좀 더 자세히 설명합니다. 이동을 하는 게임을 작성할 때는 효과적인 기능이므로 꼭 기억해 두세요. 이번에 만든 VR 슈팅 게임에서는 복잡한 경로를 이동시키는 경우가 없지만 이 기능을 사용함으로써 계층이 있는 빌딩 안이나 강, 담을 뛰어넘는 등 복잡한 이동을 쉽게 제어할 수 있습니다.

내비게이션 시스템의 구성 요소

유니티의 내비게이션 시스템에는 표 9.4에 소개하는 4가지 중요한 요소가 있습니다. 이것들을 사용함으로써 경로를 탐색해 오브젝트를 지형에 따라 이동시킬 수 있습니다(그림 9.59).

표 9.4 ▶ 내비게이션 시스템의 구성 요소

기능	영어 이름	설명
내비메시	NavMesh	이동할 수 있는 영역을 나타내는 데이터로, 메시 정보를 바탕으로 자동으로 작성됩니다. 이 정보를 바탕으로 경로를 검색해서 경로를 안내합니다.
내비메시 에이전트	NavMesh Agent	에이전트가 적용된 게임 오브젝트는 내비메시를 사용해서 이동할 수 있습니다. 서로 에이전트를 인식해서 부딪히지 않도록 방지하거나, 뒤에서 설명하는 내비메시 장애물을 피하거나 움직일 수 있습니다.
오프메시 링크	Off-Mesh Link	내비메시에서는 도달할 수 없는 경로를 설정할 수 있습니다. 벼랑 점프나 강 뛰어넘기 등은 이 기능을 사용해서 경로로 설정함으로써 이동할 수 있게 됩니다.
내비메시 장애물	NavMesh Obstacle	일시적으로 이동할 수 없는 영역을 작성할 수 있습니다. 나무통이나 벽 등을 이 기능으로 작성해 장애물로서 에이전트에 인식시킬 수 있습니다. 장애물이 있는 경우는 이를 우회하는 루트를 선택해 움직이고, 장애물이 없어지면 그곳을 지나는 루트를 선택하도록 할 수 있습니다.

그림 9.59 ▶ 내비게이션 시스템의 구성 요소

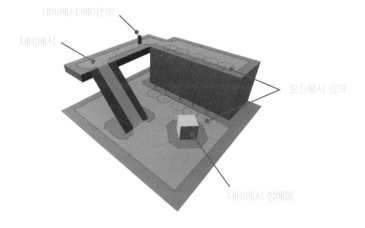

내비메시의 작성 방법

'Zombunny'를 걷게 해서 이동한 내비게이션 화면에서 내비메시를 작성할 수 있습니다. 조금 전의 그림 9.55에서 행한 내비게이션 화면의 [Object] 탭과 하이어라키 창을 사용한 방법, 인스펙터의

Static의 풀 다운을 사용한 등록 방법이 있습니다(그림 9.60). 이와 같은 방법으로 천장이나 바닥, 계단, 장애물 등 이동에 관계되는 메시를 가진 게임 오브젝트를 등록합니다.

그리고 그림 9.56처럼 [Bake] 탭에서 캐릭터가 이동할 수 있는 조건을 설정해 내비메시를 베이크 (사전에 이동 가능한 범위를 계산해서 데이터화를 실시하는 처리)합니다. 베이크 시 이동 조건은 표 9.5와 같습니다.

표 9.5 ▶ 내비게이션 시스템의 구성 요소

프로퍼티 명	설명
Agent Radius	에이전트의 중심이 벽 등에 어느 정도의 거리까지 접근할지를 설정합니다.
Agent Height	에이전트 중 가장 높은 부분이 어느 높이까지 빠져나갈 수 있을지 설정합니다.
Max Slope	에이전트가 어떤 각도의 언덕까지 올라갈 수 있을지 설정합니다.
Step Height	에이전트가 어느 정도의 단차 높이까지 올라갈 수 있을지 설정합니다.

베이크를 실시하여 작성된 내비메시는 씬 뷰에서 내비게이션 화면을 표시하고 있는 상태로 그림 9.59처럼 파란색 메시상에 오버레이로 표시됩니다.

● 내비게이션 에이전트의 작성 방법

'Zombunny'를 걷게 해서 이동한 게임 오브젝트에 'NavMeshAgent' 컴포넌트를 적용하여 만들 수 있습니다. 'NavMeshAgent' 컴포넌트는 경로 탐색과 캐릭터의 이동을 모두 처리하기 때문에, 'MoveAgent' 스크립트에서 한 것처럼 목적지를 지정하는 것만으로 캐릭터를 이동시킬 수 있습니다. 표 9.6에 'NavMeshAgent' 컴포넌트에서 자주 사용하는 프로퍼티에 대해 설명합니다.

표 9.6 ▶ NavMeshAgent 컴포넌트의 프로퍼티	
프로퍼티명	설명
Radius	에이전트의 중심이 벽 등에 어느 정도의 거리까지 접근할지를 설정합니다.
Height	에이전트 중 가장 높은 부분이 어느 높이까지 들어갈 수 있을지 설정합니다.
Speed	최고 속도를 설정합니다(미터/초).
Angular Speed	회전 속도를 설정합니다(도/초).
Acceleration	최고 가속도를 설정합니다(미터/초의 2제곱).
Stopping distance	목적지가 이 거리 이내가 되었을 경우에 정지합니다.
Auto Braking	목적지에 도착할 경우에 감속합니다.

● 내비메시 장애물의 작성 방법

먼저 내비메시 장애물을 작성합시다.

1 게임 오브젝트의 작성

하이어라키 창에서 'Main Camera' 게임 오브젝트를 선택하고, 마우스 오른쪽 버튼을 클릭하여 [Create Empty]를 선택합니다.

2 컴포넌트의 적용

인스펙터 창의 [Add Component]에서 'Nav Mesh Obstacle' 컴포넌트를 적용합니다.

3 파라미터의 설정

그림 9.61처럼 각 컴포넌트의 파라미터를 설정합니다.

그림 9.61 ▶ CannotMove 게임 오브젝트의 파라미터 설정

4 Bake의 실행

그림 9.56처럼 내비게이션 화면의 [Bake] 탭을 선택
하고, [Bake] 버튼을 누릅니다.

어떤가요? 내비메시 장애물인 'CannotMove' 게
임 오브젝트를 설치한 부분이 내비메시에서 삭제됐습
니다(그림 9.62).

그림 9.62 ▶ 베이크 후의 씬 뷰

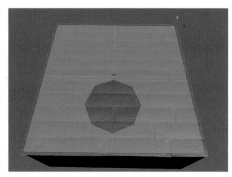

이처럼 'Nav Mesh Obstacle' 컴포넌트를 사용하여 내비메시에 영향을 줄 수 있습니다. 'Nav
Mesh Obstacle' 컴포넌트는 설정에 의해 여러 가지 조건을 변경할 수 있습니다. 이는 표 9.7에서 확
인하세요.

표 9.7 ▶ Nav Mesh Obstacle 컴포넌트의 프로퍼티

프로퍼티명	설명
Shape	장애물의 형태를 설정합니다. Box와 Capsule 2종류를 지정할 수 있습니다.
Center	트랜스폼의 위치에 대한 상대적인 위치를 설정합니다.
Size	Box의 크기를 설정합니다.
Radius	Capsule의 반경을 지정합니다.
Height	Capsule의 높이를 설정합니다.
Carve	ON이 돼 있으면 장애물이 내비메시에 영향을 줍니다.

실행해 'Zombunny'가 이동할 수 없는 영역에 들어가지 않고 테두리를 따라서 이동하는지 확인합
시다. 그런 다음, 'Zombunny' 게임 오브젝트를 프로젝트 창의 'Assets/VRShooting/Prefab'으로
드래그 앤 드롭하고, 하이어라키 창에서 'Zombunny' 게임 오브젝트를 삭제합시다.

● 내비메시의 데이터

내비메시를 작성하면 씬 파일과 같은 폴더 안에 씬과 같은 이름의 폴더가 작성됩니다. 이 폴더 내
에는 내비메시의 데이터가 저장되어 있으므로 실수로 지우지 않도록 주의합시다(그림 9.63).

그림 9.63 ▶ 내비메시의 데이터

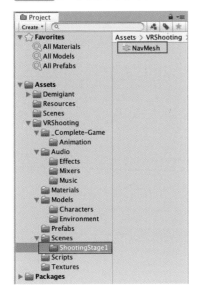

9-3-3 랜덤으로 출현하는 적을 만들자

지금까지 작성한 'ZomBear', 'Hellephant', 'Zombunny'를 랜덤으로 출현시켜 봅시다. 우선 적이 출현하는 'EnemySpawner' 스크립트를 다음과 같이 수정합니다.

```
1    using System.Collections;
2    using System.Collections.Generic;
3    using UnityEngine;
4
5    public class EnemySpawner : MonoBehaviour
6    {
7        [SerializeField] Enemy[] enemyPrefabs; // 출현시키는 적의 프리팹
8
9        Enemy enemy; // 출현 중인 적을 보유
10
11       // 적을 발생시킨다
12       public void Spawn()
13       {
14           // 출현 중이 아니라면 적을 출현시킨다
15           if (enemy == null)
16           {
17               // 등록되어 있는 적의 프리팹에서 하나를 랜덤으로 선택
18               var index = Random.Range(0, enemyPrefabs.Length);
```

```
19
20          // 선택한 적의 인스턴스를 작성
21          enemy = Instantiate(enemyPrefabs[index], transform.position, transform.
            rotation);
22        }
23      }
24  }
```

출현시키는 적의 프리팹을 여러 개 가질 수 있도록 배열을 변경해 에디터에서 등록할 수 있게 합니다. Spawn 함수를 그 배열 중에서 하나를 랜덤으로 선택하도록 변경함으로써 'EnemySpawner' 컴포넌트에 등록된 적의 프리팹 안에서 적 하나가 랜덤으로 나오게 되며, 출현하는 적을 에디터에서 설정할 수 있습니다(그림 9.64). 이 설정을 사용해 스테이지가 진행될 때마다 출현하는 적을 늘려 봅시다.

그림 9.64 ▶ EnemySpawner 컴포넌트

9-3-4 스테이지를 늘려 보자

3개의 스테이지를 작성하고 다음과 같이 각각의 스테이지를 설정합니다.

• 스테이지 1 'ZomBear'를 출현시킨다.
• 스테이지 2 'ZomBear', 'Hellephant'를 랜덤으로 출현시킨다.
• 스테이지 3 'ZomBear', 'Hellephant', 'Zombunny'를 랜덤으로 출현시킨다.

우선은 스테이지를 늘리기 전에 프리팹화하지 않은 게임 오브젝트를 프리팹화합시다(그림 9.65). 여기서 프리팹화한 것은 기억해 두세요. 프리팹화를 통해, 모든 스테이지에 배치된 게임 오브젝트에 설정을 반영하고자 할 때 프리팹 값을 변경하는 것만으로 이를 실현할 수 있습니다. 이는 다음 절에서 실제로 확인할 수 있습니다.

1 **Main Camera의 프리팹화**

하이어라키 창에서 'Main Camera'를 선택하고 프로젝트 창에서 'Assets/VRShooting/Prefabs'
로 드래그 앤 드롭합니다.

2 **Canvas의 프리팹화**

하이어라키 창에서 'Canvas'를 선택하고 프로젝트 창에서 'Assets/VRShooting/Prefabs'로 드래
그 앤 드롭합니다.

3 **Floor의 프리팹화**

하이어라키 창에서 'Floor'를 선택하고 프
로젝트 창에서 'Assets/VRShooting/
Prefabs'로 드래그 앤 드롭합니다.

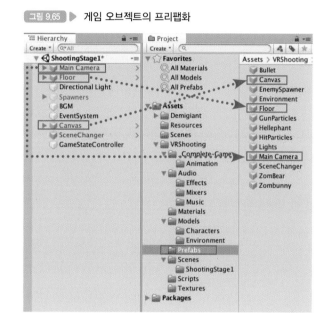

그림 9.65 ▶ 게임 오브젝트의 프리팹화

그러면 조금 전 수정한 'EnemySpawner' 컴포넌트의 설정을 해 봅시다.

1 **파라미터의 설정**

하이어라키 창에서 'Spawners/EnemySpawner'를 선택, 'Enemy Prefabs'의 [Size] 프로퍼티를
3으로 설정합니다.

2 **EnemySpawner의 프리팹 저장**

프로젝트 창에서 'Assets/VRShooting/Prefabs'를 선택하고 그림 9.66처럼 드래그 앤 드롭으로 3
개의 적 프리팹을 등록합니다. 오른쪽 위의 [Overrides] 버튼을 선택하고 [Apply All]을 눌러 프리
팹을 저장합니다.

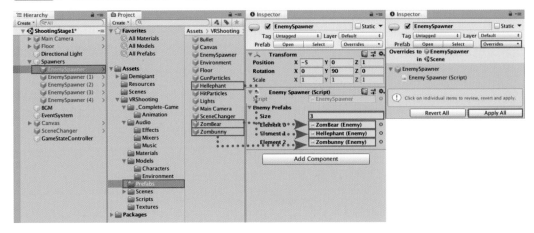

그림 9.66 ▶ EnemySpawner 컴포넌트의 설정

3 씬의 저장

메뉴 바의 [File] → [Save As]를 선택하고, 'Assets/VRShooting/Scenes'에 ShootingStage3
으로 저장합니다.

4 Bake의 실행

내비게이션 화면의 [Bake] 탭에서 베이크를 합니다.

5 ShootingStage2의 작성

마찬가지로 순서 3과 같은 방법으로 ShootingStage2를 저장하고 순서 4를 적용합니다

6 파라미터의 변경과 씬의 저장

하이어라키 창에서 'Spawners/EnemySpawner'부터 'Spawners/EnemySpawner(4)'까지 모두
선택하고, 'Enemy Prefabs'의 [Size] 프로퍼티를 2로 설정해 씬을 저장합니다(그림 9.67).

7 ShootingStage1의 파라미터 변경과 씬의 저장

프로젝트 창의 'Assets/VRShooting/Scenes'의 ShootingStage1을 열고, 순서 6과 마찬가지로
'Enemy Prefabs'의 [Size] 프로퍼티를 1로 설정해 씬을 저장합니다.

그림 9.67 ▶ EnemySpawner 컴포넌트의 여러 개 동시 설정

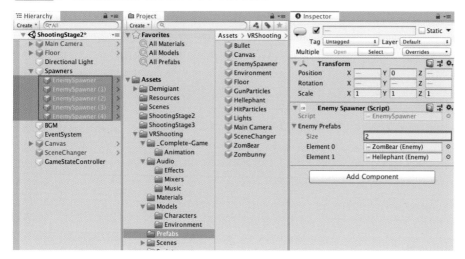

순서 **6**, **7**처럼 여러 개의 게임 오브젝트를 선택하고, 인스펙터 창에서 파라미터를 변경함으로써
모든 게임 오브젝트의 파라미터를 동시에 변경할 수 있습니다.

9-3-5 스테이지 선택을 등록하자

여기까지 3개의 스테이지가 생겼습니다. 이전 절에서 작성한 스테이지 선택을 추가합시다.

1 SelectStage 씬 열기

프로젝트 창의 'Assets/VRShooting/Scenes/SelectStage'를 엽니다.

2 Button의 복사

하이어라키 창에서 'Canvas/Stage/Button'을 선택하고, 복사&붙여넣기를 2회 실시, 'Button' 게
임 오브젝트를 2개 복사합니다(그림 9.68).

그림 9.68 ▶ Canvas/Stage/Button의 복사

3 이벤트의 변경

하이어라키 창에서 'Canvas/Stage/Button(1)'을 선택하고, 'Button' 컴포넌트와 'GazeHoldEvent' 컴포넌트의 [On Click()]과 [On Gaze Hold()] 프로퍼티를 'ShootingStage2'로 변경합니다(그림 9.69).

4 Text의 변경

'Canvas/Stage/Button(1)/Text'의 'Text' 컴포넌트의 [Text] 프로퍼티를 'Stage2'로 변경합니다.

5 이벤트와 Text의 변경

마찬가지로 'Canvas/Stage/Button(2)'를 순서 3, 4 로 실시하고, 각각의 프로퍼티를 'ShootingStage3'과 'Stage3'으로 변경합니다.

그림 9.69 ▶ On Click() 프로퍼티의 변경

6 Scenes In Build로 등록

이전 절의 씬을 등록한 것처럼 'SetSelectStage2'와 'SetSelectStage3'을 빌드 설정 창의 [Scenes In Build]로 등록합니다.

9-3-6 동작을 확인하자

8-3 VR 설정을 하자 같이 빌드를 해 VR 고글로 확인합시다. 타이틀이 표시되고 스테이지를 선택해 게임을 할 수 있는 걸 확인할 수 있으면 제대로 동작하는 것입니다(그림 9.70).

그림 9.70 ▶ VR 고글로 확인

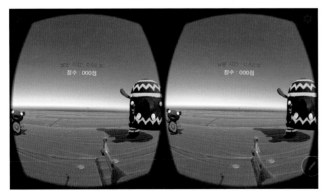

9-4 씬을 장식하자

이 절에서 지금까지 작성해 온 VR 슈팅 게임의 작성을 종료합니다. 마지막으로 조금 장식을 해 봅시다. 여러 개의 카메라 사용이나 득점 표시 작성을 하면서 지금까지 배운 걸 복습합니다.

9-4-1 벽을 추가하자

바닥뿐 아니라 배경에 벽을 추가합시다.

1 ShootingStage1 씬 열기

프로젝트 창의 'Assets/VRShooting/Scenes/ShootingStage1'을 더블 클릭하여 엽니다.

2 Wall의 작성

프로젝트 창의 'Assets/VRShooting/Models/Environment/Wall'을 하이어라키 창의 'Floor'로 드래그 앤 드롭을 2회 합니다(그림 9.71).

그림 9.71 ▶ Wall의 추가

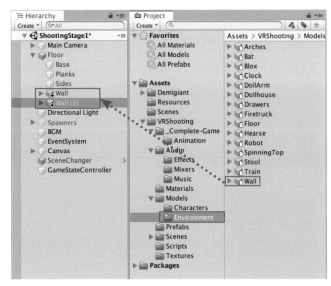

3 파라미터의 설정

하이어라키 창에서 'Floor/Wall(1)'을 선택하고, 그림 9.72와 같이 설정합니다.

그림 9.72 ▶ Wall(1)의 파라미터 설정

4 프리팹의 변경을 저장

하이어라키 창에서 'Floor'를 선택하고, [Overrides] 버튼을 누른 후 [Apply All] 버튼을 누릅니다(그림 9.73).

그림 9.73 ▶ Floor 프리팹의 변경 저장

이 상태에서 씬을 저장하고 ShootingStage2 씬을 열어 봅시다. 어떤가요? ShootingStage2 씬에서도 벽이 놓인 것을 확인할 수 있을 것입니다. 이처럼 프리팹은 여러 개의 씬에서 공유하고 있는 데이터의 변경을 공유할 수 있습니다. 여러 개의 씬에서 사용하는 데이터는 프리팹화하여 일괄로 변경할 수 있게 하면 보다 매끄럽게 제작할 수 있습니다.

9-4-2 UI 카메라를 추가하자

조금 전 벽을 추가했는데 무언가 위화감은 없나요? 에디터로 실행해 보면 바로 알 수 있을 것입니다(그림 9.74).

그림 9.74 ▶ 실행 화면

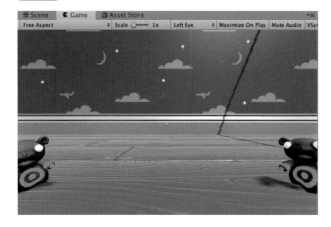

UI 표시가 없어진 것을 알 수 있나요? 알기 쉽도록 'Floor/Wall'을 표시하지 않은 상태를 그림 9.75에서 확인해 보세요.

그림 9.75 Floor/Wall을 표시하지 않은 실행 화면

이처럼 벽을 추가함에 따라 UI 표시가 벽 안쪽에 표시되어 보이지 않게 됩니다. 이때는 이제까지 설명했던 레이어와 카메라를 잘 사용해서 그리는 순서를 제어합니다. 그럼 실제로 해봅시다.

1 Camera의 작성

하이어라키 창의 'Main Camera'를 선택하고, 마우스 오른쪽 버튼 클릭 메뉴에서 'Camera'를 선택합니다.

2 컴포넌트의 삭제

작성된 'Main Camera/Camera'를 선택하고, 인스펙터 창에서 씬에 여러 개 있을 필요가 없는 컴포넌트인 'Audio Listener' 컴포넌트의 톱니바퀴를 클릭한 후 [Remove Component]를 선택해서 삭제합니다(그림 9.76).

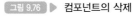
그림 9.76 ▶ 컴포넌트의 삭제

3 Camera의 파라미터 설정

'Camera' 컴포넌트의 [Clear Flags] 프로퍼티를 'Depth only', [Culling Mask] 프로퍼티를 'UI'로 하고, [Tag]와 [Layer]를 그림 9.77처럼 설정합니다.

그림 9.77 ▶ Main Camera/Camera의 파라미터 설정

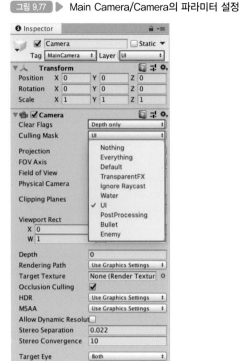

4 Layer의 설정

하이어라키 창의 'MainCamera/Pointer'를 선택, [Layer]를 'UI'로 설정하고 하이어라키 창에서 'Main Camera/Camera'의 자식 요소로 이동시킵니다(그림 9.78).*

그림 9.78 ▶ Main Camera/Pointer의 Layer 설정

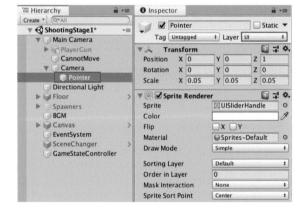

---

* (역주) 이동이 안되면 하이어라키 창의 'Main Camera'를 오른쪽 마우스 버튼으로 클릭하고 unprepab하고 진행하세요.

5 프리팹 변경을 저장

하이어라키 창의 'Main Camera'를 선택하고 그림 9.79처럼 [Culling Mask] 프로퍼티에서 'UI'를 빼고 프리팹화합니다.

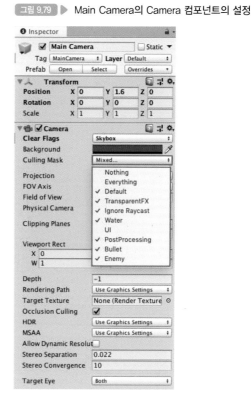

그림 9.79 ▶ Main Camera의 Camera 컴포넌트의 설정

이로써 레이어가 UI인 그룹은 'Main Camera/Camera'에서 표현됩니다. 이는 'Camera' 컴포넌트의 [Culling Mask] 프로퍼티에서 체크가 붙어 있는 레이어가 해당 카메라에서 그려지는 것입니다.

또한, 'Main Camera'와 'Main Camera/Camera'의 'Camera' 컴포넌트의 [Depth] 프로퍼티를 확인해 보면 'Main Camera'는 -1, 'Main Camera/Camera'는 0으로 설정되어 있습니다. [Depth] 프로퍼티는 카메라의 그리는 순서를 설정할 수 있어 작은 값일수록 먼저 표현됩니다. 따라서 이번에는 UI 레이어 외의 나머지도 오브젝트 → UI 레이어의 차례로 나타납니다.

씬을 실행해서 벽보다 앞에 UI가 표시되는 것을 확인해 둡시다.

9-4-3 문자에 그림자를 넣자

9-3 적의 종류를 늘리자에서 실시한 'Outline' 컴포넌트와 마찬가지로 'Shadow' 컴포넌트는 UI의 'Text' 컴포넌트나 'Image' 컴포넌트에 그림자를 넣을 수 있습니다. 'Shadow' 컴포넌트는 텍스트 그림자에 사용하는 경우가 많고, 문자를 보기 좋게 하기에 좋은 수단입니다(그림 9.80).

그림 9.80 ▶ 텍스트의 그림자(왼쪽: 그림자 없음, 오른쪽: 그림자 있음)

남은 시간 : 30초
점수 : 000점

남은 시간 : 30초
점수 : 000점

VR 슈팅 게임에 벽을 놓으면서 잘 안보이게 된 점수와 남은 시간 표시에 그림자를 넣어 봅시다.

1 오브젝트의 선택

하이어라키 창에서 'Canvas/RemainTimer'와 'Canvas/Score'를 선택합니다.

2 컴포넌트의 적용

인스펙터 창에서 'Shadow' 컴포넌트를 추가합니다.

3 파라미터의 설정

'Shadow' 컴포넌트를 그림 9.81과 같이 설정합니다.

4 프리팹의 변경을 저장

하이어라키 창에서 'Canvas'를 선택하고, [Overrides]를 누른 후 [Apply All] 버튼을 눌러 프리팹 변경을 저장합니다.

그림 9.81 ▶ Shadow 컴포넌트의 설정

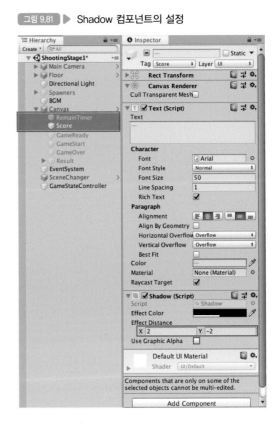

9-4-4 득점을 표시하자

적을 쓰러뜨렸을 때 몇 점을 득점했는지 알기 쉽도록 3D Text나 'DOTween' 애니메이션을 사용해서 표시합니다.

● 애니메이션을 만들자

'DOTween' 애니메이션을 사용하여, 텍스트가 위로 올라가면서 사라지는 애니메이션을 만듭시다. 프로젝트 창의 'Assets/VRShooting/Scripts'에 'PopupText' 스크립트를 작성하고 다음과 같이 편집합니다.

```
1    using System.Collections;
2    using System.Collections.Generic;
3    using UnityEngine;
4    using DG.Tweening;
5
6    [RequireComponent(typeof(TextMesh))]
7    public class PopupText : MonoBehaviour
8    {
9        void Start()
10       {
11           // TextMesh를 취득
12           var textMesh = GetComponent<TextMesh>();
13
14           // DOTween의 시퀀스를 작성
15           var sequence = DOTween.Sequence();
16
17           // 처음에 확대 표시한다
18           sequence.Append(transform.DOScale(0.3f, 0.2f));
19
20           // 다음에 위로 이동시킨다
21           sequence.Append(transform.DOMoveY(3.0f, 0.3f).SetRelative());
22
23           // 현재의 색을 취득
24           var color = textMesh.color;
25
26           // 알파값을 0으로 지정해서 문자를 투명으로 한다
27           color.a = 0.0f;
28
29           // 위로 이동함과 동시에 반투명하게 사라지게 한다
30           sequence.Join(DOTween.To(() => textMesh.color, c => textMesh.color = c,
             color, 0.3f).SetEase(Ease.InOutQuart));
31
32           // 모든 애니메이션이 끝나면 스스로 삭제한다
33           sequence.OnComplete(() => Destroy(gameObject));
34       }
35   }
```

Start 함수에서 'DOTween' 애니메이션을 설정합니다. 이제까지 학습해 온 DoTween이 시퀀스를 이용해서 순서대로 애니메이션을 실행합니다.

```
23           // 현재의 색을 취득
24           var color = textMesh.color;
```

```
25
26          // 알파값을 0으로 지정해서 문자를 투명으로 한다
27          color.a = 0.0f;
28
29          // 위로 이동함과 동시에 반투명하게 사라지게 한다
30          sequence.Join(DOTween.To(() => textMesh.color, c => textMesh.color = c,
            color, 0.3f).SetEase(Ease.InOutQuart));
```

'TextMesh' 컴포넌트를 취득하고 0.3초에 컬러의 알파값을 0으로 해서 표시를 서서히 사라지게 합니다. 이 애니메이션은 sequence.Join 함수를 사용하기 때문에, 이전에 등록한 위로 이동시키는 애니메이션과 동시에 재생됩니다. sequence.OnComplete 함수는 모든 애니메이션의 재생이 종료되면 호출되며, 이때는 이 컴포넌트가 붙어 있는 게임 오브젝트를 파기하게 돼 자동 소멸합니다.

● 카메라의 방향을 돌리자

여기서는 빌보드(간판)라 불리는, 항상 카메라의 정면을 향하도록 게임 오브젝트를 회전시키는 스크립트를 작성합시다. 프로젝트 창의 'Assets/VRShooting/Scripts'에 'BillBoard' 스크립트를 작성하고 다음과 같이 편집합니다.

```
1   using System.Collections;
2   using System.Collections.Generic;
3   using UnityEngine;
4
5   public class BillBoard : MonoBehaviour
6   {
7       void Update()
8       {
9           transform.forward = GameObject.Find("Main Camera").
            GetComponent<Camera>().transform.forward;
10      }
11  }
```

Update 함수에서는 카메라의 정면 방향과 이 컴포넌트가 장착된 게임 오브젝트가 같은 방향을 향하도록 설정합니다.

● 팝업할 텍스트를 만들자

'3D Text' 컴포넌트와 이제까지 작성한 스크립트를 사용해 팝업하는 텍스트를 만듭니다.

1 3D Text의 작성

하이어라키 창에서 아무 것도 선택하지 않
은 상태로 마우스 오른쪽 버튼 클릭 메뉴에
서 [3D Object] → [3D Text]를 선택합니
다(그림 9.82).

2 파라미터의 설정

하이어라키 창에서 'New Text'를 선택하
고 게임 오브젝트명을 'PopupText'로 변경
하고 그림 9.83과 같이 설정합니다. 'Text
Mesh' 컴포넌트의 [Color] 파라미터는 자
유롭게 설정하세요.

그림 9.82 ▶ 3D Text 게임 오브젝트의 작성

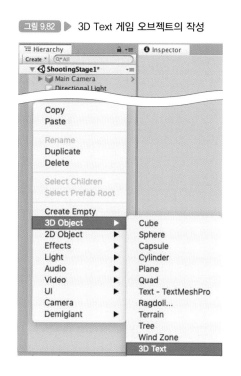

3 파라미터의 적용

프로젝트 창의 'Assets/VRShooting/Scripts/BillBoard', 'Assets/VRShooting/Scripts/
PopupText'를 선택하고, 하이어라키 창의 'PopupText'로 드래그 앤 드롭합니다.

그림 9.83 ▶ PopupText 게임 오브젝트의 설정

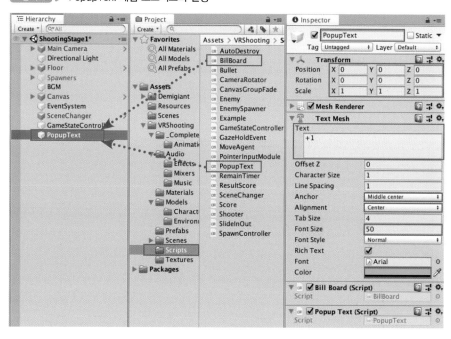

하이어라키 창에서 'PopupText' 게임 오브젝트를 프로젝트 창의 'Assets/VRShooting/Prefabs'로 드래그 앤 드롭하여 프리팹화한 후, 하이어라키 창에서 'PopupText' 게임 오브젝트를 삭제합니다. 여기서 사용한 'Text Mesh' 컴포넌트는 지금까지 사용해 온 'Text' 컴포넌트와 다른 3D 공간에 텍스트를 표시할 수 있는 컴포넌트입니다.

● 적이 쓰러졌을 때 팝업하는 텍스트를 표시하자

쓰러졌을 때 팝업하는 텍스트가 표시되게 'Enemy' 스크립트를 다음과 같이 수정합니다.

```
 1   using System.Collections;
 2   using System.Collections.Generic;
 3   using UnityEngine;
 4
 5   [RequireComponent(typeof(AudioSource))]
 6   public class Enemy : MonoBehaviour
 7   {
 8       [SerializeField] AudioClip spawnClip;        // 출현 시의 AudioClip
 9       [SerializeField] AudioClip hitClip;          // 총알 명중 시의 AudioClip
10
11       // 쓰러졌을 때에 무효화하기 위해서 콜라이더와 렌더러를 갖고 있는다
12       [SerializeField] Collider enemyCollider;  // 콜라이더
13       [SerializeField] Renderer enemyRenderer;  // 렌더러
14
15       AudioSource audioSource;                     // 재생에 사용하는 AudioSource
16
17       [SerializeField] int point = 1;              // 쓰러졌을 때의 점수 포인트
18       Score score;                                 // 점수
19
20       [SerializeField] int hp = 1;                 // 적의 히트 포인트
21
22       [SerializeField] GameObject popupTextPrefab;    // 득점 표시용 프리팹
23
24       void Start()
25       {
26           // AudioSource 컴포넌트를 취득해 둔다
27           audioSource = GetComponent<AudioSource>();
28
29           // 출현 시의 소리를 재생
30           audioSource.PlayOneShot(spawnClip);
31
32           // 게임 오브젝트를 검색
```

```
33        var gameObj = GameObject.FindWithTag("Score");
34
35        // gameObj에 포함되는 Score 컴포넌트를 취득
36        score = gameObj.GetComponent<Score>();
37    }
38
39    // OnHitBullet 메시지로부터 호출되는 것을 상정
40    void OnHitBullet()
41    {
42        // 총알 명중 시의 소리를 재생
43        audioSource.PlayOneShot(hitClip);
44
45        // HP 감산
46        --hp;
47
48        // HP가 0이 되면 쓰러짐
49        if (hp <= 0)
50        {
51            // 쓰러졌을 때의 처리
52            GoDown();
53        }
54    }
55
56    // 쓰러졌을 때의 처리
57    void GoDown()
58    {
59        // 점수를 가산
60        score.AddScore(point);
61
62        // 팝업 텍스트의 작성
63        CreatePopupText();
64
65        // 충돌 판정과 표시를 지운다
66        enemyCollider.enabled = false;
67        enemyRenderer.enabled = false;
68
69        // 자신의 게임 오브젝트를 일정 시간 후에 제거
70        Destroy(gameObject, 1f);
71    }
72
73    // 팝업 텍스트의 작성
74    void CreatePopupText()
75    {
76        // 팝업 텍스트의 인스턴스 작성
77        var text = Instantiate(popupTextPrefab, transform.position, Quaternion.identity);
```

```
78
79            // 팝업 텍스트의 텍스트 변경
80            text.GetComponent<TextMesh>().text = string.Format("+{0}", point);
81        }
82    }
```

조금 전 작성한 프리팹의 참조를 보유하는 변수와 쓰러졌을 때의 처리를 하는 GoDown 함수에서
CreatePopupText 함수의 호출을 추가했습니다. CreatePopupText 함수에서는 앞에서 만든 프리
팹의 인스턴스를 자신의 위치에서 작성하고, 그 인스턴스에 포함되는 'TextMesh' 컴포넌트의 Text
프로퍼티를 자신의 득점으로 변경합니다.

1   **여러 개의 프리팹 선택**

프로젝트 창의 'Assets/VRShooting/Prefabs'의 'ZomBear', 'Hellephant', 'Zombunny'를 선택
합니다.

2   **파라미터의 설정**

프로젝트 창의 'Assets/VRShooting/Prefabs/PopUpText'를 인스펙터 창의 'Enemy' 컴포넌트의
[Popup Text Prefab] 프로퍼티에 드래그 앤 드롭합니다(그림 9.84).

그림 9.84 ▶ 각 프리팹의 Enemy 컴포넌트의 설정

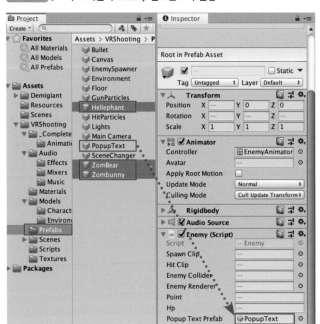

9-4-5 동작을 확인하자

8-1 VR에서 확인하자에서 한 것처럼 빌드하여 VR 고글로 확인합시다. 적을 쓰러뜨릴 때 득점이 표시되는 걸 확인할 수 있으면 제대로 동작하는 것입니다(그림 9.85).

그림 9.85 ▶ VR 고글로 확인

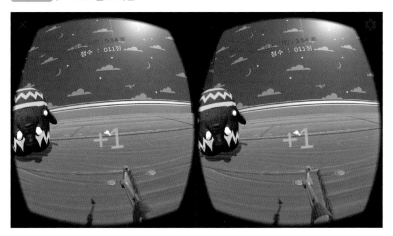

● VR 슈팅 게임의 완성

이로써 VR 슈팅 게임이 완성되었습니다. 지금까지 작성한 스크립트나 유니티의 컴포넌트를 사용해서 스스로 더욱 보기 좋게 만들어 보세요. 또한, 여러분은 지금까지의 설명으로 유니티로 VR 앱을 작성할 수 있게 되었습니다. 꼭 새로운 게임이나 앱을 만들어 보세요.

360도 플라네타륨을 만들자

지금까지 학습해 온 유니티의 기능을 사용해서 VR 슈팅 게임과는 다른 앱을 만들어 봅시다. 이번에는 플라네타륨(planetarium)에 별자리를 표시해 눈 앞에 떠오르는 별자리를 나타냅니다.

이 장에서는 지금까지 학습해 온 유니티의 기능과 아직 소개하지 않은 유니티의 기능을 학습합니다. 아직 Chapter 9까지 학습하지 않은 분은 처음부터 Chapter 9까지를 먼저 학습한 후 이 장을 봐야 이해하기가 쉽습니다.

이 장에서 배우는 것

- 지금까지 배운 내용 복습
- 텍스트 다루는 법
- 세이더의 설정 방법
- 선 그리는 방법

10-1

360도 플라네타륨에 대해 생각해 보자

지금부터 작성할 360도 플라네타륨 앱에 대해서 알아보며 360도 플라네타륨 앱을 만들기 위해 어떤 기능이 필요할지, 별자리를 표시하기 위해서 어떤 데이터가 필요할지를 생각해 봅시다.

10-1-1 플라네타륨이란

초등학교 과학 수업에서 별자리를 배울 때 체험 학습으로 본 적이 있을 수도 있는데, 플라네타륨(천체투영관)이란 투영기라는 기계나 프로젝터로부터 발사된 빛을 반구형의 곡면 스크린 등에 비춰 별의 영상이나 움직임을 재현하는 것을 말합니다. 대형 플라네타륨을 보려면 국립어린이과학관, 남산과학관, 과천과학관, 국립광주과학관, 대전시민 천문대 등 전국에 상설되어 있는 시설이 있으며, 가정에서 즐길 만한 소형 기계와 내가 직접 만들 수 크래프트 키트 등도 판매되고 있습니다(그림 10.1, 그림 10.2).

그림 10.1 ▶ **국립과천과학관 천체투영관**(출처: https://www.sciencecenter.go.kr/)

그림 10.2 ▶ **세가토이즈 HOMESTAR Classic**

10-1-2 어떤 앱을 만들지 생각해 보자

360도 플라네타륨 앱을 어떻게 만들지 생각해 봅시다. 먼저 플라네타륨으로서 필요한 기능들을 생각합시다.

- 별을 표시하는 기능
- 별자리 이름을 표시하는 기능
- 별자리의 별들을 잇는 선을 표시하는 기능

이 세 가지 기능을 설정하면 플라네타륨 앱을 만들 수 있습니다. 이것만 있으면 쉽게 작성할 수 있을 것 같은 느낌이 들지 않나요? 게다가 조금 전 설명한 시설들의 플라네타륨은 기본적으로 구(球)의 윗부분 절반에만 별이나 별자리가 비춰지는데, 지금 만들 앱은 스마트폰 VR의 이점을 살려 전체 방위의 별이나 별자리를 볼 수 있습니다. 이러한 기능을 구현하기 위해 어떤 데이터가 필요할까요?

- 별의 데이터
- 별자리 이름 데이터
- 별자리의 별들을 잇는 선의 데이터

위의 데이터가 필요하다는 것은 바로 알 수 있을 것입니다. 이러한 데이터 준비 방법이나 별 또는 별자리의 데이터 취급 방법은 다음 절에서 설명합니다.

10

필요한 데이터를 모으자

이 절에서는 플라네타륨 앱을 만들기 위해 필요한 데이터를 모으는 방법과 그 데이터가 어떤 것인지에 대해 설명합니다. 또한, 360도 플라네타륨 앱에서 다룰 데이터를 자세히 알아보며 플라네타륨을 만들 때 참고할 수 있도록 합니다.

10-2-1 별 데이터를 모으자

별 데이터는 평소에 자주 찾아보는 것이 아니므로 어디서 찾을 수 있는지 아는 분이 많지 않을 것입니다. 일본 국립 천문대(NAOJ)의 천문 데이터 센터(ADC: https://www.adc.nao.ac.jp/)나 미국 항공 우주국(NASA)의 고에너지 천체 물리학 연구 데이터 센터(HEASARC: http://heasarc.gsfc.nasa.gov) 등에 학술 연구에 사용하는 데이터가 공개되어 있습니다.

그러나, 이러한 데이터는 원래 학술 연구를 위해서 사용되는 방대한 데이터라서 이번에 만들 360도 플라네타륨 앱에서 취급할 데이터로는 적합하지 않습니다. 그래서 이번 앱에서는 방금 소개한 웹 사이트에서 별자리 데이터를 가져와 이미 정리해 둔 'Astro Commons'(http://astronomy.webcrow.jp/)의 데이터를 사용해 만들 것입니다(그림 10.3).

그림 10.3 ▶ Astro Commons

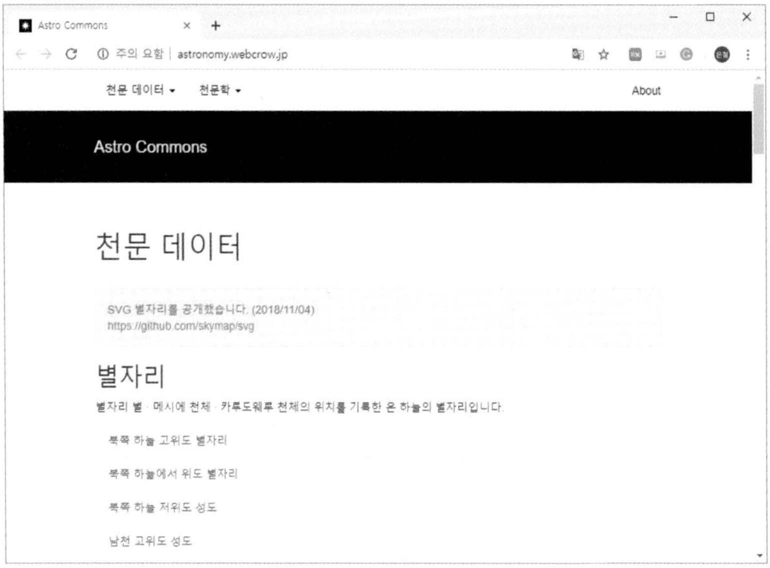

● 별자리 데이터를 모으자

먼저 별자리 데이터를 모읍시다. 프로젝트 진행에 필요한 데이터는 아래 이름의 파일을 사용합니다.

- 별자리 이름 데이터: Part10/Constellation/Assets/Data/constellation_name_utf8
- 별자리 위치 데이터: Part10/Constellation/Assets/Data/position

● 히파르코스(Hipparcos) 별표 데이터를 모아 보자

히파르코스 별표(약칭, HIP)는 1988년 유럽 우주국(ESA)이 쏘아 올린 인공위성 '히파르코스'의 관측 데이터를 바탕으로 만들어진 별 데이터입니다.

프로젝트 진행에 필요한 데이터는 아래 이름의 파일을 사용합니다.

- 기초 데이터: Part10/Constellation/Assets/Data/hip_lite_major
- 별자리 선 항성 데이터: Part10/Constellation/Assets/Data/hip_constellation_line_star
- 별자리 선 데이터: Part10/Constellation/Assets/Data/hip_constellation_line

10-2-2 별 데이터를 살펴보자

이번에 사용할 데이터는 천문학이나 천체 물리학에 근거한 데이터이지만 어려운 지식이나 계산 등을 이해하지 못하더라도 이 360도 플라네타륨 앱을 만들 수 있습니다. 그러면 다운로드한 데이터를 사용하는 데 있어서 최소한으로 필요한 지식을 설명하겠습니다(만일, 내용을 잘 모르면 건너뛰세요. 내용을 이해할 수 없어도 앱은 만들 수 있습니다).

● 천구와 적도 좌표계에 대해서

지구가 동그란 공 모양인 것은 모두 알고 있죠? 그 공을 무한으로 확대한 가상의 공을 천구(天球)라고 하며, 외관상 구에 모든 별이 있다고 가정합니다. 지구에 북극·남극이 있듯이 천구에도 하늘의 북극과 하늘의 남극이 있습니다. 또한, 지구의 위치를 가리킬 때 사용되는 위도(0도가 적도)·경도(0도가 그리니치 천문대)와 마찬가지로 천구에도 적위(0도가 하늘의 적도)·적경(0시가 춘분점)이 있습니다. 적위는 적도를 0도로 하여 하늘의 북극을 향해서 +90도 각도로, 하늘의 남극을 향해서 −90도 각도로 표시합니다. 적경은 춘분점이라는 기준점을 0시로 하여 동쪽으로 돌면서 24시간(=0시)을 360도로서 각도를 시간으로 나타냅니다(1시간은 15도입니다).

또한, 지구는 북극과 남극을 이은 지축이라는 축을 중심으로 자전을 하며, 이 각도는 태양을 도는 공전면과 비교해서 약 23.4도 기울어져 있습니다. 따라서 태양은 천구의 적도상을 이동하는 것이 아니라 적도보다 약 23.4도 기울어진 위치를 돕니다. 이를 황도라고 하며 태양이 천구를 이동하는 위치를 나타냅니다. 조금 전 나온 춘분점은 천구의 적도와 황도의 교차점에서 천구의 적도보다 황도가 위가 되는 점을 춘분점이라 하며, 천구의 적도보다 황도가 아래가 되는 점을 추분점이라 합니다(그림 10.4).

그림 10.4 ▶ 천구와 적도 좌표계 (출처: https://terms.naver.com/entry.nhn?docId=5647369&cid=62801&categoryId=62801, 네이버지식백과)

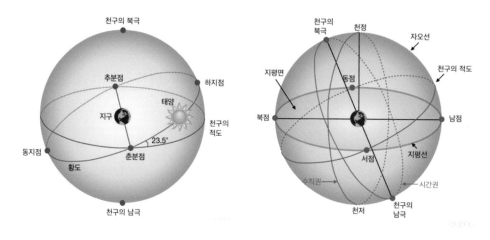

● 등급과 스펙트럼 분류에 대해서

등급은 천체의 밝기를 나타내는 단위로 등급이 작을수록 밝은 별이며, 0 이하의 마이너스 수치로 나타낼 수 있습니다. 실제로 등급은 별과 지구와의 거리나 육안으로의 관측 등에 따라 계측치가 크게 바뀝니다. 그래서 이번에 사용할 데이터는 겉보기 등급(apparent mangnitude)이라는 지구상에서 육안으로 관측했을 때의 등급을 기준으로 합니다.

또한, 스펙트럼 분류란 항성을 분류하는 하나의 방법이며, 항성의 표면 온도나 화학 조성에 따라 항성의 색을 분류할 수 있습니다(스펙트럼이란 전자파 등을 성분마다 분해해서 그래프화한 것을 가리키며 항성의 경우, 그 항성이 방사하고 있는 전자파를 파악해 분류하는 것을 가리킵니다).

● 다운로드한 데이터를 살펴보자

조금 전에 다운받은 데이터는 모두 'CSV'라는 형태로 되어 있습니다. 이 'CSV' 형식은 1개의 데이터가 ', (콤마)'로 구분된 여러 개의 항목으로 구성되며, 1개의 행에 1개의 데이터를 나타냅니다. 각각의 데이터는 표 10.1~10.5처럼 정해진 항목마다 데이터들이 나열되어 있습니다.

표 10.1 ▶ '별자리 이름' CSV 데이터

별자리 ID	별자리 약칭	영어명	한글명
정수(1~89)	문자열	문자열	문자열
1	And	Andromeda	안드로메다
2	Ant	Antlia	펌프
3	Aps	Apus	극락조

표 10.2 ▶ '별자리 위치' CSV 데이터

별자리 ID	적경(시)	적경(분)	적위(도)
정수(1~89)	정수(0~23)	정수(0~59)	정수(−90~+90)
1	0	40	38
2	10	0	−35
3	16	0	−76

표 10.3 ▶ '기초 데이터' CSV 데이터

HIP 번호	적경(시)	적경(분)	적경(초)	적위(부호)	적위(도)	적위(분)	적위(초)	시등급(등급)
정수(1~120416)	정수(0~23)	정수(0~59)	소수	부호(0: 마이너스 1: 플러스)	정수(0~90)	정수(0~59)	소수	소수
88	0	1	4.6	0	48	48	35.5	5.71
122	0	1	35.85	0	77	3	55.1	4.78
145	0	1	49.44	0	3	1	38.9	5.13

표 10.4 ▶ '별자리 선 항성 데이터' CSV 데이터

HIP 번호	적경(시)	적경(분)	적경(초)	적위(도)	적위(분)	적위(초)	시등급(등급)
정수(1~120416)	정수(0~23)	정수(0~59)	소수	정수(0~90)	정수(0~59)	소수	소수
677	0	8	23.17	29	5	27	2.07

746	0	9	10.09	59	9	0.8	2.28
765	0	9	24.54	−45	44	49.2	3.88

연주시차 (밀리초각)	적경 방향 고유운동(밀리초각/년)	적위 방향 고유운동(밀리초각/년)	B-V 색 지수	V-I색 지수	스펙트럼 분류
소수	소수	소수	소수	소수	문자열
33.6	135.68	−162.95	−0.038	−0.1	B9p
59.89	523.39	−180.42	0.38	0.4	F2III-IV
23.28	122.15	−180.13	1.013	1	K0III

표 10.5 ▶ '별자리 선 데이터' CSV 데이터

별자리 약칭	HIP 번호(시작점)	HIP 번호(종료점)
문자열	정수(1~120416)	정수(1~120416)
And	677	3092
And	3092	5447
And	9640	5447

10-3 별을 놓자

이 장에서는 지금까지 배운 프로젝트의 작성 방법, 스크립트 작성 방법, 프리팹 작성 방법을 복습합니다. 만약 모르는 것이 있다면 지금까지의 내용을 다시 학습하세요. 또한, 텍스트 에셋과 셰이더에 대해서도 설명합니다.

10-3-1 프로젝트를 만들어 보자

우선은 VR 슈팅 게임과 마찬가지로 프로젝트를 만들고 씬을 저장합니다. 여기까지 내용을 잘 모르겠다면 **Chapter 3 유니티를 다뤄 보자**를 참조하세요.

1 프로젝트 만들기

유니티 허브를 실행하고 프로젝트 선택 창의 [새로 생성] 버튼을 클릭합니다. 프로젝트 이름에는 'Constellation'을 입력하고 새로운 프로젝트를 만듭니다(그림 10.5).

그림 10.5 ▶ 프로젝트 만들기

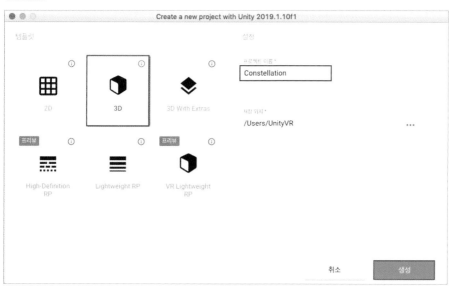

2 씬 저장

'Assets/Scenes' 폴더 아래에 'Constellation'으로
씬을 저장합니다(그림 10.6).

그림 10.6 ▶ 씬 저장

10-3-2 다운로드한 데이터를 임포트하자

이전 절에서 다운로드한 5개의 파일을 유니티에 임포트합니다.

1 폴더 만들기

프로젝트 창의 'Assets' 폴더 아래에 'Data' 폴더를 만
듭니다(그림 10.7).

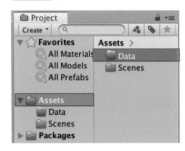
그림 10.7 ▶ Data 폴더 만들기

2 데이터 임포트

Finder(윈도에서는 탐색기)에서 다운로드한 5개의
csv 파일을 선택하고, 프로젝트 창의 'Data' 폴더에 드
래그 앤 드롭합니다(그림 10.8).

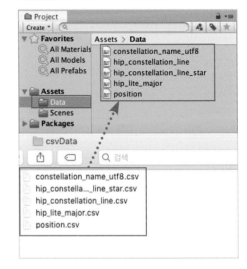
그림 10.8 ▶ 다운로드한 데이터 임포트

3 스크립트 만들기

프로젝트 창의 'Assets' 폴더 아래에 'Scripts' 폴더를 만들고, 'ConstellationViewer'라는 이름으로
스크립트를 만듭니다(그림 10.9).

그림 10.9 ▶ 스크립트 만들기

4 게임 오브젝트 만들기

하이어라키 창에서 아무것도 선택하지 않은 상태에서 마우스 오른쪽 클릭 메뉴의 [Create Empty]
를 선택하고, 'ConstellationViewer'라는 이름으로 새로운 게임 오브젝트를 작성(그림 10.10)한 후,
조금 전 만든 'ConstellationViewer' 스크립트를 드래그 앤 드롭합니다(그림 10.11).

그림 10.10 ▶ 게임 오브젝트 만들기

그림 10.11 ▶ 컴포넌트의 적용

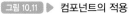
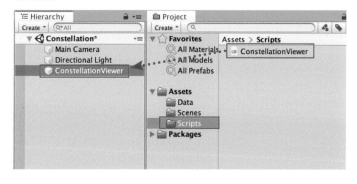

'ConstellationViewer' 스크립트를 열고 다음과 같이 변경합니다.

```
1    using System.Collections;
2    using System.Collections.Generic;
3    using UnityEngine;
4
5    public class ConstellationViewer : MonoBehaviour
6    {
7      // 별자리 CSV 데이터
8      [SerializeField]
9      TextAsset starDataCSV;
10     [SerializeField]
11     TextAsset starMajorDataCSV;
12     [SerializeField]
13     TextAsset constellationNameDataCSV;
14     [SerializeField]
15     TextAsset constellationPositionDataCSV;
16     [SerializeField]
17     TextAsset constellationLineDataCSV;
18   }
```

6 데이터 참조

하이어라키 창에서 'ConstellationViewer' 게임 오브젝트를 선택하고 프로젝트 창의 'Data' 폴더에 있는 CSV 데이터를 인스펙터 창의 'ConstellationViewer' 컴포넌트에 드래그 앤 드롭합니다(그림 10.12).

그림 10.12 ▶ ConstellationViewer의 설정

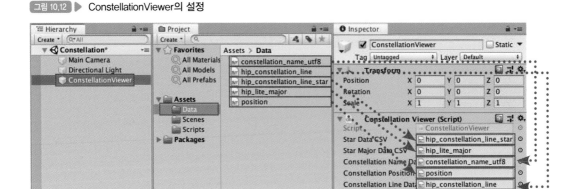

유니티에서는 유니티 이외에 작성된 데이터를 프로젝트 창에 등록하여 유니티 내에서 사용할 수 있습니다. 만약 여기까지 내용이 이해되지 않는다면 **Chapter 5 게임 개발을 시작하자**, **Chapter 6 총알을 쏘아 적을 쓰러뜨리자**를 참조하세요.

● TextAsset

'TextAsset'은 텍스트 파일을 게임 내에서 편리하게 다루기 위한 클래스로, 바이너리 데이터를 저장할 수도 있습니다. 스크립트에서 'TextAsset' 데이터를 취급할 때는 표 10.6에 나오는 프로퍼티를 사용해 취득할 수 있습니다.

유니티는 방금 전 프로젝트 창에 임포트했던 CSV 파일과 같은 텍스트 파일은 'TextAsset'으로 취급하며, [text] 프로퍼티를 참조하는 것만으로 텍스트를 취득할 수 있습니다. CSV 파일 외에도 'TextAsset'으로 취급되는 확장자는 다음과 같습니다.

- .txt
- .xml
- .csv
- .fnt

- .html/.htm
- .json
- .yaml
- .bytes

표 10.6 ▶ TextAsset의 프로퍼티

프로퍼티	설명
text	문자열로 텍스트 데이터를 취득할 수 있습니다(읽기만).
bytes	바이너리 배열로 텍스트 데이터를 취득할 수 있습니다(읽기만).

10-3-3 별의 프리팹을 만들자

그럼 Sphere를 사용해 별을 만듭시다.

1 별 만들기

하이어라키 창에서 아무 것도 선택하지 않은 상태에서 마우스 오른쪽 클릭 메뉴의 [Create Empty]를 선택하고, 'Star'라는 이름으로 새로운 게임 오브젝트를 만듭니다. 그 아래에 [3D Object] → [Sphere]를 선택해 구(球)를 만듭니다(그림 10.13).

그림 10.13 ▶ 별 만들기

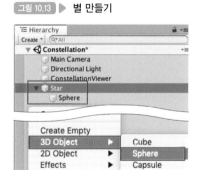

2 게임 오브젝트의 프리팹화

프로젝트 창의 'Assets' 폴더 아래에 'Prefabs' 폴더를 만들고, 'Star' 게임 오브젝트를 해당 폴더로
드래그 앤 드롭합니다(그림 10.14).

그림 10.14 ▶ Star 게임 오브젝트의 프리팹화

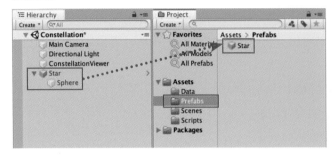

3 폴더 만들기

프로젝트 창의 'Assets' 폴더 아래에 'Materials' 폴더를 만듭니다.

4 머티리얼 만들기

프로젝트 창의 'Assets/Materials' 폴더에 마우스 오른쪽 버튼을 클릭하여 [Create] → [Material]
을 선택하고 'Star'라는 이름으로 머티리얼을 만듭니다(그림 10.15).

그림 10.15 ▶ Star 머티리얼 만들기

프로퍼티의 변경

프로젝트 창의 'Assets/Materials/Star'를 선택하고, 인스펙터 창에서 'Star' 머터리얼의 [Shader]
프로퍼티를 [Unlit] → [Color]로 변경합니다(그림 10.16).

그림 10.16 ▶ Star 머터리얼의 Shader 프로퍼티를 변경

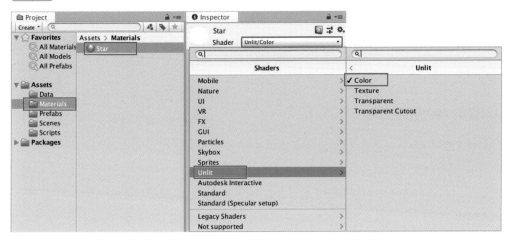

머터리얼 변경

하이어라키 창에서 'Star/Sphere'를 선택하고, 프로젝트 창에서 'Assets/Materials/Star'를 인스펙
터 창의 'Mesh Renderer' 컴포넌트의 [Materials] 프로퍼티로 드래그 앤 드롭합니다(그림 10.17).

그림 10.17 ▶ 머터리얼 변경

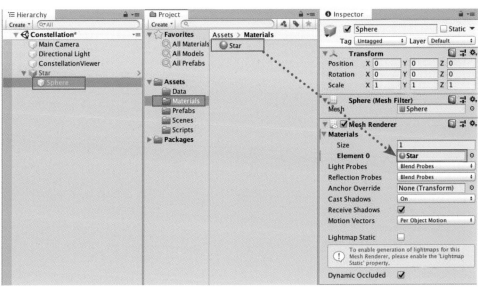

하이어라키 창에서 'Star'를 선택한 후 인스펙터 창에서 [Overrides] 누르고 [Apply All] 버튼을 눌러 프리팹의 변경을 저장합니다.

원래 여기서 프리팹화된 하이어라키 창의 'Star' 게임 오브젝트는 삭제해야 하는데, 머티리얼 설명에서 필요하기 때문에 남겨두었습니다. 머티리얼 설명을 읽은 후에 삭제하세요. 만약 여기까지 내용이 이해되지 않는다면 **Chapter 5 게임 개발을 시작하자**, **Chapter 6 총알을 쏘아 적을 쓰러뜨리자**를 참조하세요.

● 머티리얼과 셰이더에 대해

5-2-4 임포트한 에셋 내용을 살펴보자에서 가볍게 설명했는데, 여기에서 좀 더 자세히 다뤄 보겠습니다. 머티리얼이란 셰이더와 밀접하게 관련되어 있으며, 셰이더의 종류에 따라 여러 가지 표현을 할 수 있습니다. 유니티에서 머티리얼에 설정되어 있는 셰이더는 기본적으로 'Standard' 셰이더이고, 이 셰이더의 파라미터나 사용하는 텍스처를 변경하여 범용적인 오브젝트를 표시할 수 있습니다. 그러나, 범용적이기 때문에 그리는 비용이 높은데, 이번 별자리 앱에서는 별을 많이 그리기 때문에 'Standard' 셰이더를 사용할 수 없습니다. 그래서 'Unlit/Color' 셰이더를 사용합니다(그림 10.18). 'Unlit/Color' 셰이더는 빛이 없음(Unlighting)과 색(Color)만 반영한 셰이더로 'Standard' 셰이더보다 그리는 비용이 낮습니다(그림 10.19).

그림 10.18 ▶ 셰이더의 파라미터

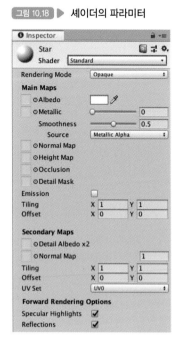

그림 10.19 ▶ Shader 설정

프로젝트 창의 'Assets/Materials/Star'를 선택하고 인스펙터 창에서 'Star' 머티리얼의 [Main Color] 프로퍼티 색상을 변경해 보세요. 씬 뷰나 게임 뷰에서 설정한 색상으로 변경되는 것을 확인할 수 있습니다.

그림 10.20은 오른쪽에 'Standard' 셰이더를 설정한 Sphere와 왼쪽에 'Unlit/Color' 셰이더를 설정한 Sphere를 놓고, 라이트를 ON/OFF 했을 때의 게임 뷰 상태입니다. 오른쪽의 Sphere('Standard' 셰이더)는 라이트의 상태에 의해 색이 변화하지만 왼쪽의 Sphere('Unlit/Color' 셰이더)는 양쪽 모두 같은 색으로 보이는 것을 알 수 있습니다.

그림 10.20 ▶ 라이트 ON/OFF 시의 2개 셰이더의 그리기 차이 (왼쪽: Unlit/Color 셰이더, 오른쪽: Standard 셰이더)

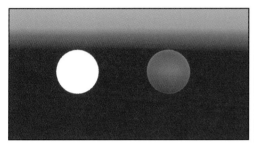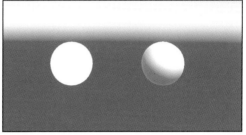

이와 같이 셰이더에 의해 라이트의 영향을 받지 않게 하거나 색을 변경하여 여러 가지 렌더링 방법을 취할 수 있습니다. 또한, 유니티에 준비되어 있는 셰이더 이외에도 직접 만들 수 있습니다. 다음 장에서는 간단하게 셰이더를 만들어 보겠습니다.

칼럼 **유니티 셰이더의 소스 코드**

유니티에 표준으로 준비되어 있는 셰이더는 빌트 인 셰이더라고 하며 소스 코드도 공개되어 있습니다. 유니티를 다운로드한 페이지에 추가 다운로드 항목이 있으며, 여기서 소스 코드도 다운로드받을 수 있습니다. 관심 있으신 분들은 여기에서 다운받아 꼭 소스 코드를 살펴보세요.

그림 10.A ▶ 빌트인 셰이더 다운로드

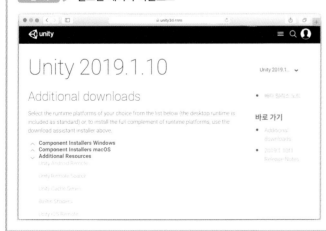

별자리를 표시하자

10-4

CSV 데이터 읽어 들이기와 데이터 정리를 하면서 별과 별자리 이름, 별자리 선 그리기를 합니다. 그리고 새롭게 배우는 'LineRender' 컴포넌트나 지금까지 학습한 'TextMesh' 컴포넌트의 복습을 해 나갑시다.

10-4-1 CSV 데이터를 읽어 들이자

이전 절에서 'TextAsset'으로 등록한 CSV 데이터를 프로그램에서 사용할 수 있도록 읽어 들입시다. 먼저 5개의 CSV 데이터를 프로그램상에 저장하기 위한 클래스를 만듭니다.

● CSV 데이터의 기본이 되는 클래스를 만들자

프로젝트 창의 'Assets/Scripts'에 'CsvData' 스크립트를 작성해 다음과 같이 편집합니다.

```
1    public abstract class CsvData
2    {
3        // 읽어 들인 CSV 데이터의 등록
4        public abstract void SetData(string[] data);
5
6        // 적경을 각도로 변환
7        public float RightAscensionToDegree(int hour, int min = 0, float sec = 0.0f)
8        {
9            var h = 360.0f / 24.0f;     // 1시간의 각도
10           var m = h / 60.0f;          // 1분의 각도
11           var s = m / 60.0f;          // 1초의 각도
12
13           return (h * hour + m * min + s * sec) * -1.0f;
14       }
15
16       // 적위를 각도로 변환
17       public float DeclinationToDegree(int deg, int min = 0, float sec = 0.0f)
18       {
19           var plusMinus = 1.0f;
20           if (deg < 0.0f)
```

```
21              {
22                  plusMinus = -1.0f;
23                  deg *= -1;
24              }
25              return DeclinationToDegree(plusMinus, deg, min, sec);
26          }
27
28          // 적위를 각도로 변환
29          public float DeclinationToDegree(float plusMinus, int deg, int min = 0, float sec
            = 0.0f)
30          {
31              return (deg * plusMinus + min / 60.0f * plusMinus + sec / (60.0f * 60.0f) *
                plusMinus) * -1.0f;
32          }
33      }
```

    CsvData 클래스는 abstract 지정을 하는 각 CSV 데이터를 다루는 상속 클래스를 작성하는 걸 전제로 합니다. 또한, SetData 함수는 각각의 CSV 데이터에 맞는 형태로 하기 위해서 상속받는 곳의 클래스에서 구현하도록 합니다. RightAscensionToDegree 함수는 적경을 각도로 변환하는 함수입니다. 적경은 24시간을 360도로 취급하기 때문에 각각 1시간의 각도, 1분의 각도, 1초의 각도를 구하고 나서 각도를 구합니다. DeclinationToDegree 함수는 도분초의 각도를 도의 각도로 변환하며, 도(deg)의 부호에 의해 각각의 분(min) · 초(sec)의 부호가 정해집니다.

    RightAscensionToDegree 함수와 DeclinationToDegree 함수 내에서 파라미터에 −1.0을 곱한 부분이 있습니다. 이 처리는 유니티의 좌표계와 천구의 좌표계를 맞추기 위함입니다. 이번에는 어려운 설명을 생략하기 위해서 좌표계의 이야기를 하지 않았는데, 좌표계에 흥미가 있는 분들은 좌표계와 좌표 변환 등을 조사해 보세요.

● 각각의 CSV 데이터 클래스를 만들자

■ StarData 스크립트의 작성
프로젝트 창의 'Assets/Scripts'에 'StarData' 스크립트를 작성해 다음과 같이 편집합니다.

```
1    public class StarData : CsvData
2    {
3        public int Hip { get; set; }                    // HIP 번호
4        public float RightAscension { get; set; }       // 적경
5        public float Declination { get; set; }          // 적위
```

```
6       public float ApparentMagnitude { get; set; }  // 시등급
7       public string ColorType;                       // 색
8       public bool UseConstellation;                  // 별자리에서 사용되는 별인지
9
10      public override void SetData(string[] data)
11      {
12          Hip = int.Parse(data[0]);
13          RightAscension = RightAscensionToDegree(int.Parse(data[1]),
                            int.Parse(data[2]), float.Parse(data[3]));
14          Declination = DeclinationToDegree(int.Parse(data[4]), int.Parse(data[5]),
                            float.Parse(data[6]));
15          ApparentMagnitude = float.Parse(data[7]);
16          ColorType = data[13].Substring(0, 1);
17      }
18  }
```

StarData 클래스는 CsvData 클래스를 상속합니다. SetData 함수에서는 hip_constellation_line_star 파일의 1행의 데이터가 전달되므로 각각 상정되는 데이터로 변환을 실시, 각 멤버 변수에 저장합니다. 데이터 형식이나 나열하고 있는 순서는 표 10.4의 CSV 데이터를 확인하세요.

■ **StarMajorData 스크립트의 작성**

다음으로 프로젝트 창의 'Assets/Scripts'에 'StarMajorData' 스크립트를 작성하고 다음과 같이 편집합니다.

```
1   public class StarMajorData : StarData
2   {
3       public override void SetData(string[] data)
4       {
5           Hip = int.Parse(data[0]);
6           RightAscension = RightAscensionToDegree(int.Parse(data[1]),
                            int.Parse(data[2]), float.Parse(data[3]));
7           var plusMinus = -1.0f;
8           if (data[4] == "1")
9           {
10              plusMinus = 1.0f;
11          }
12          Declination = DeclinationToDegree(plusMinus, int.Parse(data[5]),
                            int.Parse(data[6]), float.Parse(data[7]));
13          ApparentMagnitude = float.Parse(data[8]);
14          ColorType = "A";    // 데이터가 없기 때문에 흰색으로 고정
15      }
16  }
```

StarMajorData 클래스는 조금 전처럼 별 데이터이기 때문에 StarData 클래스를 상속하고 있습니다. 다만, 읽어 들이는 CSV 파일이 다르기 때문에 SetData 함수는 hip_lite_major 파일에 대응한 함수로 되어 있습니다. 데이터 형식과 나열하고 있는 순서는 표 10.3의 CSV 데이터를 확인하세요.

■ **ConstellationNameData 스크립트의 작성**

계속해서 프로젝트 창의 'Assets/Scripts'에 'ConstellationNameData' 스크립트를 작성하고 다음과 같이 편집합니다.

```
1   public class ConstellationNameData : CsvData
2   {
3       public int Id { get; set; }              // 별자리 ID
4       public string Summary { get; set; }      // 약칭
5       public string Name { get; set; }         // 영어명
6       public string KoreanName { get; set; }   // 한글명
7
8       public override void SetData(string[] data)
9       {
10          Id = int.Parse(data[0]);
11          Summary = data[1];
12          Name = data[2];
13          KoreanName = data[3];
14      }
15  }
```

ConstellationNameData 클래스는 CsvData 클래스를 상속하고 있습니다. SetData 함수에서 constellation_name_utf8 파일의 1행의 데이터가 전달되므로 각각에 맞게 멤버 변수에 저장합니다. 데이터 형식이나 나열하고 있는 순서는 표 10.1의 CSV 데이터를 확인하세요.

■ **ConstellationPositionData 스크립트의 작성**

프로젝트 창의 'Assets/Scripts'에 'ConstellationPositionData' 스크립트를 작성해서 다음과 같이 편집합니다.

```
1   public class ConstellationPositionData : CsvData
2   {
3       public int Id { get; set; }                   // 별자리 ID
4       public float RightAscension { get; set; }     // 적경
5       public float Declination { get; set; }        // 적위
6
7       public override void SetData(string[] data)
```

```
 8      {
 9          Id = int.Parse(data[0]);
10          RightAscension = RightAscensionToDegree(int.Parse(data[1]),
                            int.Parse(data[2]));
11          Declination = DeclinationToDegree(int.Parse(data[3]));
12      }
13  }
```

ConstellationPositionData 클래스는 CsvData 클래스를 상속하고 있습니다. SetData 함수에서 position 파일의 1행의 데이터가 전달되므로 각각에 맞게 멤버 변수에 저장합니다. 데이터 형식과 나열하고 있는 순서는 표 10.2의 CSV 데이터를 확인하세요.

■ ConstellationLineData 스크립트의 작성

마지막으로 프로젝트 창의 'Assets/Scripts'에 'ConstellationLineData' 스크립트를 작성해서 다음과 같이 편집합니다.

```
 1  public class ConstellationLineData : CsvData
 2  {
 3      public string Name { get; set; }   // 별자리 이름
 4      public int StartHip { get; set; }  // 선분 시작 HIP 번호
 5      public int EndHip { get; set; }    // 선분 종료 HIP 번호
 6
 7       public override void SetData(string[] data)
 8      {
 9          Name = data[0];
10          StartHip = int.Parse(data[1]);
11          EndHip = int.Parse(data[2]);
12      }
13  }
```

ConstellationLineData 클래스는 CsvData 클래스를 상속하고 있습니다. SetData 함수에서 hip_constellation_line 파일의 1행의 데이터가 전달되므로 각각에 맞게 멤버 변수에 저장합니다. 데이터 형식이나 나열하고 있는 순서는 표 10.5의 CSV 데이터를 확인하세요.

● CSV 데이터를 읽는 처리를 만들자

그럼, 이제까지 작성한 클래스에 데이터를 읽는 클래스를 작성합시다. 프로젝트 창의 'Assets/Scripts'에 'CsvLoader' 스크립트를 작성해서 다음과 같이 편집합니다.

```
1   using System.Collections.Generic;
2   using System.IO;
3   using UnityEngine;
4
5   public class CsvLoader<TCsvData> where TCsvData : CsvData, new()
6   {
7       // TextAsset 데이터 읽기
8       public static List<TCsvData> LoadData(TextAsset csvText)
9       {
10          var data = new List<TCsvData>();          // 리스트 작성
11          var reader = new StringReader(csvText.text); // 문자열 읽기
12
13          // 1행씩 데이터의 끝까지 처리를 실시
14          while (reader.Peek() > -1)
15          {
16              // 1행 읽기
17              var line = reader.ReadLine();
18              // 데이터 작성
19              var csvData = new TCsvData();
20              // ,로 구분한 데이터의 배열을 작성하고 데이터를 등록
21              csvData.SetData(line.Split(','));
22              // 리스트에 등록
23              data.Add(csvData);
24          }
25          return data;
26      }
27  }
```

CsvLoader 클래스는 제네릭 클래스로서 CsvData 클래스를 상속한 클래스로 사용할 수 있습니다. LoadData 함수는 'TextAsset' 컴포넌트를 전달하여 1행씩 CSV 데이터를 읽고 데이터 클래스를 만들고 그 데이터를 리스트로 반환합니다.

● 데이터를 읽자

앱 시작 시에 데이터를 읽도록 'ConstellationViewer' 스크립트를 다음과 같이 수정합니다.

```
1   using System.Collections.Generic;
2   using UnityEngine;
3
4   public class ConstellationViewer : MonoBehaviour
5   {
```

```
6        // 별자리 CSV 데이터
7        [SerializeField]
8        TextAsset starDataCSV;
9        [SerializeField]
10       TextAsset starMajorDataCSV;
11       [SerializeField]
12       TextAsset constellationNameDataCSV;
13       [SerializeField]
14       TextAsset constellationPositionDataCSV;
15       [SerializeField]
16       TextAsset constellationLineDataCSV;
17
18       // 별자리 데이터
19       List<StarData> starData;
20       List<StarMajorData> starMajorData;
21       List<ConstellationNameData> constellationNameData;
22       List<ConstellationPositionData> constellationPositionData;
23       List<ConstellationLineData> constellationLineData;
24
25       void Start()
26       {
27           // CSV 데이터 읽기
28           LoadCSV();
29       }
30
31       // CSV 데이터 읽기
32       void LoadCSV()
33       {
34           starData = CsvLoader<StarData>.LoadData(starDataCSV);
35           starMajorData = CsvLoader<StarMajorData>.LoadData(starMajorDataCSV);
36           constellationNameData = CsvLoader<ConstellationNameData>.
                            LoadData(constellationNameDataCSV);
37           constellationPositionData = CsvLoader<ConstellationPositionData>.
                                LoadData(constellationPositionDataCSV);
38           constellationLineData = CsvLoader<ConstellationLineData>.
                            LoadData(constellationLineDataCSV);
39       }
40   }
```

이제까지 작성한 각 데이터 클래스에 'TextAsset' 컴포넌트를 전달해 데이터를 읽었습니다. 읽은 데이터는 별자리의 목록 데이터로서 ConstellationViewer 클래스의 멤버로 저장되어 있습니다.

10-4-2 별자리 데이터를 정리하자

여기까지 CSV 데이터를 읽고 프로그램에서 취급할 수 있게 되었는데, 이대로는 5개의 데이터가 존재하기만 할 뿐, 의미 있는 데이터가 되지는 않습니다. 따라서 5개의 데이터를 별자리 데이터로 정리하여 그리기를 할 때 쉽게 다룰 수 있게 해 봅시다.

■ ConstellationData 스크립트의 작성

프로젝트 창의 'Assets/Scripts'에 'ConstellationData' 스크립트를 작성해서 다음과 같이 편집합니다.

```
1    using System.Collections.Generic;
2
3    public class ConstellationData
4    {
5        public ConstellationNameData Name;          // 별자리 이름의 데이터
6        public ConstellationPositionData Position;   // 별자리 위치의 데이터
7        public List<StarData> Stars;                 // 별자리 데이터
8        public List<ConstellationLineData> Lines;    // 별자리 선의 데이터
9    }
```

ConstellationData 클래스는 별자리의 데이터로서 각종 데이터를 보유하기만 하는 클래스입니다.

■ ConstellationViewer 스크립트의 작성

계속해서 'ConstellationViewer' 스크립트를 다음과 같이 수정합니다.

```
1    using System.Collections.Generic;
2    using System.Linq;
3    using UnityEngine;
4
5    public class ConstellationViewer : MonoBehaviour
6    {
7        // 별자리 CSV 데이터
8        [SerializeField]
9        TextAsset starDataCSV;
10       [SerializeField]
11       TextAsset starMajorDataCSV;
12       [SerializeField]
13       TextAsset constellationNameDataCSV;
14       [SerializeField]
15       TextAsset constellationPositionDataCSV;
```

```
16        [SerializeField]
17        TextAsset constellationLineDataCSV;
18
19        [SerializeField]
20        GameObject constellationPrefab;              // 별자리의 프리팹
21
22        // 별자리 데이터
23        List<StarData> starData;
24        List<StarMajorData> starMajorData;
25        List<ConstellationNameData> constellationNameData;
26        List<ConstellationPositionData> constellationPositionData;
27        List<ConstellationLineData> constellationLineData;
28
29        // 정리한 별자리의 데이터
30        List<ConstellationData> constellationData;
31
32        void Start()
33        {
34            // CSV 데이터 읽기
35            LoadCSV();
36
37            // 별자리 데이터의 정리
38            ArrangementData();
39        }
40
41        // CSV 데이터 읽기
42        void LoadCSV()
43        {
44            starData = CsvLoader<StarData>.LoadData(starDataCSV);
45            starMajorData = CsvLoader<StarMajorData>.LoadData(starMajorDataCSV);
46            constellationNameData = CsvLoader<ConstellationNameData>.
                                LoadData(constellationNameDataCSV);
47            constellationPositionData = CsvLoader<ConstellationPositionData>.
                                    LoadData(constellationPositionDataCSV);
48            constellationLineData = CsvLoader<ConstellationLineData>.
                                LoadData(constellationLineDataCSV);
49        }
50
51        // 별자리 데이터의 정리
52        void ArrangementData()
53        {
54            // 별 데이터를 통합
55            MergeStarData();
56
57            constellationData = new List<ConstellationData>();
```

```
58
59          // 별자리 이름으로부터 별자리에 필요한 데이터를 수집
60          foreach (var name in constellationNameData)
61          {
62              constellationData.Add(CollectConstellationData(name));
63          }
64
65          // 별자리에 사용되지 않는 별의 수집
66          var data = new ConstellationData();
67          data.Stars = starData.Where(s => s.UseConstellation == false).ToList();
68          constellationData.Add(data);
69      }
70
71      // 별 데이터를 통합
72      void MergeStarData()
73      {
74          // 이번에 사용할 필요한 별을 판별한다
75          foreach (var star in starMajorData)
76          {
77              // 같은 데이터가 있는가?
78              var data = starData.FirstOrDefault(s => star.Hip == s.Hip);
79              if (data != null)
80              {
81                  // 같은 데이터가 있으면, 위치 데이터를 갱신한다
82                  data.RightAscension = star.RightAscension;
83                  data.Declination = star.Declination;
84              }
85              else
86              {
87                  // 같은 데이터가 없는 경우, 5등성보다 밝으면 리스트 목록에 추가
88                  if (star.ApparentMagnitude <= 5.0f)
89                  {
90                      starData.Add(star);
91                  }
92              }
93          }
94      }
95
96      // 별자리 데이터의 수집
97      ConstellationData CollectConstellationData(ConstellationNameData name)
98      {
99          var data = new ConstellationData();
100
101         // 별자리의 이름 등록
102         data.Name = name;
```

10

```
103
104            // 별자리 ID가 같은 것을 등록
105            data.Position = constellationPositionData.FirstOrDefault(s => name.Id == s.Id);
106
107            // 별자리 약칭이 같은 것을 등록
108            data.Lines = constellationLineData.Where(s => name.Summary == s.Name).ToList();
109
110            // 별자리 선이 사용하고 있는 별을 등록
111            data.Stars = new List<StarData>();
112            foreach (var line in data.Lines)
113            {
114                var start = starData.FirstOrDefault(s => s.Hip == line.StartHip);
115                data.Stars.Add(start);
116                var end = starData.FirstOrDefault(s => s.Hip == line.EndHip);
117                data.Stars.Add(end);
118
119                // 별자리로 사용되는 별
120                 start.UseConstellation = end.UseConstellation = true;
121            }
122
123        return data;
124    }
125 }
```

ConstellationViewer 클래스에 데이터를 정리, 추출하기 위해서 함수 3개를 추가했습니다.

ArrangementData 함수에서 우선 MergeStarData 함수를 호출, starMajorData 멤버 변수에 등록되어 있는 별 데이터 중에서 5등성보다 밝은 별을 starData 멤버 변수로 등록합니다. 또한, 이미 starData 멤버 변수에 등록되어 있는 별 데이터가 있으면 적위, 적경 정보를 갱신합니다. 이것은 hip_constellation_line_star 파일의 위치 정보에 맞추기 위해서 실시합니다.

constellationNameData 멤버 변수의 리스트에서는 별자리 이름으로 constellationData 함수를 호출해 별자리를 그리기 위해 필요한 이름과 별자리의 위치, 별자리를 구성하는 별, 별자리 선을 추출하고 있습니다. 마지막으로 별자리로 사용되지 않는 5등성 이상의 별을 수집합니다. 이는 별자리로 사용되고 있는 별 외에도 별 그리기를 하기 위해 이곳에 모읍니다.

10-4-3 별자리를 그려 보자

드디어 별자리를 그리기 위한 준비가 되었습니다. 조금만 더 하면 별자리를 그릴 수 있으니 열심히 계속해 봅시다. 먼저 별자리 이름과 별자리 선을 표시하기 위한 프리팹을 준비합시다.

● 별자리 이름의 프리팹을 만들자

'Text Mesh' 컴포넌트를 사용해 별자리 이름의 프리팹을 만듭니다.

1 Name의 작성

하이어라키 창에서 아무 것도 선택하지 않은 상태에서 마우스 오른쪽 클릭 메뉴의 [Create Empty]로 'Name'이라는 이름의 새로운 게임 오브젝트를 작성하고, 그 자식으로 [3D Object] → [3D Text]를 선택해 텍스트를 작성합니다.

2 컴포넌트의 설정

인스펙터 창에서 그림 10.21처럼 'Text Mesh' 컴포넌트의 각 프로퍼티를 설정합니다.

3 Name의 프리팹화

하이어라키 창의 'Name' 게임 오브젝트를 프로젝트 창의 'Assets/Prefabs' 폴더로 드래그 앤 드롭합니다.

그림 10.21 ▶ 별자리 이름의 프리팹화

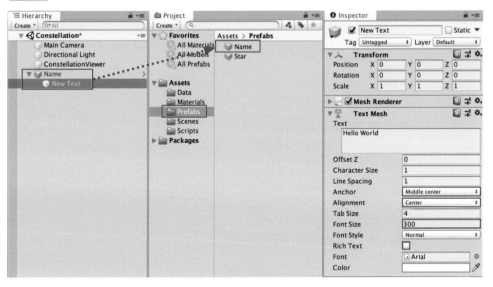

4 Name의 삭제

하이어라키 창의 'Name' 게임 오브젝트를 삭제합니다.

● 별자리 선의 프리팹을 만들자

다음으로 'Line Render' 컴포넌트를 사용해 별자리 선의 프리팹을 만듭시다.

1 Line의 작성

하이어라키 창에서 아무 것도 선택하지 않은 상태에서 마우스 오른쪽 클릭 메뉴의 [Create Empty]로 'Line'이라는 이름의 새로운 게임 오브젝트를 작성합니다.

2 컴포넌트의 적용

인스펙터 창에서 'Line Renderer' 컴포넌트를 검색해 적용합니다(그림 10.22).

그림 10.22 ▶ Line Renderer 컴포넌트의 적용

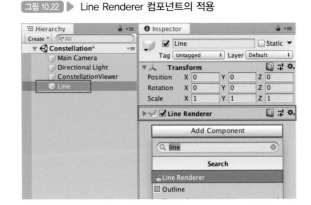

3 머터리얼의 작성

프로젝트 창의 'Assets/Materials' 폴더에서 마우스 오른쪽 버튼 클릭 메뉴로부터 [Create] → [Material]을 선택하고 'Line'이라는 이름으로 머터리얼을 작성합니다.

4 셰이더의 설정

프로젝트 창의 'Assets/Materials/Line'을 선택하고, 인스펙터 창에 'Line' 머터리얼의 [Shader] 프로퍼티를 [Unlit] → [Color]로 변경합니다(그림 10.23).

그림 10.23 ▶ Line 머터리얼의 작성

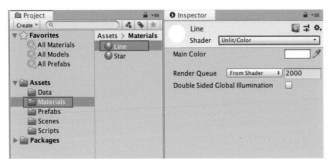

하이어라키 창에서 'Line' 게임 오브젝트를 선택하고, 인스펙터 창에서 그림 10.24처럼 프로퍼티를 설정합니다.

그림 10.24 ▶ LineRenderer 컴포넌트의 설정

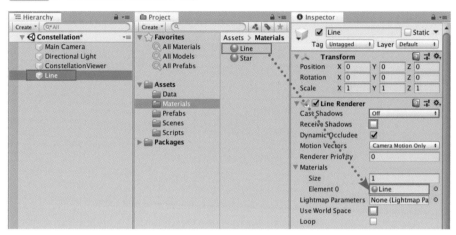

6 **Line의 프리팹화**

하이어라키 창의 'Line' 게임 오브젝트를 프로젝트 창의 'Assets/Prefabs' 폴더로 드래그 앤 드롭합니다(그림 10.25).

그림 10.25 ▶ 별자리 선의 프리팹화

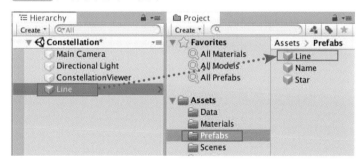

7 **Line의 삭제**

하이어라키 창의 'Line' 게임 오브젝트를 삭제합니다.

● Line Render 컴포넌트

'Line Renderer' 컴포넌트는 3D 공간에 직선을 간단하게 그릴 수 있는 컴포넌트입니다. 2개 이상의 공간 포인트를 지정할 수 있고, 각각의 포인트를 잇는 것처럼 연속해서 직선을 그을 수 있습니다. 따라서 1개의 'Line Renderer' 컴포넌트로 복잡한 형태의 선을 그릴 수 있습니다.

다만, 2개 이상의 선을 1개의 'Line Renderer' 컴포넌트로 그릴 수 없기 때문에 2개를 그리려면 2개의 게임 오브젝트를 준비해서 각각 'Line Renderer' 컴포넌트를 적용해야 합니다. 'Line Renderer' 컴포넌트의 자주 사용하는 프로퍼티는 표 10.7에서 설명합니다.

표 10.7 ▶ Line Renderer 컴포넌트의 프로퍼티

프로퍼티	설명
positionCount	선을 긋는 포인트의 수
startWidth	시작점의 직선의 폭
endWidth	끝점의 직선의 폭
useWorldSpace	선을 긋는 포인트를 월드 좌표로 취급할지 여부
loop	시작점과 끝점을 이을지 여부

● 별자리를 그리는 클래스를 만들자

별자리 데이터의 constellationData나 조금 전 작성한 프리팹을 사용해 별자리를 그리는 클래스를 작성합시다. 프로젝트 창의 'Assets/Scripts'에 'DrawConstellation' 스크립트를 작성해서 다음과 같이 편집합니다.

```
1    using System.Linq;
2    using UnityEngine;
3
4    public class DrawConstellation : MonoBehaviour
5    {
6        static float SpaceSize = 1500.0f;      // 별자리 구의 반경
7        static float StarBaseSize = 8.0f;      // 별의 크기 기준
8
9        [SerializeField]
10       GameObject starPrefab;                 // 별의 프리팹
11       [SerializeField]
12       GameObject linePrefab;                 // 별자리 선의 프리팹
13       [SerializeField]
```

```
14        GameObject namePrefab;                    // 별자리 이름의 프리팹
15
16        public ConstellationData ConstellationData { get; set; } // 그리는 별자리 데이터
17
18        GameObject linesParent;                   // 라인을 합하는 게임 오브젝트
19
20        // 라인을 합하는 게임 오브젝트의 프로퍼티
21        public GameObject LinesParent { get { return linesParent; } }
22
23        void Start()
24         {
25            // GameObject의 이름을 별자리 이름으로 변경
26            if (ConstellationData.Name != null)
27            {
28                gameObject.name = ConstellationData.Name.Name;
29            }
30
31            // 데이터로부터 별자리를 작성
32            CreateConstellation();
33         }
34
35        // 별자리의 작성
36        void CreateConstellation()
37        {
38            // 리스트로부터 별을 작성
39            foreach (var star in ConstellationData.Stars)
40            {
41                // 별의 작성
42                var starObject = CreateStar(star);
43                // 자신의 자식에게 접속
44                starObject.transform.SetParent(transform, false);
45            }
46
47            if (ConstellationData.Lines != null)
48            {
49                // 별자리 선의 부모를 작성
50                linesParent = new GameObject("Lines");
51                // 자신의 자식에게 접속
52                linesParent.transform.SetParent(transform, false);
53                var parent = linesParent.transform;
54
55                // 리스트로부터 별자리 선을 작성
56                foreach (var line in ConstellationData.Lines)
57                {
58                    // 별자리 선의 작성
```

```
59              var lineObject = CreateLine(line);
60              // 별자리 선의 부모의 자식에게 접속
61              lineObject.transform.SetParent(parent, false);
62          }
63      }
64
65      if (ConstellationData.Name != null)
66      {
67          // 별자리 이름을 작성
68          var nameObject = CreateName(ConstellationData.Name, ConstellationData.
            Position);
69          // 자신의 자식에게 접속
70          nameObject.transform.SetParent(transform, false);
71      }
72  }
73
74  // 별의 작성
75  GameObject CreateStar(StarData starData)
76  {
77      // 별의 프리팹으로부터 인스턴스 작성
78      var star = Instantiate(starPrefab);
79      var starTrans = star.transform;
80
81      // 별이 보이는 방향으로 회전시킨다
82      starTrans.localRotation = Quaternion.Euler(starData.Declination,
                                    starData.RightAscension, 0.0f);
83      // 별의 이름을 HIP 번호로 한다
84      star.name = string.Format("{0}", starData.Hip);
85
86      var child = starTrans.GetChild(0);
87      // 자식의 구의 위치를 천구의 위치로 이동시킨다
88      child.transform.localPosition = new Vector3(0.0f, 0.0f, SpaceSize);
89
90      // 시등급을 별의 크기로 한다
91      var size = StarBaseSize - starData.ApparentMagnitude;
92      child.transform.localScale = new Vector3(size, size, size);
93
94      // Renderer 취득
95      var meshRenderer = child.GetComponent<Renderer>();
96      var color = Color.white;
97
98      // 별의 컬러 타입에 따라 색을 설정한다
99      switch (starData.ColorType)
100     {
101         case "0":   // 파랑
```

```
102              color = Color.blue;
103              break;
104          case "B":    // 청백
105              color = Color.Lerp(Color.blue, Color.white, 0.5f);
106              break;
107          default:
108          case "A":    // 흰색
109              color = Color.white;
110              break;
111          case "F":    // 황백
112              color = Color.Lerp(Color.white, Color.yellow, 0.5f);
113              break;
114          case "G":    // 노랑
115              color = Color.yellow;
116              break;
117          case "K":    // 주황
118              color = new Color(243.0f / 255.0f, 152.0f / 255.0f, 0.0f);
119              break;
120          case "M":    // 빨강
121              color = new Color(200.0f / 255.0f, 10.0f / 255.0f, 0.0f);
122              break;
123      }
124
125      // 머터리얼에 색을 설정한다
126      meshRenderer.material.SetColor("_Color", color);
127
128      return star;
129  }
130
131  // 별자리 선의 작성
132  GameObject CreateLine(ConstellationLineData lineData)
133  {
134      // 시작점의 별의 정보를 취득
135      var start = GetStar(lineData.StartHip);
136      // 끝점의 별의 정보를 취득
137      var end = GetStar(lineData.EndHip);
138      // 별자리 선의 프리팹으로부터 인스턴스 작성
139      var line = Instantiate(linePrefab);
140      // LineRenderer의 취득
141      var lineRenderer = line.GetComponent<LineRenderer>();
142
143      // LineRenderer의 시작점과 끝점의 위치를 등록(별이 보이는 방향으로 회전시킨
           후, 천구의 위치까지 이동시킨다)
144      lineRenderer.SetPosition(0, Quaternion.Euler(start.Declination,
           start.RightAscension, 0.0f) * new Vector3(0.0f, 0.0f, SpaceSize));
```

```
145          lineRenderer.SetPosition(1, Quaternion.Euler(end.Declination,
               end.RightAscension, 0.0f) * new Vector3(0.0f, 0.0f, SpaceSize));
146
147          return line;
148      }
149
150      // StarData의 데이터 검색
151      StarData GetStar(int hip)
152      {
153          // 같은 HIP 번호를 검색
154          return ConstellationData.Stars.FirstOrDefault(s => hip == s.Hip);
155      }
156
157      // 별자리 이름의 작성
158      GameObject CreateName(ConstellationNameData nameData, ConstellationPositionData
         positionData)
159      {
160          // 별자리 이름의 프리팹으로부터 인스턴스 작성
161          var text = Instantiate(namePrefab);
162          var textTrans = text.transform;
163
164          // 별이 보이는 방향으로 회전시킨다
165          textTrans.localRotation = Quaternion.Euler(positionData.Declination,
                               positionData.RightAscension, 0.0f);
166          text.name = nameData.Name;
167
168          // 자식의 3D Text 위치를 천구의 위치로 이동시킨다
169          var child = textTrans.GetChild(0);
170          child.transform.localPosition = new Vector3(0.0f, 0.0f, SpaceSize);
171
172          // TextMesh를 취득하고 별자리 이름으로 변경한다
173          var textMesh = child.GetComponent<TextMesh>();
174          textMesh.text = string.Format("{0}좌", nameData.KoreanName);
175
176          return text;
177      }
178  }
```

DrawConstellation 클래스는 별자리를 그리기 위한 클래스입니다. 상당히 클래스가 커졌는데 하나씩 설명해 보겠습니다.

일단, 지금까지 작성한 프리팹을 보유하는 멤버 변수나 별자리 데이터를 보유하는 멤버 변수를 갖고 있으며, 작성하는 별자리를 그리는 천구의 반경이나 별의 크기의 기준이 되는 크기를 갖고 있습니다.

Start 함수로 게임 오브젝트의 이름을 별자리 이름으로 변경하고, CreateConstellation 함수를 호출해 별자리를 구성하는 각종 게임 오브젝트를 작성합니다. CreateConstellation 함수에서는 ConstellationData 멤버 변수로 설정된 데이터를 바탕으로 별, 별자리 선, 별자리 이름을 각각 CreateStar 함수, CreateLine 함수, CreateName 함수로 작성합니다.

CreateStar 함수는 별의 프리팹으로부터 인스턴스를 작성하고, 그 인스턴스의 Z축을 별이 보이는 방향으로 회전시켜서 천구의 반경인 'SpaceSize'의 거리분 Position의 Z를 이동시킵니다. 또한, 별의 밝기를 별의 크기로 함으로써 별이 보이는 방향에 변화를 주고, 머터리얼의 색을 별의 색으로 변경해서 별의 색을 재현합니다. CreateLine 함수는 별자리 선의 프리팹으로부터 인스턴스를 작성하고, 별의 위치를 선분의 시작점으로서 직선을 그립니다. Create Name 함수도 별자리 이름의 프리팹으로부터 인스턴스를 작성하고, textMesh의 Text 프로퍼티로 별자리 이름을 등록합니다. 이 2개의 함수도 CreateStar 함수와 마찬가지로 각각의 인스턴스를 천구의 위치까지 이동시킵니다.

● 별자리 프리팹을 작성하자

작성한 'DrawConstellation' 스크립트를 프리팹으로서 등록합시다.

1 DrawConstellation의 작성

하이어라키 창에서 아무 것도 선택하지 않은 상태에서 마우스 오른쪽 클릭 메뉴의 [Create Empty]로 'DrawConstellation'이라는 이름의 새로운 게임 오브젝트를 작성합니다.

2 컴포넌트의 적용

프로젝트 창의 'Assets/Scripts/DrawConstellation'을 하이어라키 창의 'DrawConstellation' 게임 오브젝트로 드래그 앤 드롭합니다(그림 10.26).

그림 10.26 ▶ DrawConstellation의 적용

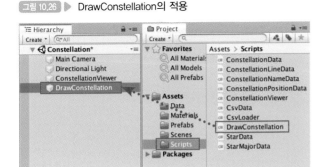

DrawConstellation의 설정

하이어라키 창에서 'DrawConstellation' 게임 오브젝트를 선택하고, 프로젝트 창의 'Assets/Prefabs' 폴더 내의 3개의 프리팹을 그림 10.27처럼 드래그 앤 드롭해서 설정합니다.

그림 10.27 ▶ DrawConstellation의 설정

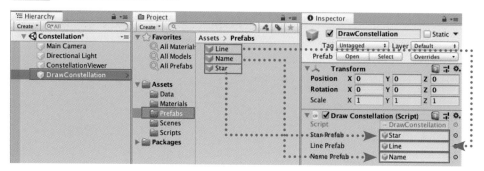

4 DrawConstellation의 프리팹화

하이어라키 창의 'DrawConstellation' 게임 오브젝트를 프로젝트 창의 'Assets/Prefabs' 폴더로 드래그 앤 드롭합니다.

5 DrawConstellation의 삭제

하이어라키 창의 'DrawConstellation' 게임 오브젝트를 삭제합니다.

● 별자리 데이터를 전달하고 그려 보자

이제 마지막으로 별자리를 그려 봅시다. 'ConstellationViewer' 스크립트를 다음과 같이 수정합니다.

```
1   using System.Collections.Generic;
2   using System.Linq;
3   using UnityEngine;
4
5   public class ConstellationViewer : MonoBehaviour
6   {
7       // 별자리 CSV 데이터
8       [SerializeField]
9       TextAsset starDataCSV;
```

```
10        [SerializeField]
11        TextAsset starMajorDataCSV;
12        [SerializeField]
13        TextAsset constellationNameDataCSV;
14        [SerializeField]
15        TextAsset constellationPositionDataCSV;
16        [SerializeField]
17        TextAsset constellationLineDataCSV;
18
19        [SerializeField]
20        GameObject constellationPrefab;          // 별자리의 프리팹
21
22        // 별자리 데이터
23        List<StarData> starData;
24        List<StarMajorData> starMajorData;
25        List<ConstellationNameData> constellationNameData;
26        List<ConstellationPositionData> constellationPositionData;
27        List<ConstellationLineData> constellationLineData;
28
29        // 정리한 별자리의 데이터
30        List<ConstellationData> constellationData;
31
32        void Start()
33        {
34            // CSV 데이터 읽기
35            LoadCSV();
36
37            // 별자리 데이터의 정리
38            ArrangementData();
39
40            // 별자리의 작성
41            CreateConstellation();
42        }
43
44        // CSV 데이터 읽기
45        void LoadCSV()
46        {
47            starData = CsvLoader<StarData>.LoadData(starDataCSV);
48            starMajorData = CsvLoader<StarMajorData>.LoadData(starMajorDataCSV);
49            constellationNameData = CsvLoader<ConstellationNameData>.
                            LoadData(constellationNameDataCSV);
50            constellationPositionData = CsvLoader<ConstellationPositionData>.
                            LoadData(constellationPositionDataCSV);
51            constellationLineData = CsvLoader<ConstellationLineData>.
                            LoadData(constellationLineDataCSV);
```

```
52          }
53
54          // 별자리 데이터의 정리
55          void ArrangementData()
56          {
57              // 별 데이터를 통합
58              MergeStarData();
59
60              constellationData = new List<ConstellationData>();
61
62              // 별자리 이름으로부터 별자리에 필요한 데이터를 수집
63              foreach (var name in constellationNameData)
64              {
65                  constellationData.Add(CollectConstellationData(name));
66              }
67
68              // 별자리에 사용되지 않는 별의 수집
69              var data = new ConstellationData();
70              data.Stars = starData.Where(s => s.UseConstellation == false).ToList();
71              constellationData.Add(data);
72          }
73
74          // 별 데이터를 통합
75          void MergeStarData()
76          {
77              // 이번에 사용할 필요한 별을 판별한다
78              foreach (var star in starMajorData)
79              {
80                  // 같은 데이터가 있는가?
81                  var data = starData.FirstOrDefault(s => star.Hip == s.Hip);
82                  if (data != null)
83                  {
84                      // 같은 데이터가 있으면, 위치 데이터를 갱신한다
85                      data.RightAscension = star.RightAscension;
86                      data.Declination = star.Declination;
87                  }
88                  else
89                  {
90                      // 같은 데이터가 없는 경우, 5등성보다 밝으면 리스트 목록에 추가
91                      if (star.ApparentMagnitude <= 5.0f)
92                      {
93                          starData.Add(star);
94                      }
95                  }
96              }
```

```
 97          }
 98
 99          // 별자리 데이터의 수집
100          ConstellationData CollectConstellationData(ConstellationNameData name)
101          {
102              var data = new ConstellationData();
103
104              // 별자리의 이름 등록
105              data.Name = name;
106
107              // 별자리 ID가 같은 것을 등록
108              data.Position = constellationPositionData.FirstOrDefault(s => name.Id == s.Id);
109
110              // 별자의 약칭이 같은 것을 등록
111              data.Lines = constellationLineData.Where(s => name.Summary == s.Name).ToList();
112
113              // 별자리 선이 사용하고 있는 별을 등록
114              data.Stars = new List<StarData>();
115              foreach (var line in data.Lines)
116              {
117                  var start = starData.FirstOrDefault(s => s.Hip == line.StartHip);
118                  data.Stars.Add(start);
119                  var end = starData.FirstOrDefault(s => s.Hip == line.EndHip);
120                  data.Stars.Add(end);
121
122                  // 별자리로 사용되는 별
123                  start.UseConstellation = end.UseConstellation = true;
124              }
125
126              return data;
127          }
128
129          // 별자리의 작성
130          void CreateConstellation()
131          {
132              // 각 별자리를 작성
133              foreach (var data in constellationData)
134              {
135                  var constellation = Instantiate(constellationPrefab);
136                  var drawConstellation = constellation.GetComponent<DrawConstellation>();
137
138                  drawConstellation.ConstellationData = data;
139
140                  // 자신의 자식으로 한다
141                  constellation.transform.SetParent(transform, false);
```

10

```
142            }
143        }
144    }
```

조금 전 작성한 별자리의 프리팹을 보유하는 멤버 변수를 추가했습니다. CreateConstellation 함수에서 인스턴스를 작성하고, 별자리 데이터를 DrawConstellation 클래스로 전달해 그리기를 합니다.

그럼 마지막 설정을 합니다.

1 ConstellationViewer 설정

하이어라키 창에서 'ConstellationViewer'를 선택하고, 프로젝트 창의 'Assets/Prefabs/Draw Constellation'을 인스펙터 창의 [ConstellationPrefab] 프로퍼티에 드래그 앤 드롭합니다(그림 10.28).

그림 10.28 ▶ ConstellationViewer의 컴포넌트 설정

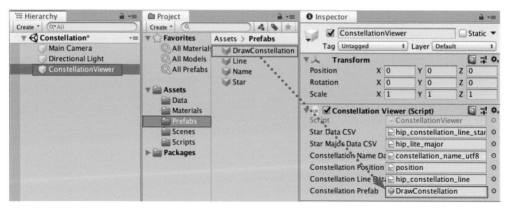

하이어라키 창에서 'Main Camera'를 선택하고, 그림 10.29처럼 프로퍼티를 설정합니다.

그림 10.29 ▶ Main Camera의 설정

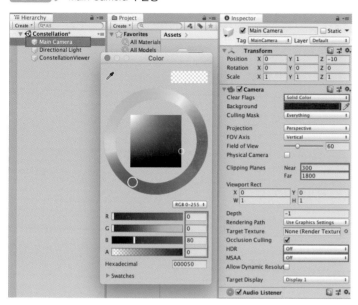

10-4-4 동작을 확인하자

에디터에서 재생 버튼을 누르고, 씬을 실행합시다. 별자리가 표시되는 걸 확인할 수 있으면 제대로 동작하는 것입니다(그림 10.30).

그림 10.30 ▶ 실행 화면

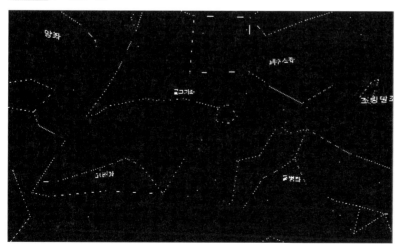

10-5 스마트폰에 설치해서 살펴보자

화면 중앙의 별자리만을 표시하도록 변경해 황도나 하늘의 적도를 표시해 봅니다. 새롭게 배우는 Line Render 이외의 선 그리는 방법과 지금까지 학습한 빌드 설정이나 물리 처리 복습을 합시다.

10-5-1 빌드 설정을 하자

지금까지 별자리 앱의 빌드 설정을 하지 않았으므로 스마트폰용으로 설정합니다.

1 빌드 설정 열기

메인 메뉴의 [File] → [Build Settings]를 선택하고, 빌드 설정 화면을 엽니다.

2 씬의 등록

빌드 설정 화면의 [Add Open Scens] 버튼을 눌러 'Scenes/Constellation'을 [Scenes In Build]로 등록합니다(그림 10.31).

3 플랫폼의 변경

[Platform]에서 'Android' 또는 'iOS'를 선택하고 [Switch Platform] 버튼을 누릅니다.

그림 10.31 ▶ Build Settings 설정

4 Player Settings 열기

빌드 설정 창의 [Player Settings] 버튼을 눌러 인스펙터 창에 설정 화면을 표시합니다.

5 Player Settings의 설정

플레이어 설정을 그림 10.32(안드로이드) 또는 그림 10.33(iOS)처럼 설정합니다.

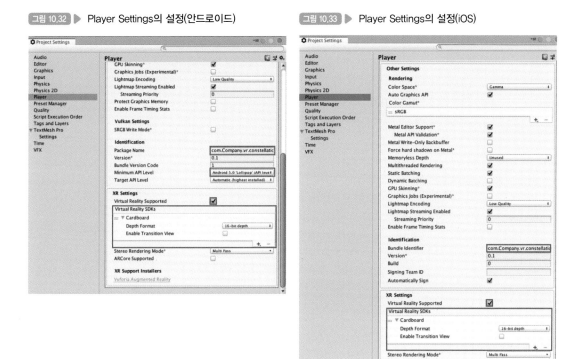

그림 10.32 ▶ Player Settings의 설정(안드로이드)   그림 10.33 ▶ Player Settings의 설정(iOS)

순서 **5** 까지 완료했으면 빌드 설정 창의 [Build And Run]을 클릭해 실행해 봅시다.

10-5-2 황도와 하늘의 적도를 그리자

별자리의 표시만으로는 향하고 있는 방향을 알 수 없기 때문에 황도나 하늘의 적도를 그립니다.

● 원을 그리는 클래스를 만들자

프로젝트 창의 'Assets/Scripts'에 'DrawCircle' 스크립트를 작성해 다음과 같이 편집합니다.

```
 1   using UnityEngine;
 2
 3   public class DrawCircle : MonoBehaviour
 4   {
 5       [SerializeField]
 6       int lineCount = 100;        // 라인을 그리는 수
 7       [SerializeField]
 8       Color color = Color.white;  // 라인의 색
 9       [SerializeField]
10       float radius = 1500.0f;     // 원의 반경
11
12       Material lineMaterial;       // 라인의 머터리얼
13
14       // 라인의 머터리얼 작성
15       void CreateLineMaterial()
16       {
17           // 한 번만 작성한다
18           if (lineMaterial == null)
19           {
20               // 유니티의 표준 셰이더를 취득
21               Shader shader = Shader.Find("Hidden/Internal-Colored");
22               // 머터리얼을 작성해서 셰이더를 설정
23               lineMaterial = new Material(shader);
24               // 이 머터리얼을 하이어라키에 표시하지 않는다, 씬에 저장하지 않는다
25               lineMaterial.hideFlags = HideFlags.HideAndDontSave;
26           }
27       }
28
29       // 모든 카메라의 씬을 그린 후에 호출되는 그리기 함수
30       void OnRenderObject()
31       {
32           // 머터리얼의 작성
33           CreateLineMaterial();
34
35           // 머터리얼을 설정
36           lineMaterial.SetPass(0);
37
38           // 현재 매트릭스 정보를 저장
39           GL.PushMatrix();
40
41           // 현재 매트릭스 정보를 이 게임 오브젝트의 매트릭스 정보로 갱신
42           GL.MultMatrix(transform.localToWorldMatrix);
43
44           // 라인 그리기를 시작한다
45           GL.Begin(GL.LINES);
```

```
46
47          // 컬러 설정
48          GL.Color(color);
49
50          // XZ 평면에 원을 그린다
51          {
52              // 처음의 정점 위치
53              var startPoint = new Vector3(Mathf.Cos(0.0f) * radius, 0.0f,
                              Mathf.Sin(0.0f) * radius);
54              // 하나 전의 정점 위치
55              var oldPoint = startPoint;
56              for (var Li = 0; Li < lineCount; ++Li)
57              {
58                  // 이번의 각도
59                  var angleRadian = (float)Li / (float)lineCount * (Mathf.PI * 2.0f);
60                  // 이번의 정점 위치
61                  var newPoint = new Vector3(Mathf.Cos(angleRadian) * radius, 0.0f,
                              Mathf.Sin(angleRadian) * radius);
62                  // 이전의 정점 위치에서 이번 위치로 라인을 긋는다
63                  GL.Vertex(oldPoint);
64                  GL.Vertex(newPoint);
65
66                  // 이번 위치를 저장
67                  oldPoint = newPoint;
68              }
69              // 마지막의 정점에서 처음 정점으로 라인을 긋는다
70              GL.Vertex(oldPoint);
71              GL.Vertex(startPoint);
72          }
73          // 라인 그리기를 종료한다
74          GL.End();
75
76          // 저장한 매트릭스 정보로 되돌린다
77          GL.PopMatrix();
78      }
79  }
```

DrawCircle 클래스는 XZ 평면에 라인을 사용해 원을 그리는 클래스입니다. 라인은 유니티의 저
레벨 그리기 처리인 GL 클래스를 사용해 그리는데, GL 클래스는 OpenGL이라는 그래픽스 API와
비슷한 코드 작성법으로 할 수 있습니다. 여기서는 GL 클래스의 기능에 관해서 자세히 설명하지는 않
으나 만약 흥미가 있으면 OpenGL의 기초를 학습한 후에 유니티의 GL 클래스의 기능을 학습하면 효
율적으로 배울 수 있을 것입니다.

OnRenderObject 함수는 카메라가 씬을 전부 그린 후에 호출되는 이벤트 함수입니다. 여기서는 별자리를 그린 후에 호출되는 이벤트 함수로, 별자리를 그린 후에 이 함수가 호출되고 원을 그립니다. 이 함수 이외에 렌더링 시에 호출되는 대표적인 함수는 표 10.8에서 확인하세요.

표 10.8 ▶ 렌더링의 이벤트 함수

함수	설명
OnPreCull	카메라가 컬링을 하기 전에 호출됩니다.
OnPreRender	카메라가 씬을 렌더링하기 전에 호출됩니다.
OnPostRender	카메라가 씬을 렌더링한 후에 호출됩니다.
OnRenderImage	화면 렌더링이 끝나고, 화면의 이미지에 대해서 처리가 가능해졌을 때 호출됩니다.

● 원을 그리자

'DrawCircle' 스크립트를 사용해서 황도(Ecliptic)나 하늘의 적도(CelestialEquator)를 그립니다.

1 Ecliptic의 작성

하이어라키 창에서 아무 것도 선택하지 않은 상태에서 마우스 오른쪽 클릭 메뉴의 [Create Empty]로 'Ecliptic'이라는 이름의 새로운 게임 오브젝트를 작성합니다.

2 컴포넌트의 적용

프로젝트 창의 'Assets/Scripts/DrawCircle'을 선택하고, 하이어라키 창의 'Ecliptic' 게임 오브젝트로 드래그 앤 드롭합니다(그림 10.34).

인스펙터 창에서 'DrawCircle' 컴포넌트의 프로퍼티를 그림 10.34처럼 설정합니다.

그림 10.34 ▶ Ecliptic의 설정

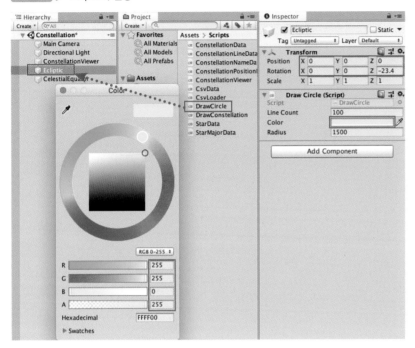

4   CelestialEquator의 작성

하이어라키 창에서 아무 것도 선택하지 않은 상태에서 마우스 오른쪽 클릭 메뉴의 [Create Empty]로 'CelestialEquator'라는 이름의 새로운 게임 오브젝트를 작성합니다.

5   컴포넌트의 적용

프로젝트 창의 'Assets/Scripts/DrawCircle'을 선택하고 하이어라키 창의 'CelestialEquator' 게임 오브젝트로 드래그 앤 드롭합니다(그림 10.35).

6 CelestialEquator의 설정

인스펙터 창에서 'DrawCircle' 컴포넌트의 프로퍼티를 그림 10.35와 같이 설정합니다.

그림 10.35 ▶ CelestialEquator의 설정

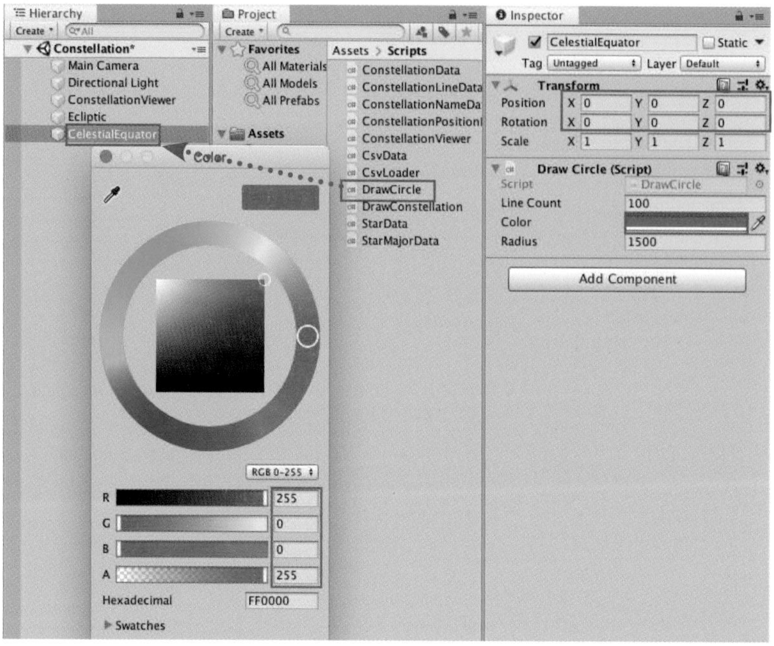

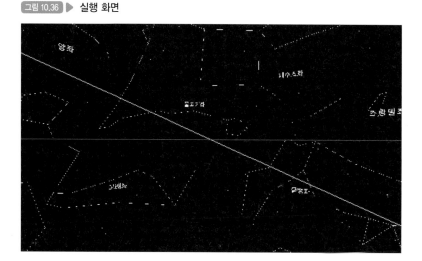

에디터에서 실행하여 황도나 하늘의 적도가 그려지는지 확인합니다(그림 10.36). 황도나 하늘의 적도가 표시되고 2개의 선이 교차하는 춘분점을 확인할 수 있으면 제대로 동작하는 것입니다.

그림 10.36 ▶ 실행 화면

10-5-3 바로 앞의 별자리만 별자리 선을 그리자

이대로는 별자리를 보기 힘드니 화면 중앙의 별자리만 별자리 선을 그립시다. VR 슈팅 게임에서는 **Chapter 8 VR에 대응하자**에서 했던 것처럼 레이캐스트를 사용해서 화면의 중심을 판정했으나 이번에는 다른 방법으로 화면의 중심을 판정하는데, 카메라의 자식에게 콜라이더만을 가진 구(球)를 붙임으로써 카메라가 향하는 방향을 따라 자동으로 이동하게 됩니다. 이 구(球)와 별자리 이름이 충돌할 경우에 별자리 선을 표시하도록 합니다(그림 10.37).

그림 10.37 ▶ 별자리 이름과 콜라이더의 충돌 판정 이미지

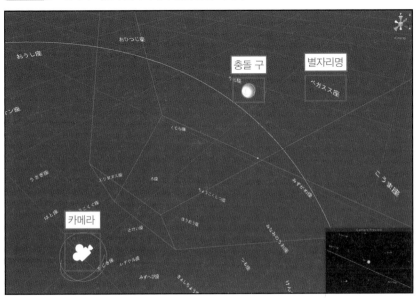

● 콜라이더를 준비하자

먼저 카메라의 자식에 붙일 콜라이더와 별자리 이름의 콜라이더를 준비하고 새롭게 레이어를 설정합시다.

1 ViewHit의 작성

하이어라키 창에서 'Main Camera'를 선택하고 마우스 오른쪽 클릭 메뉴의 [Create Empty]로 'ViewHit'라는 이름의 새로운 게임 오브젝트를 작성합니다.

인스펙터 창의 [Add Component]에서 'SphereCollider' 컴포넌트와 'Rigidbody' 컴포넌트를 적용해 그림 10.38과 같이 프로퍼티를 설정합니다.

그림 10.38 ▶ ViewHit의 설정

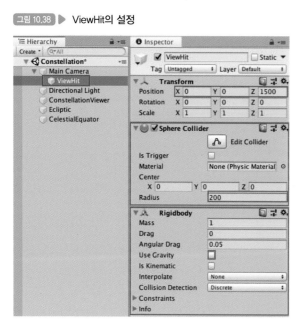

3 레이어의 추가

인스펙터 창의 [Layer]에서 'Add Layer'를 선택하고 'ViewHit'와 'Name' 레이어를 추가합니다(그림 10.39, 그림 10.40).

그림 10.39 ▶ 레이어의 추가① 　　　　그림 10.40 ▶ 레이어의 추가②

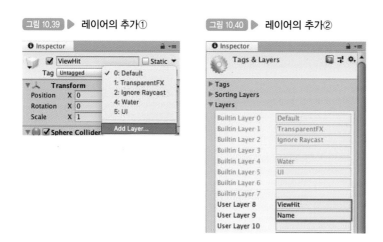

4 레이어의 설정

하이어라키 창에서 'ViewHit'를 선택하고 인스펙터 창의 [Layer]에서 'ViewHit'를 설정합니다(그림 10.41).

그림 10.41 ▶ 레이어의 설정

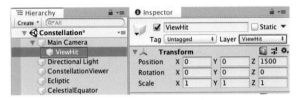

5 별자리 이름 프리팹의 설정

프로젝트 창의 'Assets/Prefabs/Name/New Text'를 선택하고, 인스펙터 창에서 'Box Collider' 컴포넌트를 적용해 그림 10.42처럼 프로퍼티를 설정합니다.

그림 10.42 ▶ 별자리 이름 프리팹의 설정

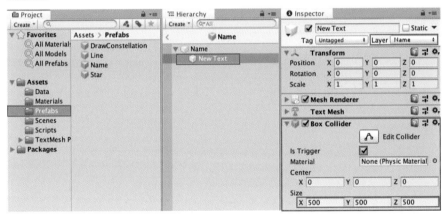

6 물리 판정의 설정

메인 메뉴의 [Edit] → [ProjectSettings] → [Physics]를 선택하고, [Layer Collision Matrix] 를 그림 10.43처럼 설정합니다.

그림 10.43 ▶ 물리 판정의 설정

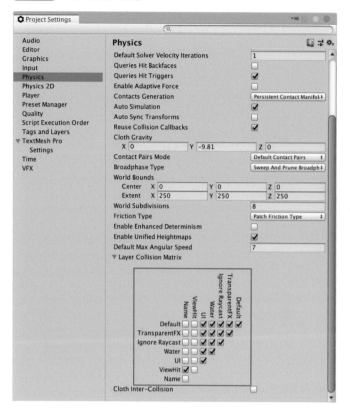

이것으로 유니티의 물리 충돌 처리의 설정을 할 수 있었습니다. 만약 여기까지의 내용이 잘 이해가 지 않으면 **Chapter 6 총알을 쏘아 적을 쓰러뜨리자**를 참조하세요.

● 충돌 판정 처리를 만들자

프로젝트 창의 'Assets/Scripts'에 'VisibleConstellationLine' 스크립트를 작성하고 다음과 같 이 편집합니다.

```
1   using UnityEngine;
2
3   public class VisibleConstellationLine : MonoBehaviour
4   {
5       GameObject lines;   // Lines 게임 오브젝트
6
7       void Start()
8       {
9           // 부모로부터 Lines를 검색한다
10          var constellation = transform.GetComponentInParent<DrawConstellation>();
```

```
11                lines = constellation.LinesParent;
12                // 별자리 선을 비표시로 한다
13                lines.SetActive(false);
14            }
15
16        void OnTriggerEnter(Collider other)
17        {
18            // 레이어가 ViewHit인지 여부
19            if (other.gameObject.layer == LayerMask.NameToLayer("ViewHit"))
20            {
21                // 콜라이더에 닿으면 표시한다
22                lines.SetActive(true);
23            }
24        }
25
26        void OnTriggerExit(Collider other)
27        {
28            // 레이어가 ViewHit인지 여부
29            if (other.gameObject.layer == LayerMask.NameToLayer("ViewHit"))
30            {
31                // 콜라이더에 닿지 않으면 비표시로 한다
32                lines.SetActive(false);
33            }
34        }
35    }
```

10

VisibleConstellationLine 클래스는 조금 전에 설정한 별자리 선 프리팹의 콜라이더로부터 이벤트 통지를 받아 처리합니다.

Start 함수에서는 DrawConstellation 클래스의 별자리 선의 부모 게임 오브젝트를 취득해 보이지 않게 합니다. **Chapter 6 총알을 쏘아 적을 쓰러프리자**에서 소개한 OnTriggerEnter 함수와 OnTriggerExit 함수는 각각 다른 콜라이더가 접촉했을 때와 떨어졌을 때 호출되는 함수입니다. OnTriggerEnter 함수에서는 ViewHit 콜라이더와 접촉했으므로 별자리 선을 표시하고, OnTriggerExit 함수에서는 ViewHit 콜라이더와 떨어져 있으므로 별자리 선을 보이지 않게 합니다 (OnTriggerEnter 함수와 OnTriggerExit 함수에서 닿은 콜라이더의 레이어 이름을 확인하는데, 이번에는 Physics의 설정에서 ViewHit 레이어는 Name 레이어하고만 충돌하지 않게 하므로 필요하지 않습니다. 하지만 여러 개의 레이어와 접촉한다면 레이어나 태그 등을 사용해 닿은 것을 판정합니다).

그럼, 이 클래스를 별자리 선 프리팹으로 적용합시다.

1 프리팹의 선택

프로젝트 창의 'Assets/Prefabs/Name/New Text'를 선택합니다.

프로젝트 창의 'Assets/Scripts/VisibleConstellationLine'을 선택하고 인스펙터 창의 'New Text' 게임 오브젝트에 드래그 앤 드롭합니다(그림 10.44).

그림 10.44 ▶ VisibleConstellationLine의 적용

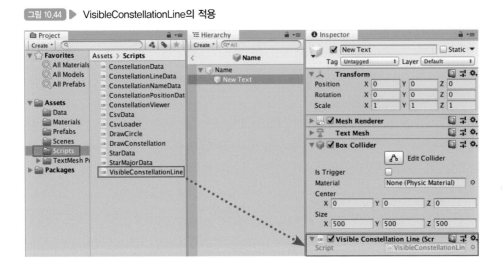

10-5-4 스마트폰에서 실행하자

그럼, 빌드 설정 화면의 [Build And Run]을 클릭해 스마트폰에서 실행합시다. 화면 중앙 부근의 별자리 선이 표시되는 것을 확인할 수 있으면 제대로 동작하는 것입니다(그림 10.45). 이로써 360도 플라네타륨 앱 만들기가 끝났습니다.

그림 10.45 ▶ 실행 화면

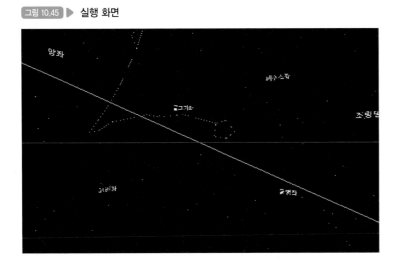

360도 동영상을
재생하자

360도로 볼 수 있는 VR 동영상 재생 앱을 만듭시다. 유니티의 동영상 재생이 이렇게 쉽게 된다는 것에 놀랄지도 모르겠네요.

이 장에서도 지금까지 소개하지 않은 유니티의 기능을 다룹니다. 이전 장과 마찬가지로 유니티의 기본적인 조작 방법은 설명하지 않습니다. Chapter 10까지 아직 학습하지 않은 분은 Chapter 10까지 학습한 후에 이 장을 읽길 권합니다.

이 장에서 배우는 것

- 유니티에서의 동영상 재생 방법
- 앱에 리소스를 포함하는 방법
- 직접 만드는 셰이더의 작성 방법

360도 동영상을 보자

360도 동영상이란 어떤 것인지 확인하고, 촬영을 하는 장비를 소개하며, 유니티의 기능을 사용해서 간단하게 동영상을 재생시키는 방법을 설명합니다.

11-1-1 360도 동영상을 살펴보자

여러분도 본 적이 있을지 모르겠으나, 360도 동영상은 특수 장비와 여러 대의 카메라를 사용해서 모든 방향의 영상을 하나의 동영상으로 압축, 재생해 여러 가지 방향으로 볼 수 있는 동영상입니다. 설명만으로는 이해하기 어려우니 한 번 살펴봅시다.

- 360 Videos(그림 11.1)

  https://www.facebook.com/360vidz

- Youtube 가상 현실 채널(그림 11.2)

  https://www.youtube.com/channel/UCzuqhhs6NWbgTzMuM09WKDQ?gl=KR

위의 URL 동영상을 브라우저에서 재생해 보세요. 동영상 화면을 마우스로 드래그하면서 움직이면 여러 방향으로 볼 수 있을 것입니다. Facebook이나 Youtube 등 여러 사이트에서도 360도 동영상을 볼 수 있습니다.

그림 11.1 ▶ 360 Videos

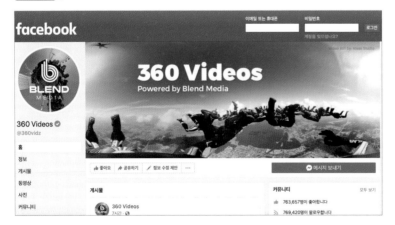

그림 11.2 ▶ Youtube 가상 현실 채널

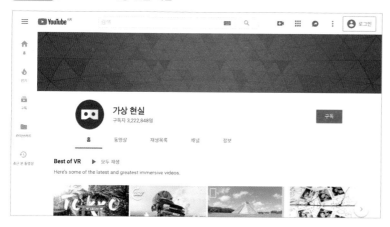

11-1-2 360도 동영상 촬영 방법

조금 전 여러분이 본 360도 동영상을 촬영하는 데는 여러 방법이 있습니다. 여러 대의 카메라를 사용해서 360도의 영상을 한 번에 촬영한 후에 디지털 처리를 하여 하나의 영상으로 만드는 방법, 2개의 광각 렌즈를 이용해 2개의 영상을 합성하는 방법 등이 있습니다. 최근에는 간편하게 촬영할 수 있는 기재가 여러 회사에서 판매되고 있으며, 전용 카메라 타입이나 휴대전화에 붙여서 촬영할 수 있는 부착형 등 여러 종류가 있습니다. 그 중 몇 가지 장비를 소개합니다.

● GoPro Fusion

액션 카메라로 유명한 카메라입니다. 스쿠버다이빙, 스카이다이빙, 스키 등 여러 상황이나 장소에서 촬영할 수 있는 소형 마이크 부착 카메라입니다(그림 11.3).

그림 11.3 ▶ GoPro Fusion

● Insta 360 ONE

휴대전화에 장착하여 간편하게 360도 동영상을 촬영할 수 있는 부착형 카메라입니다(그림 11.4). 아이폰의 라이트닝 단자를 지원하며, 안드로이드에서 사용할 때는 별도 변환 커넥터를 장착해야 합니다. 이번에 소개하는 것 중에서 가격이 가장 저렴하고 간편하게 시작하기에는 최적인 하드웨어입니다.

• https://www.insta360.com/product/insta360-one

`그림 11.4` ▶ Insta 360 ONE

● 360 FLY 4K

이제까지 소개한 2개의 카메라를 사용한 방법이 아니라 1개의 카메라로 360도 영상을 촬영할 수 있는 장비입니다(그림 11.5). 다만, 전체 구(球)의 영상을 촬영하는 것이 아니라 카메라 하부의 영상은 촬영되지 않습니다. 다른 카메라는 2개의 영상을 조합해 1개의 동영상을 만들지만 1개의 카메라로 촬영하기 때문에 영상의 이음매가 자연스럽습니다.

• https://www.360fly.com/shop/cameras/360fly-4k.html

`그림 11.5` ▶ 360 FLY 4K

11-1-3 360도 동영상 재생을 생각해 보자

유니티에서 동영상을 재생하는 방법은 매우 간단합니다. 'Video Player' 컴포넌트를 사용하는 것만으로 간단하게 재생할 수 있습니다.

● Video Player 컴포넌트

'Video Player' 컴포넌트는 VideoClip이나 URL을 지정하여 참조처의 동영상을 재생할 수 있습니다(그림 11.6). 유니티에서는 .mp4, .mov, .webm, .wmv의 확장자를 가진 파일이 'VideoClip' 에셋으로 사용되며 'VideoClip'을 'Video Player' 컴포넌트로 지정해 동영상을 재생할 수 있습니다. 'Video Player' 컴포넌트의 기본적인 프로퍼티는 표 11.1에 소개합니다.

그림 11.6 ▶ Video Player 컴포넌트

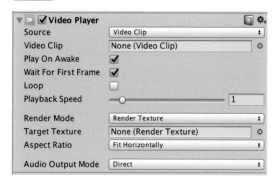

표 11.1 ▶ Video Player 컴포넌트의 프로퍼티

프로퍼티	설명
Source	Video Clip을 지정할지, URL을 지정할지를 선택할 수 있습니다. URL에는 file://를 사용함으로써 로컬 파일을 재생 대상으로 사용할 수 있습니다.
Play On Awake	이 컴포넌트가 유효해진 시점에 자동으로 재생을 시작합니다.
Wait For First Frame	화면이 표시되고 나서 재생할지를 지정할 수 있습니다.
Loop	루프 재생을 할지 지정합니다.
Playback Speed	재생 속도를 지정할 수 있습니다.

● 동영상을 비추는 스크린을 생각해 보자

영화를 볼 때 스크린이 있듯이, 동영상을 재생할 때도 스크린이 필요합니다. 360도 모든 방향을 볼 수 있으므로 보통의 영화처럼 평면 스크린이 아니라 플라네타륨 같은 구(球) 형태의 스크린이 필요합니다(그림 11.7). 이번에는 그동안 몇 번 나온 [3D Object]의 [Sphere]를 스크린으로 대용합니다.

'Video Player' 컴포넌트를 사용하여 스크린에 표시하는 방법은 텍스처 사용, 카메라 사용, 렌더러의 머티리얼 텍스처 사용이라는 3가지 방법이 있습니다. 이번에는 [Sphere] 렌더러의 머티리얼이 있으므로 그 머티리얼의 텍스처를 사용하는 방법을 사용합니다.

 ▶ 스크린 이미지

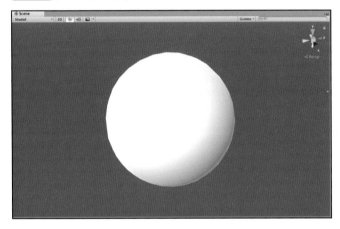

● 표시할 동영상을 준비하자

재생할 360도 동영상으로는 자신의 장치를 사용해 촬영하거나 이 책에서 준비한 아래의 URL 샘플 데이터를 사용할 것을 추천합니다. 그 외에 다운로드한 데이터 등을 사용할 때는 저작권 등에 주의해 사용하세요.

• 샘플 데이터

Samples/Part11/VRMovie/Assets/Resources/TestMovie.mov

그러면, 다음 절에서 만들어 보겠습니다. 유니티를 사용해 쉽게 만들 수 있어 약간 놀랄 수도 있는데, 이것이 게임 엔진을 사용하는 이점이라고 할 수 있습니다.

11-2 동영상을 재생하자

이전 절에서 생각한 'Video Player' 컴포넌트를 사용한 360도 동영상 재생 앱을 만들며, 자작 셰이더의 작성 방법을 설명합니다. 지금까지 학습해 온 것들의 최종 마무리가 됩니다.

11-2-1 프로젝트를 만들자

먼저 이제까지와 마찬가지로 프로젝트를 작성하고 씬을 저장합시다.

1 신규 프로젝트의 작성

유니티를 실행해 프로젝트 선택 화면의 [새로 생성] 버튼을 누르고, 프로젝트 이름에 'VRMovie'를 입력해 새 프로젝트를 작성합니다(그림 11.8).

그림 11.8 ▶ 프로젝트의 작성

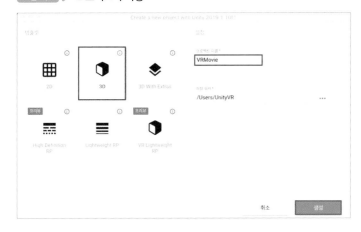

'Assets' 폴더의 'Scenes'에 'Movie'라는 이름으로 씬을 저장합니다(그림 11.9).

그림 11.9 ▶ 씬의 저장

11-2-2 스크린을 만들자

다음으로 동영상을 비추는 스크린을 만듭시다.

1 스크린의 작성

하이어라키 창에서 아무 것도 선택하지 않은 상태에서 마우스 오른쪽 클릭 메뉴의 [3D Object] →
[Sphere]를 선택해 'Screen'이라는 이름으로 오브젝트를 작성하고, 인스펙터 창에서 필요 없는
'Sphere Collider' 컴포넌트를 톱니바퀴 메뉴로부터 삭제합니다(그림 11.10).

그림 11.10 ▶ 스크린의 작성

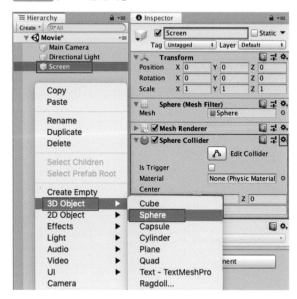

프로젝트 창의 'Assets' 폴더 아래에 'Materials' 폴더를 만든 후, 마우스 오른쪽 클릭 메뉴에서
[Create] → [Material]을 선택하고 'ScreenMaterial'이라는 이름으로 머터리얼을 작성합니다(그림 11.11).

그림 11.11 ▶ 머터리얼의 작성

하이어라키 창에서 'Screen' 게임 오브젝트를 선택하고, 인스펙터 창에서 [ADD COMPONENT] 버튼을 클릭해 'Video Player' 컴포넌트를 적용, 그림 11.12처럼 설정합니다.

그림 11.12 ▶ 스크린의 설정

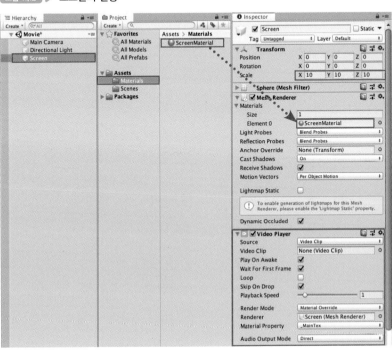

4 **카메라의 설정**

카메라를 구(球)의 중심으로 가져오기 위해서 하이어라키 창에서 'Main Camera' 게임 오브젝트를
선택하고 인스펙터 창에서 그림 11.13처럼 설정합니다.

그림 11.13 ▶ 카메라의 설정

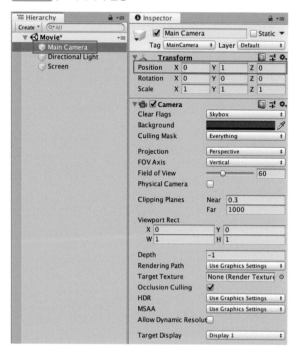

11-2-3 동영상을 재생하자

다음으로 재생할 동영상을 임포트합니다.

1 **360도 동영상의 배치**

프로젝트 창의 'Assets' 폴더 아래에 'Resources' 폴더를
작성하고, Finder에서 TestMovie.mov를 드래그 앤 드롭
합니다(그림 11.14).

그림 11.14 ▶ 360도 동영상의 배치

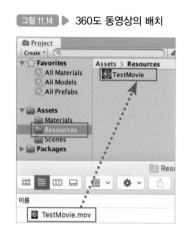

하이어라키 창에서 'Screen' 게임 오브젝트를 선택하고 프로젝트 창의 'TestMovie'를 그림 11.15처럼
드래그 앤 드롭합니다.

그림 11.15 ▶ 360도 동영상의 설정

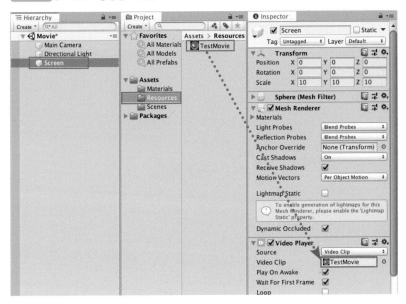

여기에서 한번 동영상을 재생해 봅시다. 어떤가요? 씬 뷰에서 구(球) 표면에 동영상이 재생되고 있
을 것입니다(그림 11.16). 씬 뷰에서 카메라를 조작하여 구(球) 안을 살펴봅시다. 아무 것도 비치지 않
는 걸 알 수 있을 것입니다. 물론 게임 뷰에는 아무 것도 표시되지 않습니다. 안타깝게도 이대로는 스
크린으로 사용할 수 없습니다.

그림 11.16 ▶ 360도 동영상의 재생

11-2-4 스크린을 반전시키자

이대로는 플라네타륨처럼 안쪽에 표시되지 않습니다. 따라서 셰이더를 사용해서 동영상 표시를 안쪽에 그리도록 합시다.

1 셰이더의 작성

프로젝트 창의 'Assets' 폴더 아래에 'Shaders' 폴더를 만들고 마우스 오른쪽 클릭 메뉴로부터 [Create] → [Shader] → [Unlit Shader]를 선택한 후 'ReverseTexture'라는 이름으로 셰이더를 작성합니다(그림 11.17).

그림 11.17 ▶ 셰이더의 작성

프로젝트 창의 'Assets/Shaders/ReverseTexture'를 더블 클릭하고 셰이더를 엽니다. 다음과 같이 1행만 추가하세요(안타깝게도 이번에는 셰이더 설명은 하지 않습니다).

```
1   Shader "Unlit/ReverseTexture"
2   {
3       Properties
4       {
5           _MainTex ("Texture", 2D) = "white" {}
6       }
7       SubShader
8       {
9           Tags { "RenderType"="Opaque" }
10          Cull Front        // 이것을 추가
11          LOD 100
12
13          Pass
14          {
15              CGPROGRAM
16  : 이하 생략
```

Cull Front의 1행만 추가했습니다. 이는 폴리곤 겉면에 그리지 않고 안쪽 면에 그림을 그리도록 설정을 추가한 것입니다.

그럼 작성한 셰이더를 머터리얼로 설정합시다.

2 셰이더의 설정

프로젝트 창의 'Assets/Materials/ScreenMaterial'을 선택하고, 인스펙터 창의 [Shader] 프로퍼티를 [Unlit] → [ReverseTexture]로 변경합니다(그림 11.18).

그림 11.18 ▶ 셰이더의 설정

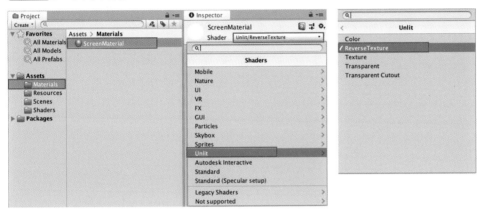

3 그리기 반전

이대로는 영상이 반전돼서 재생되지 않으므로, 제대로 표시하기 위해서 하이어라키 창에서 'Main Camera' 게임 오브젝트를 선택하고 인스펙터 창에서 그림 11.19처럼 설정합니다.

그림 11.19 ▶ 그리기 반전

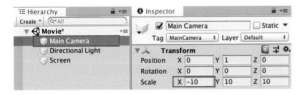

여기서 다시 한 번 실행합시다. 어떤가요? 조금 전과 달리 구(球)의 안 쪽에 동영상이 그려진 걸 알 수 있을 것입니다(그림 11.20).

그림 11.20 ▶ 360도 동영상의 재생

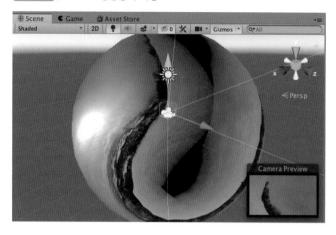

게임 뷰에도 동영상이 재생됩니다. 이번에는 간단하게 하기 위해서 스케일 값을 마이너스로 하여 표시를 반전했습니다. 스케일 값으로 마이너스 값을 설정하면 반전할 수 있습니다. 또한, 여기서 셰이더 설명을 따로 하지 않았기 때문에 셰이더로 설정하지 않았지만, 셰이더에서도 반전할 수 있습니다. 다음과 같이 변경하여 반전 표시를 해 보세요.

```
1   v2f vert (appdata v)
2   {
3     v2f o;
4     o.vertex = UnityObjectToClipPos(v.vertex);
5     v.uv.x = 1 − v.uv.x;
6     o.uv = TRANSFORM_TEX(v.uv, _MainTex);
7     UNITY_TRANSFER_FOG(o,o.vertex);
8     return o;
9   }
```

11-2-5 VR로 살펴보자

그럼, 스마트폰으로 VR로 살펴봅시다. 지금까지와 마찬가지로 빌드 설정을 합니다.

1 빌드 설정 열기

메인 메뉴의 [File] → [Build Settings]를 선택하고, 빌드 설정 화면을 엽니다.

2 **씬의 등록**

프로젝트 창의 'Scenes/Movie'를 빌드 설정 화면의 [Scenes In Build]로 드래그 앤 드롭합니다(그림 11.21).

그림 11.21 ▶ Build Settings의 설정

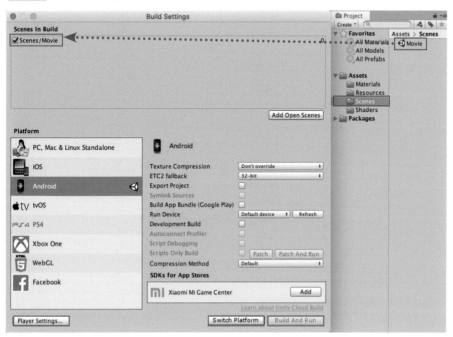

3 **플랫폼의 변경**

[Platform]에서 'Android' 또는 'iOS'를 선택하고 [Switch Platform] 버튼을 클릭합니다.

4 **Player Settings 열기**

빌드 설정 화면의 [Player Settings] 버튼을 클릭하고 인스펙터 창에 설정 화면을 표시합니다.

5 **Player Settings의 설정**

플레이어 설정을 그림 11.22(Android) 또는 그림 11.23(iOS)처럼 설정합니다.

그림 11.22 ▶ Player Settings의 설정(Android)

그림 11.23 ▶ Player Settings의 설정(iOS)

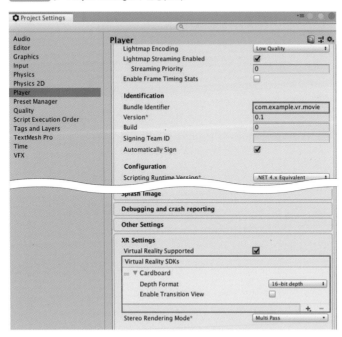

빌드 설정 화면의 [Build And Run]를 클릭하고 실행합시다. 어떤가요? 스마트폰에서 실행되나요?

이 책을 끝까지 읽어 주셔서 고맙습니다.

이 책에서는 가까이에 있는 스마트폰을 사용해 VR 앱을 만들면서 게임 엔진인 유니티의 기능과 사용법을 소개했습니다. 이 책에서 소개한 유니티의 기능은 극히 일부에 지나지 않으며 VR 앱이라 해도 이 책에서 소개한 스마트폰 전용 앱 외에도 Oculus나 HTC Vive 등 PC를 위한 앱도 있습니다. 그리고 유니티 등 게임 엔진의 진화, 새로운 VR 디바이스의 등장 등 환경은 날마다 진화하고 있어 이러한 요인으로 필요한 기술이나 지식이 증가하기도 합니다.

하지만 모든 기능을 다 외워야 하는 것은 아닙니다. 기술은 하고자 하는 걸 구현하기 위한 수단일 뿐입니다. 중요한 건 자신이 무엇을 만들고 싶은지 진지하게 생각하고 그걸 구현하기 위해 필요한 기술을 배워가는 것입니다. 이 책에서 작성한 샘플 프로젝트를 수정해서 새로운 기능을 추가해 나가는 것도 좋은 학습이 될 것입니다.

이 책을 계기로 게임 개발 및 VR 앱에 흥미를 가져서 앞으로의 학습과 개발에 조금이라도 도움이 될 수 있으면 좋겠습니다.

유니티를 이용한 VR 앱 개발

1판 1쇄 발행 2020년 2월 10일
1판 2쇄 발행 2022년 6월 10일

저　　자　코노 노부히로, 마츠시마 히로키, 오오시마 타케나오
번　　역　김은철. 유세라
발 행 인　김길수
발 행 처　(주)영진닷컴
주　　소　(우)08507 서울시 금천구 가산디지털1로 128 STX-V타워
　　　　　4층 401호
등　　록　2007. 4. 27. 제16-4189호

ISBN 978-89-314-6185-5